本书为浙江省哲学社会科学规划后期资助课题，课题编号：18HQZZ03

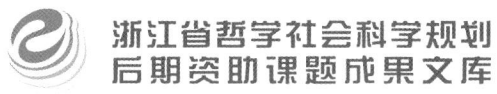
浙江省哲学社会科学规划
后期资助课题成果文库

天生全球企业国际创业绩效研究
——以浙江为例

章俊杰　戴夏晶　著

中国社会科学出版社

图书在版编目(CIP)数据

天生全球企业国际创业绩效研究：以浙江为例 / 章俊杰，戴夏晶著. —北京：中国社会科学出版社，2023.5

（浙江省哲学社会科学规划后期资助课题成果文库）

ISBN 978-7-5227-2245-0

Ⅰ.①天… Ⅱ.①章…②戴… Ⅲ.①企业管理—国际化—研究—浙江②企业绩效—研究—浙江 Ⅳ.①F279.275.5

中国国家版本馆 CIP 数据核字（2023）第 126976 号

出 版 人	赵剑英
责任编辑	宫京蕾
特约编辑	郭　佳
责任校对	秦　婵
责任印制	李寡寡

出　　版	中国社会科学出版社
社　　址	北京鼓楼西大街甲 158 号
邮　　编	100720
网　　址	http://www.csspw.cn
发 行 部	010-84083685
门 市 部	010-84029450
经　　销	新华书店及其他书店
印刷装订	北京君升印刷有限公司
版　　次	2023 年 5 月第 1 版
印　　次	2023 年 5 月第 1 次印刷
开　　本	710×1000　1/16
印　　张	14.5
插　　页	2
字　　数	246 千字
定　　价	78.00 元

凡购买中国社会科学出版社图书，如有质量问题请与本社营销中心联系调换
电话：010-84083683
版权所有　侵权必究

目　　录

第一章　导论 ……………………………………………………（1）
　第一节　研究背景及意义 ………………………………………（1）
　　一　现实背景 …………………………………………………（1）
　　二　理论背景 …………………………………………………（4）
　　三　研究意义 …………………………………………………（8）
　第二节　相关概念界定 …………………………………………（9）
　　一　企业国际化 ………………………………………………（9）
　　二　国际创业 ………………………………………………（11）
　　三　天生全球企业 …………………………………………（13）
　第三节　研究内容和研究问题 ………………………………（16）
　　一　研究内容 ………………………………………………（16）
　　二　研究问题 ………………………………………………（18）
　第四节　研究方法、结构与创新之处 ………………………（18）
　　一　研究方法 ………………………………………………（18）
　　二　结构安排 ………………………………………………（19）
　　三　技术路线 ………………………………………………（20）
　　四　主要创新点 ……………………………………………（20）
第二章　理论溯源与相关文献综述 …………………………（23）
　第一节　企业国际化与国际创业 ……………………………（23）
　　一　企业国际化相关研究 …………………………………（23）
　　二　国际创业与天生全球企业 ……………………………（35）
　第二节　网络能力与国际创业 ………………………………（39）
　　一　关系网络与国际创业 …………………………………（39）
　　二　网络能力界定与内涵 …………………………………（44）

三　网络能力视角下的国际创业研究……………………………（52）
　第三节　国际机会与国际创业………………………………………（55）
　　一　机会的定义………………………………………………………（56）
　　二　机会的识别………………………………………………………（58）
　　三　机会的开发………………………………………………………（62）
　　四　国际创业机会的识别与开发……………………………………（64）
　第四节　本章小结……………………………………………………（69）
第三章　基于网络能力的企业国际创业绩效影响模型构建…………（71）
　第一节　天生全球企业内涵…………………………………………（71）
　　一　天生全球企业的界定……………………………………………（71）
　　二　天生全球企业的特殊性…………………………………………（74）
　　三　天生全球企业的特征和驱动因素………………………………（78）
　第二节　天生全球企业的网络能力…………………………………（84）
　第三节　基于网络能力的绩效提升典型路径理论…………………（91）
　　一　基于资源基础观（RBV）的绩效提升路径理论………………（91）
　　二　基于知识基础观（KBV）的绩效提升路径理论………………（94）
　　三　基于动态能力观（DCV）的绩效提升路径理论………………（101）
　第四节　理论路径模型构建…………………………………………（106）
　第五节　本章小结……………………………………………………（107）
第四章　天生全球企业网络能力对国际创业绩效的影响分析………（108）
　第一节　主要变量的选取……………………………………………（108）
　　一　解释变量的选取…………………………………………………（108）
　　二　被解释变量的选取………………………………………………（111）
　　三　中介变量的选取…………………………………………………（114）
　　四　控制变量的选取…………………………………………………（117）
　第二节　天生全球企业网络能力对企业国际创业绩效的影响……（117）
　　一　天生全球企业网络能力对国际机会识别的影响分析…………（117）
　　二　天生全球企业网络能力对国际机会开发的影响分析…………（124）
　　三　国际机会识别对天生全球企业国际创业绩效的影响
　　　　分析…………………………………………………………………（127）
　　四　国际机会开发对天生全球企业国际创业绩效的影响
　　　　分析…………………………………………………………………（128）

五　天生全球企业网络能力对企业国际创业绩效的影响
　　　　分析 ……………………………………………………（129）
　第三节　本章小结 …………………………………………（132）
第五章　数据搜集与实证过程设计 ……………………………（133）
　第一节　研究对象的选择 …………………………………（133）
　第二节　问卷设计及数据获取 ……………………………（136）
　　一　问卷设计及优化 ……………………………………（136）
　　二　数据的收集 …………………………………………（139）
　　三　样本基本情况及描述性统计分析 …………………（141）
　第三节　变量的测量 ………………………………………（142）
　　一　解释变量——网络能力 ……………………………（143）
　　二　中介变量——国际机会的识别与开发 ……………（147）
　　三　被解释变量——国际创业绩效 ……………………（149）
　　四　控制变量 ……………………………………………（152）
　第四节　实证方法的选择 …………………………………（153）
　　一　信度和效度分析 ……………………………………（153）
　　二　结构方程模型 ………………………………………（155）
　第五节　本章小结 …………………………………………（158）
第六章　模型检验与结果 ………………………………………（159）
　第一节　量表的信度和效度检验 …………………………（159）
　　一　网络能力的信度和效度检验 ………………………（159）
　　二　国际机会识别和开发的信度和效度检验 …………（165）
　　三　国际创业绩效的信度和效度检验 …………………（168）
　第二节　假设检验 …………………………………………（171）
　　一　自变量对中介变量的影响分析 ……………………（171）
　　二　自变量对因变量的影响分析 ………………………（172）
　　三　中介变量对因变量的影响分析 ……………………（174）
　　四　整体模型的拟合与参数估计 ………………………（174）
　　五　中介变量的检验 ……………………………………（177）
　　六　结构方程模型修正检验 ……………………………（178）
　第三节　关系假设的验证 …………………………………（181）
　第四节　本章小结 …………………………………………（184）

第七章　结论、局限与研究展望 ……………………………………（185）
第一节　主要研究结论与启示 ……………………………………（185）
　　一　主要研究结论 ………………………………………………（185）
　　二　管理启示 ……………………………………………………（191）
第二节　理论贡献与研究局限 ……………………………………（194）
　　一　理论贡献 ……………………………………………………（194）
　　二　研究局限 ……………………………………………………（196）
第三节　未来研究展望 ……………………………………………（196）
附录1　问卷调查 ……………………………………………………（198）
参考文献 ……………………………………………………………（203）
后记 …………………………………………………………………（228）

第一章

导　　论

第一节　研究背景及意义

一　现实背景

自党中央于2001年正式提出中国企业"走出去"战略后，在过去的16年间，中国企业的对外投资和海外市场拓展呈现规模上不断扩大、范围上持续延伸、程度上逐渐加深和方式上不断优化的趋势。初始阶段的"走出去"战略主要表现为中国企业通过各种渠道搭建海外市场销售渠道来拓展国际业务，其中大部分中国企业仅涉足低端的进出口贸易领域。之后，一大批大型国有企业开始紧盯海外石油和天然气资源，以基础设施建设项目为主要目标来开拓国际市场。同时，以联想集团和吉利集团为代表的一大批中国民营企业迅速成长，通过在海外市场投资设厂、雇用当地劳动力、收购国外公司等对外直接投资方式积极拓展国际业务，取得了卓有成效的业绩。而现阶段的"走出去"战略又呈现出另外一个特征，民营企业和广大中小企业日益成为中国企业海外市场拓展的主要力量，国际投资表现得更多样化，中国企业在全球价值链中所处的位置也在不断提高。

中国商务部的统计数据表明，截至2020年，中国对外直接投资净额（以下简称为"流量"）为1537.1亿美元，同比增加12.3%。自2007年中国有关部门权威发布年度数据以来，中国对外直接投资稳步增长，2020年流量是2007年的5.8倍，2007—2020年的年均增长速度高达17.61%。"十三五"期间中国对外直接投资7400亿美元，是"十一五"期间的3.5倍（见图1-1）。

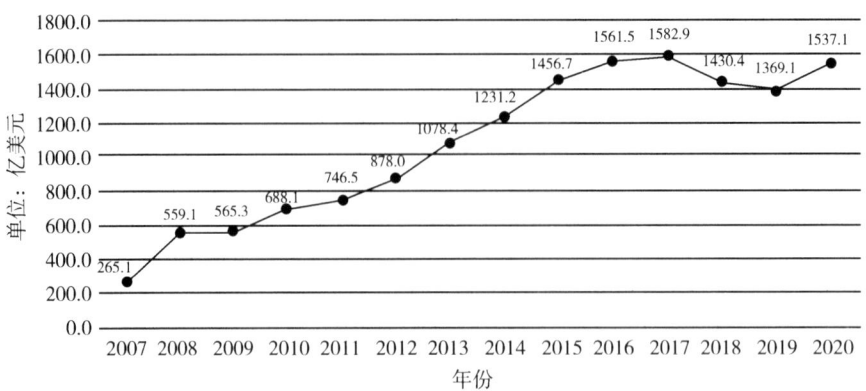

图1-1　2007—2020年中国对外直接投资流量情况①

在对外直接投资净额持续增长的背景下，对外直接投资所覆盖的领域也越来越广泛。截至2020年，中国对外直接投资涵盖了国民经济众多行业大类，其中投资增长较快的行业主要为卫生、社会保障和社会福利业和文化、体育和娱乐业（见表1-1）。

表1-1　　　2020年中国对外直接投资流量行业分布情况　　　单位：亿美元

行业	流量	同比（%）	比重（%）
租赁和商务服务业	387.26	-7.52	24.75
金融业	196.63	-1.43	12.57
制造业	258.38	27.65	16.51
批发和零售业	229.98	18.11	14.70
采矿业	61.31	19.56	3.92
房地产业	51.86	51.71	3.31
信息传输/软件和信息技术服务业	91.87	67.71	5.87
建筑业	80.95	114.15	5.17
科学研究和技术服务业	37.35	8.83	2.39
交通运输/仓储和邮政业	62.33	60.67	3.98
农/林/牧/渔业	10.79	-55.7	0.69
电力/热力/燃气及水的生产和供应业	57.70	49.15	3.69

---

① 2007—2020年数据来源于《中国对外直接投资统计公报》。

续表

行业	流量	同比（%）	比重（%）
文化/体育和娱乐业	6.38	180.72	0.41
居民服务/修理和其他服务业	21.61	29.13	1.38
水利/环境和公共设施管理业	1.57	-41.93	0.10
住宿和餐饮业	1.18	-80.40	0.08
卫生/社会保障和社会福利业	6.38	180.70	0.41
教育	1.30	-79.96	0.08
合计	1537.10	12.27	100.00

资料来源：根据商务部数据统计。

随着全球化的深入，世界经济逐渐成为一个有机联系的统一整体。开展国际化经营、拓展海外市场已不再是大型跨国公司的专利，越来越多的中小企业也积极参与世界经济，走上了独具特色的国际化经营道路。根据世界银行2011年对全球104个国家研究的统计数据表明，中小企业对雇用机会创造的贡献率要远远高于大型企业。中国的中小企业，在我国经济发展的道路上扮演着举足轻重的角色。根据中国中小企业年鉴（2018）的统计数据，截止到2018年年底，我国共有规模以上中小企业36.9万家，占规模以上企业的97.6%，遍及全部工业41个大类行业和全国31个地区。2018年，中小企业实现主营业务收入57.9万亿，占规模以上企业的56.7%；资产规模为59.36万亿，占规模以上企业的51.4%；实现利润3.9万亿，占规模以上企业的51.6%。

作为国民经济的重要组成部分，中小企业的国际化经营对中国"走出去"战略的顺利实施具有重大意义，中小企业本身也有着强烈的意愿去开拓海外市场，从事国际化经营。一方面，企业希望通过对国际市场的参与，尤其是对发达经济体的市场渗入以获取更为先进的知识和技术；另一方面，日益膨胀的企业规模和全球一体化经济所带来的现实压力，尤其是进入WTO后国内市场竞争的加剧，也迫使中小企业需要开拓海外市场以"输出"其过剩产能，这一点在传统的轻工行业表现得尤为明显。在经济全球化和区域一体化的大背景下，中小企业逐渐成为我国外向型经济的主力军。这类企业一方面因其小规模的身份而依附于大企业的整合价值链中，为大企业的终端产品提供重要的零配件，借船出海，通过这种方式积极地开拓海外市场。中小企业的国际化经营，尤其是与国有大型企业相比，具有两个较大的优势：一是市场覆盖面较广，我国经济发展不平衡所形成的多层次市场培养了相应的不同层次的中小企业，可为不同的市场提供多种类型的产品和服务。二是外向型程度较高，与国际市场联系较为密切，不少中小企业建立了主要或完全面向国际市场的经营机制与结构。为了进一步支持中小企业的海外发展，国家工业和信息化部于2016年8月，发布了《促进中小企业国际化发展五年行动计划（2016—2020）》，指出"支持中小企业利用全球要素，优化资源配置，积极融入全球产业链和价值链"。

从传统的观点来看，中小企业应该以一种相对缓慢和渐进的方式开展海外经营，但是越来越多的研究表明，有很多中小企业自创立开始或自创立开始之后的很短时间内便成功地进行了国际化经营。这类企业从20世纪90年代开始数量逐步增加，从而引起了诸多学者及相关政府决策部门的注意，并将这类企业称之为天生全球企业（Rennie，1993）[1] 或者国际新创企业（Oviatt & McDougall，1994）[2]。

二 理论背景

在本书的研究中，作者使用"天生全球企业"作为专门术语来形容该类"加速式"开展国际化经营的中小企业。从世界范围来看，对天生全球企业的研究广泛分布于各个不同的国家。Knight、McDougall 等学者分别在1996年和2000年对美国的天生全球企业做了细致的研究[3][4]。Mort 和 Weerawardena 等学者在2006年对来自澳大利亚的天生全球企业进行了研究[5]。Spence 等学者在2007年研究了加拿大的天生全球企业[6]；Loane 和 Bell 在

---

[1] Rennie, M. Global Competitiveness: Born Global [J]. *McKinsey Quarterly*, 1993, 4: 45-52.

[2] Oviatt, B. M. and McDougall, P. P. Toward A Theory of International New Ventures [J]. *Journal of International Business Studies*, 1994, (25) 1: 45-64.

[3] Knight, Gary, A., and S. T. Cavusgil. The Born Global Firm: A Challenge to Traditional Internationalization Theory [J]. *Advances in International Marketing*, 1996, 8: 11-26.

[4] McDougall, P. P. and B. M. Oviatt. International Entrepreneurship: The Intersection of Two Research Paths [J]. *Academy of Management Journal*, 2000, 43 (5): 902-906.

[5] Mort, G. S. and Weerawardena, J. Networking Capability and International Entrepreneurship: How Networks Functions in Australian Born Global Firms [J]. *International Marketing Review*, 2006, 23 (5): 549-572.

[6] Spence, M., Orser, B. and Riding, A. A Comparative Study of International and Domestic New Ventures [J]. *Management International Review*, 2007, 51 (1): 3-21.

2006年研究了爱尔兰的天生全球企业[1]；McAuley 在 2010 年研究了新西兰的天生全球企业[2]。在我国，对于天生全球企业的研究虽然起步较晚，但发展十分迅速，我国越来越多的学者对中国天生全球企业做了细致深入和极富特色的研究：杨忠等[3]；朱吉庆[4]；李卫宁、邹俐爱[5]；黄胜、周劲波[6]；许晖等[7]；杜群阳、郑小碧[8]；毛蕴诗、陈玉婷[9]；马鸿佳等[10]。

在众多研究天生全球企业的地理分布上，来自北欧国家的研究样本数量最多。Madsen & Servais 在 1997 年研究了丹麦的该类企业[11]；Saarenketo 等在 2004 年研究了芬兰[12]；Moen 等在 2002 年研究了挪威[13]；Andersson &

---

[1] Loane, S. and Bell, J. Rapid Internalization among Entrepreneurial Firms in Australia, Canada, Ireland and New Zealand: An Extension to the Network Approach [J]. *International Marketing Review*, 2006, 23 (5): 467-485.

[2] McAuley, A. Looking Back, Going Forward: Reflecting on Research into the SME Internationalization Process [J]. *Journal of Research in Marketing and Entrepreneurship*, 2010, 12 (1): 21-41.

[3] 杨忠、张骁、陈扬、廖文彦：《"天生全球化"企业持续成长驱动力研究——企业生命周期不同阶段差异性跨案例分析》，《管理世界》2007年第6期。

[4] 朱吉庆：《国际新创企业成长机理研究》，博士学位论文，复旦大学，2008年。

[5] 李卫宁、邹俐爱：《天生国际企业创业导向与国际绩效的关系研究》，《管理学报》2010年第6期。

[6] 黄胜、周劲波：《创业机会视角下的中国企业早期国际化研究》，《科学学研究》2013年第2期。

[7] 许晖、王琳、张阳：《国际新创企业创业知识溢出及知识整合机制研究——基于天士力国际公司海外员工成长及企业国际化案例》，《管理世界》2015年第6期。

[8] 杜群阳、郑小碧：《天生全球化企业跨国创业导向与国际创业绩效——基于网络关系与学习导向动态耦合的视角》，《科研管理》2015年第3期。

[9] 毛蕴诗、陈玉婷：《统筹国内外两个市场的天生国际化企业持续成长研究——基于奥马电器的案例分析》，《经济与管理研究》2015年第10期。

[10] 马鸿佳、宋春华、刘艳艳、高贵富：《学习导向、国际创业能力与天生国际化企业绩效关系研究》，《南方经济》2016年第1期。

[11] Madsen, T. K., and P. Servais. The Internationalization of Born Globals: An Evolutionary Process [J]. *International Business Review*, 1997, 6 (6): 561-583.

[12] Saarenketo, S., Puumalainen, K., Kuivalainen, O., and Kyläheiko, K. Dynamic Knowledge-related Learning Processes in Internationalizing High-tech SMEs [J]. *International Journal of Production Economics*, 2004, 89 (3): 363-378.

[13] Moen, O. and Servais, P. Born Global and Gradual Global? Examining the Export Behavior of Small and Medium-sized Enterprise [J]. *Journal of International Marketing*, 2002, 10 (3): 49-72.

Wictor 在 2003 年则做了关于瑞典新创国际企业的研究[①]。可以说，天生全球企业在北欧国家可能只是很平常的一种现象。这主要和北欧国家国土面积相对狭小，国内市场总量比较有限有关，因此，对于希望占领到本已激烈竞争市场中一席之地或者谋求拓展更大市场份额和盈利空间的北欧企业来说，国际化扩张在某种程度上成为它们的必然选择，从而致使这些国家的中小企业更倾向于自创立伊始就积极开拓国际市场，尤其是国际利基市场（Niche Market）以求得进一步发展。

Rasmussen，Erik & Madsen 总结了天生全球企业值得去研究的三个原因[②]。第一，从管理者视角出发，对天生全球企业的研究能够为小企业管理者们如何去应对他们在国际化中所面临的诸如跨文化差异、市场扩张、出口模式决策、资源局限、海外市场信息和知识不足等挑战提供建议。第二，从企业国际化的社会功能层面上看，研究者可以发现这类企业的特别需求，从而为政府相关部门的决策提供参考，帮助他们设计更为合理的国际创业促进项目。第三，从学术角度考虑，通过对天生全球企业的研究，可以从跨学科融合的理论层面来更好地理解企业的"加速式"国际化经营现象。同时，Silvia L. Martin 等学者在 2016 年通过对发达经济体和新兴经济体国家的跨国对比，发现国际创业相较一般创业行为对于国家经济增长更具有意义[③]。

对企业的国际化研究在传统上学者们往往持渐进国际化的观点，较为经典的理论模型是 Uppsala 国际化阶段模型。该模型以行为学的视角来研究企业的国际化行为，认为企业是根据所获知识和对海外市场的承诺诉诸来按步骤和阶段逐渐开展国际化经营的。企业往往需要耗费较长时间在国内市场打下牢固根基之后才会开始考虑开拓海外市场。在国际化过程中，企业会首先挑选与自身地理和文化上比较接近的海外国家市场，在海外市场进入模式上，企业则首选无须付诸大量资源投入的进入模式。因此，根

---

① Andersson, S., Wictor G. Innovative Internationalization in New Companies: Born Global—the Swedish Case [J]. *Journal of International Entrepreneurship*, 2003, 87 (12): 56-69.

② Rasmussen, Erik S., and Tage Koed Madsen. The Born Global Concept. Paper for the EIBA conference, 2002.

③ Silvia L. Martin, Rajshekhar G. Javalgi. Entrepreneurial Orientation, Marketing Capabilities and Performance: The Moderating Role of Competitive Intensity on Latin American International New Ventures [J]. *Journal of Business Research*, 2016, 69 (6): 2040-2051.

据该理论模型，企业国际化实际上是一个有目的地回避海外市场风险和依次逐步推进的过程。随着相关理论的进一步发展和演进，关系网络理论又开始成为分析企业国际化的另一个重要视角[1]。关系网络是一个企业由直接和间接关系所组成的系统，通过企业间的合作互动和资源交换，企业可以有效获得自身所未拥有的外部资源，从而克服企业在国际化中所遇到的心理距离障碍、有限海外市场知识所造成的境外投资风险等。因此，周劲波和黄胜从关系网络视角来理解企业国际化，聚焦于企业的关系网络嵌入性和社会关系网络对于企业国际化的影响研究[2]。

对天生全球企业这类主体，Jukka & Martin 等人在 2014 年认为学者普遍认同关系网络的重要作用，认为关系网络能够正向作用于企业的加速式国际化发展[3]。随着关系网络研究的进一步深入，部分学者就关系网络提出了从以下两个方面进一步研究和探讨：(1) 很多学者在分析关系网络影响力的时候似乎总是默认为这种关系网络，对企业而言是自然拥有并持续存在影响的，并没有仔细去研究企业在这之前为了构建和管理好自身关系网络所付出的努力行为。有学者对企业合作关系能够获得的潜在价值与最终价值的真正实现进行了区别和划分。根据他们的观点，为了能够发挥关系网络对企业目标实现所产生的真正作用，企业需要努力去搭建、维持和管理好这些关系网络。于晓宇在 2013 年也提出，公司需要学会选择、开发、调整和管理自己的关系网络以及自身在网络中的位置，只有这样，才能发挥出关系网络的优势。互惠和互动是双边关系网络能够为企业创造价值的前提，如果没有其他一方的互动和参与，这样的关系网络就无法发挥作用[4]。(2) 另有部分学者发现，仅有关系网络并不足以促成新企业自创立就开始的国际化经营。Oviatt 和 McDougall 提出了一个影响天生全球

---

[1] Johanson, J. and Vahlne, J. E. The Uppsala Internationalization Process Model Revisited: From Liability of Foreignness to Liability of Outsidership [J]. *Journal of International Business Studies*, 2009, (40): 1411-1431.

[2] 周劲波、黄胜：《基于关系网络视角的企业国际化成长机制研究》，《科技进步与对策》2010 年第 3 期。

[3] Jukka Hohenthala, Martin Johanson. Network Knowledge and Business Relationship Value in the Foreign Market [J]. *International Business Review*, 2014, 23 (1): 4-19.

[4] 于晓宇：《网络能力、技术能力、制度环境与国际创业绩效》，《管理科学》2013 年第 2 期。

企业快速国际化经营的影响模型，包含六大主要影响因素：创业机会、技术、竞争、主体感知、知识和关系网络[①]。其中，技术和竞争被认为是外在影响创业者和企业的环境层面因素，其他因素则都与创业者相关，可被认为是创业因素。因此，仅从关系网络角度进行研究无法完整地解释天生全球企业的国际化经营，关系网络更多的是创业者所能够依赖的重要工具和资源，从而借以实现自身的创业抱负，从这个层面上来分析，天生全球企业的加速式国际化经营有着与创业学密不可分的联结，对天生全球企业国际化经营及绩效的研究不仅要重点探究其关系网络和规划、构建、管理关系网络的网络能力，同时也要从创业学的范畴切入进行整合性的研究。

因此，上述理论背景的发展构成了本书研究的主体基本框架，即创业者、网络能力、利用关系网络进行国际创业机会的识别和开发，而研究对象则聚焦于天生全球企业的国际创业绩效。

三 研究意义

通过将理论层面上不同知识的交叉糅合和实际运作层面上的针对性分析，本书对天生全球企业的国际化经营的研究期望形成一定的理论贡献和实践意义。

1. 进一步丰富对新兴经济体中中小企业国际化经营的国际创业理论研究。在国际上大部分学者对天生全球企业研究大都集中在发达国家知识密集型行业的高技术企业[②]，对来自新兴经济体国家的新创企业关注仍然十分缺乏。因此对这个群体企业的深入研究能够进一步检验和延伸现有的主流国际创业理论和天生全球企业理论。

2. 进一步丰富了关于社会资本在新兴经济体中小企业国际化经营中所发挥作用的相关研究。越来越多的学者认识到以关系网络为载体的社会资本在中小企业国际化经营中发挥着尤为关键的重要作用，企业的国际化经营在某种程度上可被认为是他们通过规划、构建和优化自身内外部关系网络来获得和发展社会资本从而用以国际市场拓展的动态过程。

---

① Oviatt, B. M. and McDougall, P. P. Defining International Entrepreneurship and Modelling the Speed of Internationalization [J]. *Entrepreneurship Theory and Practice*, 2005, 29 (5): 537-553.

② Zander, I., P. McDougall-Covin, and E. L. Rose. Born Globals and International Business: Evolution of a Field of Research [J]. *Journal of International Business Studies*, 2015, 46: 27-35.

3. 深化了传统国际商务学领域中以创业学视角来探索企业国际化经营的交叉研究。Dimitratos 等学者认为虽然天生全球企业与创业学存在着天然的联系，但在天生全球企业的研究中通过采用创业学研究的视角仍然存在着很大程度的忽视和不足[1]，学者们总是倾向于依靠传统的资源基础观理论、国际化过程模型、交易成本理论等方面来研究天生全球企业。基于对顶级管理学期刊中 97 篇创业学相关论文的研究，Busenitz 等学者指出机会范畴是其他管理学或者非管理学领域中经常被提及但仍然没有被深入研究的主题[2]。因此，他们和 Shane 等学者所持观点一样，认为机会是创业学中非常独特的研究领域，即对商业机会的研究可被认为是创业学研究领域中至关重要的核心部分[3]。而在传统的国际商务学研究领域中，从创业者通过对国际市场中出现的商业机会进行识别并及时加以开发获得加速式海外市场拓展方面的探讨仍然存在巨大的空间，以此视角切入细致分析，将能够从国际商务学与创业学交叉整合中获得新的启迪。

第二节 相关概念界定

一 企业国际化

对企业国际化的界定在学术界一直没有一个精确和固定的说法。Welch & Luostarinen 在 1988 年提出在国际商务领域的大部分早期研究中，都将大型跨国集团和它们的海外投资视作企业国际化分析的出发点，而对这些海外直接投资后续又通过哪些阶段实现演进则并没有进一步的论证和说明[4]。另外，对企业国际化早期阶段分析的缺失也使人们很难描绘出一

---

[1] Dimitratos, P., Plakoyiannaki, E., Pitsoulaki, A. and Tuselmann, H. J. The Global Smaller Firm in International Entrepreneurship [J]. *International Business Review*, 2010, 19 (6): 589-606.

[2] Busenitz, Lowell, W., G. Page West, Dean Shepherd, Teresa Nelson, Gaylen N. Chandler, and Andrew Zacharakis. Entrepreneurship Research in Emergence: Past Trends and Future Directions [J]. *Journal of Management*, 2003, 29 (3): 285-308.

[3] Shane, S., Venkataraman, S. The Promise of Enterpreneurship as a Field of Research [J]. *Academy of Management Review*, 2000, 25 (1): 217-226.

[4] Welch, L. S. and Luostarinen, R. *Internationalization: Evolution of a Concept* [M]. 2nd edition, London: International Thomson Business Press, 1988.

个国际化全貌，因为国际化经营的后期步骤毫无疑问地受到前期阶段的影响。因此，一种过程化的国际化经营视角被发展起来以探索企业的国际化经营行为和方式。根据 Wilkins 的观点，跨国公司的理论并不等同于对外直接投资理论[1]。根据这个前提设定，学者们认为跨国企业理论、对外直接投资理论和国际化经营理论并不等同，尽管这三者非常紧密地连接在一起。对外直接投资在本质上其实是国际化经营的一种成熟阶段，在这个阶段企业往往直接向其他国家付诸大规模的资源承诺，借此建立自身拥有不同控制程度的各种形式的组织。而开展这种对外直接投资的制度代理人便被称为跨国企业（MNE）[2]。国际化经营伴随着对海外市场涉入程度的不断加深，这就意味着国际化经营其实就是一个不断变化和演进的过程。"海外市场"一般由地理性的国家边境来界定，但同时也需要考虑政治、经济、制度和文化等多维度因素。

Calof & Beamish 在 1995 年对企业国际化做了更为宽泛的定义，即"企业不断调整自身运营情况（包括企业的战略，结构和资源等）去适应国际环境的过程"[3]。这个定义将 1988 年由 Welsh 和 Luostarinen 提出的内向国际化和外向国际化概念连接到了一起，但是 Calof 和 Beamish 的定义还是没能够充分解释随着海外市场涉入程度的推进而使企业所发生的变化。Buckley 等学者在 1999 年提出企业国际化经营涉及公司不同状态的变化，如在公司规模、市场占有率、商业关系网络程度、组织架构设计、国际化经营知识和经验方面的改变，等等。

张方华、陈劲认为企业国际化主要是指企业对资源的配置范围已经从国内市场扩展到国际市场，它不只是简单地将自己的产品出口到国外市场，更重要的是企业具有了在国际市场上对其需要的资源进行重新配置的能力。例如，在制造成本最低的地区安排生产，在融资成本最低的地区进行融资，在资源价格最便宜的地区购买资源，等等。因此，企业的国际化不仅包括营销的国际化，而且包括观念的国际化、生产的国际化、研究与

---

[1] Wilkins, M. *The Conceptual Domain of International Business* [M]. Columbia: University of South Carolina Press, 1997.

[2] Buckley, P. J. and Ghauri, P. N. *The Internationalization of the Firm: A Reader* [M]. 2nd edition, London: International Thomson Business Press, 1999.

[3] Calof, J. L. and Beamish, P. W. Adapting to Foreign Markets: Explaining Internationalization [J]. *International Business Review*, 1995, 4 (2): 115-131.

开发的国际化、资本的国际化和人才的国际化，它的成功有赖于企业的核心竞争能力的提高，并非一朝一夕就能获得。成功的国际化企业必须根据目标市场不同的社会、文化、市场特点等背景而对其产品进行适应性的调整，以满足不同客户的多样性需求[①]。

对企业国际化的一个根本性的理解就是将企业国际涉入状态的变化看成是公司的一种演化，因此在国际化经营领域，研究的关注点更倾向于公司每个状态变化的动机和进展过程。这种状态上的变化涉及公司很多决策的制定和实施，关于企业国际化的常见基本决策如下所示[②]：

1. 关于是否进行海外市场拓展的决定，也就是"走出去"或者"不走出去"的决策。这个决定涉及时间因素，因此会影响企业初始国际化的速度；

2. 关于进入哪些海外市场的决定问题，该决定包括了海外市场或者运营地点的选择问题；

3. 关于海外经营的涉入程度决策，这包含了海外市场进入模式的决定，不同的进入模式伴随着不同程度的风险，所需进行的控制和对资源所要求的承诺也各有差异。

本书在综合国际商务学和国际创业学研究交叉融合的基础上，将企业国际化界定为"企业的一种国际创业行为，是企业识别国际业务机会，并加以开发利用，从而不断拓展国际市场的连续过程"。在此过程中，关系网络发挥着至关重要的作用，因为企业的国际化并不孤立发生，而是无可回避地根植于广泛的社会和商业关系网络之中。因此，从关系网络视角切入分析，企业的国际化也可被理解为企业创业者和管理团队妥善运用关系网络去识别和开发国际机会，进一步巩固和提升自身关系网络地位整体进程中的伴随演进过程。

二 国际创业

国际创业研究的发展在过去的几十年间已经发生了显著的变化。Morrow 在 1988 年最早提出了国际创业这一概念，文中提及了现代技术的

[①] 张方华、陈劲：《基于能力的国际化战略》，《科学管理研究》2003 年第 1 期。

[②] Jones, M. V. and Coviello, N. E. Internationalization: Conceptualizing an Entrepreneurial Process of Behavior in Time [J]. *Journal of International Business Studies*, 2005, 36 (3): 284-303.

发展和文化差异适应力的增强似乎使一些新创企业有机会开拓海外市场[①]。而1989年McDougall关于国内新创企业和国际新创企业所进行的有针对性的比较则在很大程度上触发了学者们对国际创业研究领域的兴趣。为了能够对国际创业明确定义，McDougall将国际创业概念的适用对象锁定于新创企业的国际化，而将成熟企业排除在外[②]。之后McDougall和Oviatt在文献回顾的基础上提出了一个更有意义的国际创业概念："国际创业是旨在为组织创造价值的跨境创新性、前摄性和风险承担性行为的集合。"[③] 以此为基础，Zahra等学者在2000年将国际创业归纳为："为追求竞争优势企业创造性地识别和开发来自非本土市场机会的过程。"[④] 从这个定义上可以看出，国际创业的发展将企业创业学理论融入其中而并非仅仅聚焦于新创企业。之后McDougall和Oviatt在2003年又修改了之前的定义，将国际创业描述为"国际创业就是对跨境商机进行识别、评估和开发，从而创造将来的产品和服务"[⑤]，此后两位学者在2005年的文章中进一步说明了国际创业的两个重要特征，第一个特征是聚焦于创业主体的跨境经营行为，第二个特征是聚焦于创业者的跨境对比。Dimitratos等学者在进一步延伸McDougall & Oviatt概念的基础上提出了他们自己的定义，即"国际创业是一个根植于企业文化，通过国际市场商机开发产生价值的组织整体过程，并论述了国际创业的五个不同的要素。第一，国际创业是一个组织整体的层面，它覆盖了组织所有的指挥链；第二，国际创业是一个动态和演进的过程；第三，国际创业根植于组织的企业文化；第四，国际创业始终聚焦于国际市场环境中机会的识别和开发；第五，国际创业致

[①] Morrow, J. F. International Entrepreneurship: A New Growth Opportunity [J]. *New Management*, 1988, 3: 59-61.

[②] McDougall, P. P. International Versus Domestic Entrepreneurship: New Venture Strategic Behavior and Industry Structure [J]. *Journal of Business Venturing*, 1989, 4: 387-399.

[③] McDougall, P. and Oviatt, B. International Entrepreneurship: The Intersection of Two Research Paths [J]. *Academy of Management Journal*, 2000, 43 (5): 902-906.

[④] Zahra, S. A., Ireland, R. D. and Hitt, M. A. International Expansion by New Venture Firms: International Diversity, Mode of Market Entry, Technological Learning, and Performance [J]. *Academy of Management Journal*, 2000, 43 (5): 925-950.

[⑤] McDougall, P. P., B. M. Oviatt. A Comparison of International and Domestic New Ventures [J]. *Journal of International Entrepreneurship*, 2003, 1 (1): 59-82.

力于为公司创造价值,尽管盈利来自遥远的海外市场"[1]。黄胜、周劲波在2011年同样认为国际创业研究是一个非常重要的领域,国际新创企业或者天生全球企业就是从这个领域中出现的,解释这类企业的快速国际化过程正是国际创业研究的核心所在[2]。朱秀梅等学者认为国际创业活动的快速发展促进了国际商务研究与创业研究的融合,两者在理论上开始出现交叉[3]。Ripollés 等认为国际创业学的研究者们应该持续他们的探讨,将国际化理论的应用与天生全球企业研究结合起来,因为传统的国际化理论似乎无法解释这类企业在面对"小规模、新创者、外来者"三大劣势的束缚下,仍然能够加速国际化发展的成因[4]。

本书对国际创业的定义主要采用了 Turcan 等学者所提出的概念,"国际创业是通过识别和开发跨境创业机会从而为组织和市场创造新价值的过程"[5],这个定义同样关注国际商业机会的识别和开发,但是用"创造新价值"取代了 Oviatt 和 McDougall 所提出的"创造新产品和服务"的说法。

三 天生全球企业

在过去的二十几年里,天生全球企业的研究引起了部分学者的持续关注。天生全球企业这一概念最早是在1993年由当时负责为澳大利亚制造业理事会提供咨询服务的麦肯锡公司在其调研报告中提出的,具体描述为:"自成立两年内便开始外贸活动,且外贸销售额占到公司总销售额的76%。"[6] 而后 Cavusgil 在其1994年所发表的论文中也对澳大利亚的这类企业进行了较为详细的说明,他认为:在澳大利亚有一类新的外贸公司正

---

[1] Dimitratos, P., Plakoyiannaki, E., Pitsoulaki, A., Tüselmann, H. J.. The Global Smaller Firm in International Entrepreneurship [J]. *International Business Review*, 19 (6): 589-606.

[2] 黄胜、周劲波:《国际创业研究综述》,《中国科技论坛》2011年第12期。

[3] 朱秀梅、陈琛、杨隽萍:《新企业网络能力维度检验及研究框架构建》,《科学学研究》2010年第8期。

[4] Ripollés, Maria, and Andreu Blesa. International New Ventures as "Small Multinationals": The Importance of Marketing Capabilities [J]. *Journal of World Business*, 2012, 47 (2): 277-287.

[5] Turcan, R. V., Gaillard, L., & Makela, M. International Entrepreneurship and the Resource-based View of the Firm. *Paper presented at Babson-Kauffman Entrepreneurship Research Conference*, Boston, United States, 2004.

[6] Rennie, M. Global Competitiveness: Born Global [J]. *McKinsey Quarterly*, 1993, 4: 45-52.

在崛起，它们占到整个澳大利亚外贸的很大比例，而且这类出口商的出现并不只发生在澳大利亚，这反映了20世纪90年代两个非常重要的现象："1. 企业的小型化很美丽；2. 渐进国际化走向消亡"①。在澳大利亚的研究问世后，其他国家关于天生全球企业的报道开始逐渐增多。

尽管天生全球企业这个称呼的正式提出是在20世纪90年代，但也有很多文献表明这个现象早于这个时间就已存在。1989年Ganitsky在以色列企业的研究中就发现有很多企业从创立伊始就进行了海外市场运营②。更早的Welch & Luostarinen在1988年就提出有一些小型的英国公司、澳大利亚公司和瑞典公司在它们的国际化中就跳跃了不同的发展阶段③。而Igor K.等引用了Wilkins & Hill在1964年的研究，认为其实自经济全球化时代出现就已经有了天生全球企业的初始身影，如1600年的东印度公司和1903年的福特公司都表现出在创立之后就马上开始了国际化拓展。

随着通信和运输技术条件的飞速进步，天生全球企业在20世纪80年代得以快速发展，并逐渐成为学者关注的热点。Oviatt和McDougall在1994年研究了美国的天生全球企业④；1999年Kirpalani和Luostarinen研究了北欧国家的天生全球企业⑤；Knight等学者研究了爱尔兰的天生全球企业⑥，Dana研究了新西兰的天生全球企业⑦；2011年Almor研究了以色

---

① Cavusgil, S. T. and Zou, S. Marketing Strategy-performance Relationship: An Investigation of the Empirical Link in Export Market Ventures [J]. *Journal of Marketing*, 1994, 58 (1): 1-21.

② Ganitsky, Joseph. Strategies for Innate and Adoptive Exporters: Lessons from Israel's Case [J]. *International Marketing Review*, 1989, 6 (5): 50-65.

③ Welch, L. S. and Luostarinen, R. *Internationalization: Evolution of a Concept* [M]. 2nd edition, London: International Thomson Business Press, 1988.

④ Oviatt, B. M. and McDougall, P. P. Toward A Theory of International New Ventures [J]. *Journal of International Business Studies*, 1994, (25) 1: 45-64.

⑤ Kirpalani, V. H. and Luostarinen, R. Dynamics of Success of SMOPEC Firms in Global Markets, Paper presented at the 25th EIBA Conference, Manchester, 1999, 12.

⑥ Knight, G. A. and Liesch, P. W. Internationalization: From Incremental to Born Global [J]. *Journal of World Business*, 2016, 51 (1): 93-102.

⑦ Dana, L. P. Introduction: Networks, Internationalization and Policy [J]. *Small Business Economics*, 2011, 16 (2): 57-62.

列的天生全球企业①。在西方理论界也有少量的论文针对新兴经济体国家的天生全球企业进行了研究，如印度②，中国③④；巴西⑤⑥，这些研究都表明天生全球企业实际上广泛分布于世界各国与地区。

对天生全球企业的定义，目前学术界不同的学者提出了各自的表述。Rennie 在其首次提出的天生全球企业中将其定义为："能够自创建起就与成熟的大企业在全球舞台上竞争的中小企业，这些企业并不通过渐进和缓慢的方式来进行国际贸易。"⑦ Knight 和 Cavusgil 在 1996 年将其定义为"创立后不久便在国际市场上经营的技术导向型小企业"⑧，之后 Knight 和 Cavusgil 又进一步将天生全球企业定义为"自创立开始或创立后不久便通过基于知识资源的应用将产品销往世界各个国家来寻求更佳国际绩效的商业组织"⑨。另外，Madsen 等将天生全球企业定义为"自创立后三年内便开始出口业务，且出口销售额占到公司全部销售额的 25% 或以上"⑩；An-

---

① Almor, T. Dancing as Fast as They Can: Israeli High-tech Firms and the Great Recession of 2008 [J]. *Thunderbird International Business Review*, 2011, 53: 195–208.

② Nummela, N., Saarenketo, S., Jokela, P., et al. Strategic Decision-making of a Born Global: A Comparative Study from Three small Open Economies [J]. *Management International Review*, 2014, 54 (4): 527–550.

③ Naude, W. and Rossouw, S. Early International Entrepreneurship in China: Extent and Determinants [J]. *Journal of International Entrepreneurship*, 2010, 8 (1): 87–111.

④ Zhou, L., Wu, W. P., Luo, X. Internationalization and the Performance of Born-global SMEs: The Mediating Role of Social Networks [J]. *Journal of International Business Studies*, 2007, 38 (4): 673–690.

⑤ Dib, L. A., da Rocha, A. and Ferreira da Silva, G. The Internationalization Process of Brazilian Software Firms and the Born Global Phenomenon: Examining firm, Network, and Entrepreneur Variables [J]. *Journal of International Entrepreneurship*, 2010, 8 (3): 233–253.

⑥ Boehe, D. M. Brazilian Software SME's Export Propensity: Bridging "Born Global" and Stage Approaches [J]. *Latin American Business Review*, 2009, 10: 187–216.

⑦ Rennie, M. Global Competitiveness: Born Global [J]. *McKinsey Quarterly*, 1993, 4: 45–52.

⑧ Knight, G. A., and Cavusgil, S. T. The Born Global Firm: A Challenge to Traditional Internationalization Theory [J]. *Advances in International Marketing*, 1996, 8: 11–26.

⑨ Knight, G. A. and Cavusgil, S. T. Innovation, Organizational Capabilities, and the Born Global Firm [J]. *Journal of International Business Studies*, 2004, 35 (2): 124–141.

⑩ Madsen, T. K., and P. Servais. The Internationalization of Born Globals: An Evolutionary Process [J]. *International Business Review*, 1997, 6 (6): 561–583.

derson 和 Wictor 的定义认为"公司自创立后三年内有海外销售,并且外贸销售额至少达到公司总销售额的 25%,公司通过全球各国资源的使用来获得竞争优势,并且在全球各国进行产品销售"①。Gabrielsson 和 Kirpalani 认为不同的学者使用了不同的标准来定义天生全球企业,包括:(1)企业愿景和战略;(2)小型技术导向型企业;(3)国际业务开展时间,从创立起 3 年之内;(4)海外销售额占公司总销售额 25%或以上,或者拥有海外销售业务的国家数量②。

借鉴前人的研究成果,本书采用三个标准来衡量天生全球企业。第一,企业须在其创立后的 3 年内便着手国际业务。第二,在最初的 3 年内,企业必须有至少 25%的销售额是来自海外市场。第三,企业必须是独立经营的。

第三节　研究内容和研究问题

一　研究内容

基于相关文献和现实经济的研究,本书以天生全球企业为研究对象,将网络能力、国际机会的识别和开发、国际创业绩效置于一个整合性的框架进行深入研究。首先,本书认为组织层面的关系网络能力对天生全球企业来说是非常基础而又关键的。但是,一个组织的关系网络不是现成自然拥有的,企业需要付出努力去规划、构建、维持和管理好关系网络,才能获得特定的网络价值成果,从而服务于企业的国际化经营。所以,本书认为:企业为关系网络构建进行的活动和付出的努力是后续关系网络成果价值得以实现的前提条件。因此,本书试图整合性地探讨企业在关系网络规划、构建、管理行为中所付出的先前努力和后续关系网络成果对天生全球企业国际创业绩效的影响机制,并进一步将网络能力细分为网络愿景能力、网络构建能力、网络关系管理能力、网络占位能力和网络内部交流能

---

① Andersson, S., Wictor G. Innovative Internationalization in New Companies: Born Global—the Swedish Case [J]. *Journal of International Entrepreneurship*, 2003, 87 (12): 56-69.

② Gabrielsson, M., Kirpalani, V. H. M. Born Globals: How to Reach New Business Space Rapidly [J]. *International Business Review*, 2004, 13 (5): 555-571.

力五个相互关联的组成部分。

其次，尽管国际创业学者倾向于批判国际商务研究中缺乏对跨国创业方面的关注，但是国际创业学者们自身也未能从理论层面和实证层面上对国际创业中的机会概念进行足够的研究。国外一些学者尝试对国际商务和国际创业从机会研究视角进行内容分析，发现"国际机会在国际创业研究中往往被描述的较为抽象，而且对机会概念的研究从理论层面上来看也比较狭窄，从现有国际创业研究所取得的成果来看，对于国际机会的研究仍然没有发挥出最大的潜力"[1]。在创业学中存在着两个主要但又不一致的机会观点，即熊彼特认为机会是被创造出来的，而柯兹纳则认为机会是被发现和识别的。之后也有学者在这个基础上提出中间路线，提出机会中的有些成分是通过识别和发现得来，但整体机会是靠创造和发展而产生的。总体而言，机会的识别和开发作为支撑机会的两个基本架构在理论上和实证测度上仍然没有被充分研究。因此，本书通过聚焦于国际机会的识别和开发，将其作为两种独特的能力，尝试从动态能力视角将其进一步分析并加以实证检验。

再次，网络能力联同创业机会行为在新创企业快速和成功的国际化经营中发挥着十分显著的作用。然而，大部分创业学和国际创业的研究只关注创业者的社会关系网络对于创业机会的识别[2]。相关文献显示目前的研究主要是围绕关系网络的组成、结构、内容和结果来展开的。而以企业如何构建有效的关系网络为特征的网络能力研究在国际创业学中仍然被很多学者忽视。从关系网络视角出发，国际创业机会的识别和开发能力可以被理解为是一种由关系网络促成的能力，指的是依靠外部关系网络从而促成海外市场机会的识别和开发[3]。本书对网络能力本质和影响力的深入研究，特别是将网络能力与国际市场中机会的识别和开发相结合，能够有效地填补这方面的研究不足，并且也能进一步地深化和发展对国际创业学的

---

[1] Mainela, T., Puhakka, V., Servais P. The Concept of International Opportunity in International Entrepreneurship: A Review and Research Agenda [J]. *International Journal of Management Review*, 2014, 16 (1): 105-129.

[2] Kontinen, Tanja, and Arto Ojala. Network Ties in the International Opportunity Recognition of Family SMEs [J]. *International Business Review*, 2011b, 20 (4): 440-453.

[3] Sascha Kraus, Thomas Niemand, Moritz Angelsberger, et al. Antecedents of International Opportunity Recognition in Born Global Firms [J]. *Journal of Promotion Management*, 2017, 2 (3): 1-21.

研究。

二 研究问题

本书的主要研究问题可以概括为：网络能力（主要包括网络愿景能力、网络构建能力、网络关系管理能力、网络占位能力和内部交流能力）是如何影响天生全球企业的国际创业绩效的。

这一核心研究问题可被具体分为如下的3个分支：

1. 网络能力如何影响天生全球企业的国际机会识别和国际机会开发。
2. 国际机会识别和国际机会开发如何影响天生全球企业的国际创业绩效。
3. 网络能力，包括网络愿景能力、网络构建能力、网络关系管理能力、网络占位能力和内部交流能力对天生全球企业的国际创业绩效有何影响。

第四节 研究方法、结构与创新之处

一 研究方法

1. 文献分析法。相关文献是开展研究工作的基础，本书根据研究对象，确定了天生全球企业、国际创业、关系网络、网络能力、国际机会等关键词，以此为基础进行国内外相关文献的系统搜集和梳理，从而把握整体研究的历史脉络与最新进展，进一步明确各主题之间的相关关系并归纳总结研究中尚欠缺的部分，进而确定本书的研究范畴和切入点。

2. 问卷调查法。本书实证部分所需数据为非上市的企业层面数据，无法从公开数据中获取，因此，需要通过问卷调查获取相应数据。为保证调查问卷的科学性和合理性，本书在大量相关文献研读的基础上，形成了初始问卷，通过多次讨论、咨询及小样本测试等步骤对问卷进行修正，直至形成最终的问卷。

3. 实证分析法。网络能力对我国天生全球企业国际创业绩效的影响受到诸多因素的影响，这种影响可以通过实证分析方法对相应的理论命题进行实证检验，进而探索行之有效的天生全球企业国际化成长路径。根据问卷调查数据的特点，本书采用信度和效度分析、探索性因子分析、验证性因子分析以确保数据的可信性和有效性。在此基础上，利用结构方程模型进行假设检验，包括相关性分析、中介效应检验、模型拟合与修正等步骤。

二 结构安排

根据研究目标，本书总共分为7章，具体内容安排如下：

第一章：导论

本章首先阐述了选题的研究意义和研究背景，包括现实背景和理论背景。其次，对文中所涉及的几个关键概念，企业国际化、国际创业和天生全球企业进行了概念界定，并简要介绍了本书的研究内容和研究问题。最后，罗列了相关的研究方法、结构安排、技术路线和主要的创新点。

第二章：理论溯源与相关文献综述

本章对企业国际化、国际创业、关系网络理论、网络能力研究视角、机会的识别和开发等文献进行了回顾与综述，厘清本文与现有研究成果之间的理论顺承和理论拓展关系，为后面开展本书的机理研究提供理论支撑。

第三章：基于网络能力的企业国际创业绩效影响模型构建

本章针对天生全球企业的具体界定、特征与驱动力进行了阐述，在此基础上提出了天生全球企业网络能力，对网络能力影响天生全球企业国际创业绩效的内在机理从资源基础观、知识基础观和动态能力观等角度分别做了说明。根据理论推断和演绎提出了网络能力—国际机会识别和国际机会开发—天生全球企业国际创业绩效的影响机理模型。

第四章：天生全球企业网络能力对国际创业绩效的影响分析

本章在第三章提出理论框架的基础上，根据相关文献的研究，就网络能力（解释变量）、国际创业绩效（被解释变量）、国际机会的识别和开发（中介变量）和控制变量的维度选择进行了解释，进而通过理论推导和演绎，分析各变量之间的关系，提出共17条假设关系。

第五章：数据搜集与实证过程设计

本章首先就调查对象的选择、问卷的设计和问卷的发放与回收做了相应分析，并对回收的数据进行了描述性统计。其次，就问卷中涉及的变量，解释了具体测量条款。最后，本章就实证研究中所用到的分析方法，包括信度与效度分析、结构方程模型等方法做了解释。

第六章：模型检验与结果

在问卷回收完成数据收集的基础上，本章主要运用 AMOS 分析软件，采用了因子分析等统计方法对研究量表的条款进行了信度与效度分析，并检验了国际机会识别与开发的中介效应，最后借助结构方程对测量模型进行拟合和修正，并对实证分析结果进行进一步的分析和讨论。

第七章：结论、局限与研究展望

首先，总结本书形成的基本结论。其次，归纳本书的主要理论贡献和管理启示。最后，分析本书中存在的不足之处，指出后续研究的方向并提出相关建议。

三 技术路线

本书的技术路线如图 1-2 所示。

四 主要创新点

通过现有研究中所存在的不足和缺陷，本书将国际商务学、国际创业学与关系网络理论研究进行交叉和整合，所做的研究存在以下四个方面的创新：

1. 在关系网络与企业国际创业绩效的影响研究中，国内外学者往往从相对静态的社会资本或网络的结构、特征、质量等角度研究关系网络对企业国际化经营的影响作用，但鲜有从企业规划、构建、管理网络关系的网络能力角度出发去进行更深入的研究。本书以企业的网络能力为研究视角，不仅关注企业所具有的关系网络的结构、特征和质量，更关注企业关系网络的规划、构建、维护和管理能力。针对以往研究中的不足，深化研究天生全球企业的网络规划、构建、管理能力对企业国际创业绩效的影响机制，并将天生全球企业网络能力分为网络愿景能力、网络构建能力、网络关系管理能力、网络占位能力和网络内部交流能力五个维度，进一步丰富和延伸了从关系网络视角探索天生全球企业及国际创业的相关研究。

2. 本书在对天生全球企业的研究中采用了创业学中的机会视角加以进一步的分析，这能填补以往国际创业和天生全球企业研究中对机会研究的忽视和不足，通过将国际机会划分为国际机会识别和国际机会开发这两个最核心的国际机会研究维度，从资源基础观、知识基础观和动态能力观等理论视角出发构建了影响路径研究框架，进一步加深了对国际机会的理

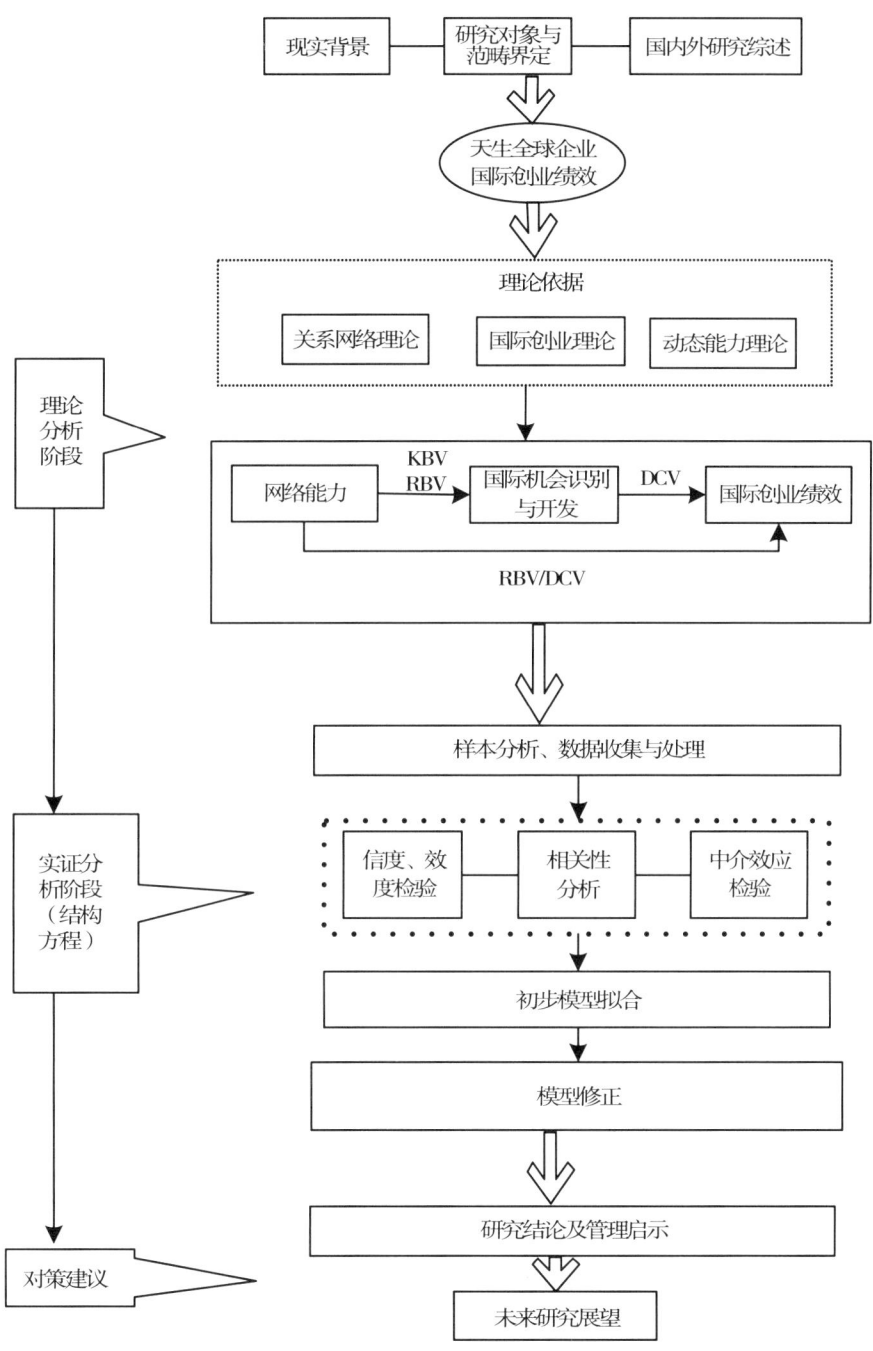

图 1-2 本书技术路线

论解释力和实证测量的可操作性。

3. 本书通过构建天生全球企业网络能力—国际机会识别和开发—企业国际创业绩效的作用机理模型，将国际机会的识别和开发作为网络能力作用于天生全球企业国际创业绩效影响的重要中介因素，这将国际商务理论、关系网络理论与国际创业理论实现了交叉整合，从而更全面和更有针对性地揭示出天生全球企业国际创业绩效提升的内在机理。同时，本研究以浙江省天生全球企业为研究样本，通过问卷调查所获取的调研数据加以统计检验的方法也在一定程度上弥补了国际创业和天生全球企业研究中实证定量研究不足的缺陷。在天生全球企业的国际创业绩效研究中，本书使用多项维度和指标进行衡量，这也在一定程度上丰富了对天生全球企业国际创业绩效的更全面地理解和把握。

4. 本书的研究对象选择新兴经济体代表国家中的一个典型性区域——浙江省的天生全球企业作为实证研究的数据来源，这也弥补了在主流国际创业和天生全球企业研究中对发达经济体样本普遍关注而对新兴经济体研究样本关注不够的缺陷，为国际创业和天生全球企业理论的跨国适用性提供检验和依据。

第二章

理论溯源与相关文献综述

第一节 企业国际化与国际创业

一 企业国际化相关研究

企业国际化的进程从一开始便是国际商务研究中最重要的主题,对企业国际化的分析也一直都是推动国际商务研究向前发展的原动力。然而,尽管这个名词一直都被广泛使用,对于国际化这一概念仍未达成统一的共识。比较早期的关于企业国际化的定义可以追溯到 Johanson 和 Wiedersheim-Paul 在 1975 年提出的 "是企业的一种从事海外活动的姿态或者真正执行海外经营活动"[1]。考虑不断增长的内向国际化和外向国际化的紧密联系,Welch 和 Luostarinen 提出了一个更为宽泛的国际化定义,即国际化就是不断涉入国际化运营的过程[2]。Beamish 等学者在 1990 年对以往国际化的定义又提出了一个新的界定,他们将国际化描述为企业同时增进他们直接和间接的国际交易,并且发起和管理与其他国家交易的过程[3]。之后,Calof 和 Beamish 又将国际化定义为企业将自身运营(包括战

---

[1] Johanson, J. and Wiedersheim–Paul, F. *The Internationalization of the Firm: Four Swedish Cases* [M]. 1975.

[2] Welch, L. S. and Luostarinen, R. *Internationalization: Evolution of a Concept* [M]. 2nd edition, London: International Thomson Business Press, 1988.

[3] Beamish, Paul W. The Internationalization Process for Smaller Ontario Firms: A Research Agenda. In A. Rugman, editor, *Research in Global Business Management*, JAI Press, 1990, 1: 77–92.

略、结构、资源等）进行调整以适应国际环境的过程[①]。

传统上，对企业国际化的研究大致可以分为三个理论研究视角：（1）对外直接投资理论的经济学视角；（2）国际化阶段模型的行为学视角；（3）网络理论的关系视角。此后，也有部分学者认为随着更多中小企业早期快速国际化现象的出现，在这三大主要理论视角基础上，还存在通过国际创业来研究企业国际化的第四个理论视角。

1. 经济学视角

经济学视角所涉及的理论主要是大型跨国集团的对外直接投资理论，在对外直接投资中，这些大型跨国公司通过评估经济交易成本而对每个生产阶段选择最佳结构，以便于企业所选择的组织形式和区位能够符合总体交易成本最小化。经济学视角的最早起源可以追溯到传统的国际贸易理论，如亚当·斯密1776年提出的绝对优势理论、大卫·李嘉图1817年的比较优势理论和赫俄1933年的禀赋因素理论。然而这些理论主要基于庞大的数据提出了国家层面的贸易理论指导，而并不关注于单个企业及行为的研究。20世纪50年代后出现的一些理论通过对跨国公司对外直接投资的研究开始关注企业的国际经营行为，Hymer在1960年提出了垄断优势理论，该理论认为跨国公司之所以存在是因为这些企业拥有东道国企业不具备的企业特定优势，如领先的技术和知识等，这就意味着这些跨国公司可以在这种市场不完善的条件下通过利用其特定优势从海外市场中寻找垄断租金。然而，垄断优势理论在解释企业为何选择对外直接投资方式而不是出口方式或许可经营这一问题上，未能做出令人信服的解释。Vernon在1966年提出了国际产品生命周期理论，该理论通过聚焦于市场扩张和技术创新描述了企业国际化从出口到对外直接投资各个阶段的过程。Buckley和Casson在1976年提出内部化理论，由于市场不完善的客观存在，企业在国际化过程中倾向于通过将其自身特定资产内部化从而成为跨国公司。因为对成本的考虑，所以内部化理论也进一步将交易成本经济理论融入了国际商务领域。在深入分析上述理论中存在的缺陷和解释力有限的基础上，Dunning提出了国际生产的折衷范式理论（又称OLI理论），

---

① Calof, J. L. and Beamish, P. W. Adapting to Foreign Markets: Explaining Internationalization [J]. *International Business Review*, 1995, 4 (2): 115-131.

该理论是企业三大优势的整合：所有权特定优势、区位特定优势和内部化优势[①]。根据这三大优势，OLI 理论回答了企业为何、何地和怎样开展对外直接投资。所有权特定优势如拥有独特的技术和创新优势回答了企业为何要"走出去"经营；区位特定优势关注企业"走出去"应该去往何地，并且特定海外市场能为企业提供何种优势；内部化优势决定了企业应该通过 FDI 方式进行内部化国际经营或是通过代理等方式开展外部化国际经营，而这也是由涉及其中的交易成本来决定的。如果内部化的成本低于外部化，那么 FDI 就是国际扩张的选择方式。

2. 行为学视角

与静态的企业国际化经济学视角相反，行为学视角的发展聚焦于动态的企业国际化过程研究。顾名思义，行为学视角根植于企业的行为学理论和企业的成长理论。根据 Coviello 等学者的观点，第一个最有影响力的国际化过程模型是由 Johanson 和 Vahlne 在 1977 年提出的 Uppsala 国际化模型[②]（见图 2-1），该模型将企业的国际化过程描述为一种"对海外国家市场和运行知识逐渐获得、整合和使用，从而逐步增加对海外市场的资源承诺"[③]。

根据 Uppsala 模型所示，"现状方面"包括市场知识和市场承诺，主要表示目前企业的国际化状况；"变化方面"包括承诺决定和目前行为，这主要表示企业国际化过程的变化和企业的国际化是如何开展的。随着"现状方面"市场知识和承诺的增加，"变化方面"的资源承诺和国际化经营行为决策开始发生。反之，"变化方面"的作用又进一步提高了"现状方面"的市场知识和承诺，从而形成一个学习的互动循环。该模型的基础假定是企业的国际经营是一个由在海外市场经营知识发展驱动的过程。因为知识是逐渐发展的，所以企业的国际化经营也只能通过渐进的方式展开，这主要体现在两个方面。第一，企业的国际经营首先选择距离自己较

---

① Dunning, J. H. The Electric Paradigm of International Production: A Restatement and Some Possible Extension [J]. *Journal of International Business Studies*, 1988, 19 (1): 1-31.

② Coviello, N. E. and Cox, M. P. The Resource Dynamics of International New Venture Networks [J]. *Journal of International Entrepreneurship*, 2006, 4: 113-132.

③ Johanson, J. and J. E. Vahlne. The Internationalization Process of the Firm: A Model of Knowledge Development and Increasing Foreign Market Commitments [J]. *Journal of International Business Studies*, 1977, 8 (Spring/Summer): 22-32.

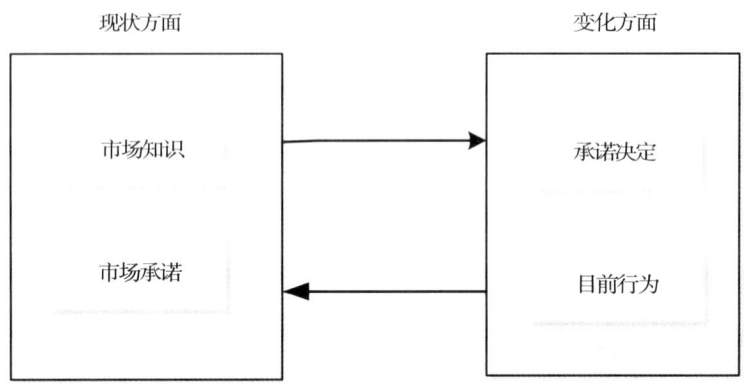

图 2-1 Uppsala 国际化模型

近也较为熟悉的外国市场，然后再扩张至较远的海外市场，这主要受到心理距离的影响，所谓的心理距离指的就是"阻碍和干扰企业与市场间信息顺畅流动的因素"（见图 2-2）。

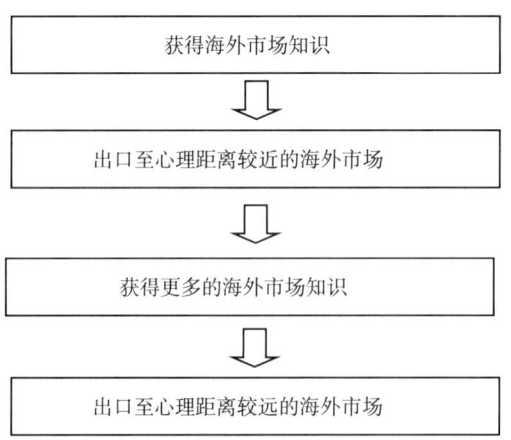

图 2-2 心理距离模型

第二，企业的国际化经营沿着一个由四阶段组成的"建设链"（Establishment Chain）模式进行，这四个阶段分别是：(1) 无规则出口行为；(2) 通过独立的代理商开展出口活动；(3) 在海外设立销售分支机构；(4) 在海外设立生产制造基地。第一阶段，企业对海外市场没有付诸资源承诺，因此企业没有规则的出口行为，而这也和模型中提出的企业最先发展国内市场的假设相一致。第二阶段，企业逐渐增加了对海外市场的资源承诺，开发海外市场渠道开始进行有规则的出口活动，随着对海外市场资源承诺的加强，企业进入了第三阶段，在这个阶段企业通过控制海外市场相关信息类型和数量来直接管理海外市场渠道。第四阶段则涉及更大的资源承诺，包括对海外市场的直接投资。

其他的国际化过程模型还包括由 Bilkey、Tesar 和 Reid 等提出的 I-Models（Innovation-related Internationalization Models）[1][2]，这个模型主要通过对美国中小企业的实证研究获得。和 Uppsala 模型类似，I-Models 也主要受到了企业行为学理论的影响。因此，模型在对企业行为进行研究时，将学习和经理层设定为关键因素，认为国际化是企业的一种创新采用行为，所以海外市场进入的机制是一系列企业在各个国际化演进阶段管理创新的结果。不同的学者认为 I-Models 包括不同的演进阶段，Reid 认为应分为 5 个阶段（见图 2-3）[3]，Bilkey 和 Tesar 则建议为 6 个阶段[4]。无论分成几个阶段，学者们普遍认同 I-Models 阶段的划分包含三个层次：出口前阶段、初始出口阶段和高级出口阶段。

图 2-3 显示了五阶段的 I-Models。在第一阶段，企业只关注国内市场，出口销售额基本为 0。第二阶段为出口前阶段，企业评估开始出口的可能性，在这个阶段出口销售率仍然是 0 左右；第三阶段为试验性出口阶段，出口仍然是企业的一种边缘行为，出口销售额仅为 0—9%；第四阶段为积极出口阶段，出口已经成为企业的一种常规行为，出口销售额为 10%—39%。第五阶段是企业出口承诺阶段，企业对海外市场依存度很高，其出口销售额超过 40%。

这些过程模型的共同假设是企业的国际化是一个缓慢和循序渐进的过程。过程模型的优点在于它们较经济学视角更为动态，并且获得了很多实证研究和理论研究的支持，而另一方面，Uppsala 模型被批评认为过于武

---

[1] Bilkey, W. J. and Tesar, G. The Export Behavior of Smaller-sized: Wisconsin Manufacturing Firms [J]. *Journal of International Business Studies*, 1977, 18: 93-98.

[2] Reid, Stan D. The Decision-maker and Export Entry and Expansion [J]. *Journal of International Business Studies*, 1981, 12 (Fall): 101-12.

[3] Reid, Stan D. The Decision-maker and Export Entry and Expansion [J]. *Journal of International Business Studies*, 1981, 12 (Fall): 101-12.

[4] Bilkey, W. J. and Tesar, G. The Export Behavior of Smaller-sized: Wisconsin Manufacturing Firms [J]. *Journal of International Business Studies*, 1977, 18: 93-98.

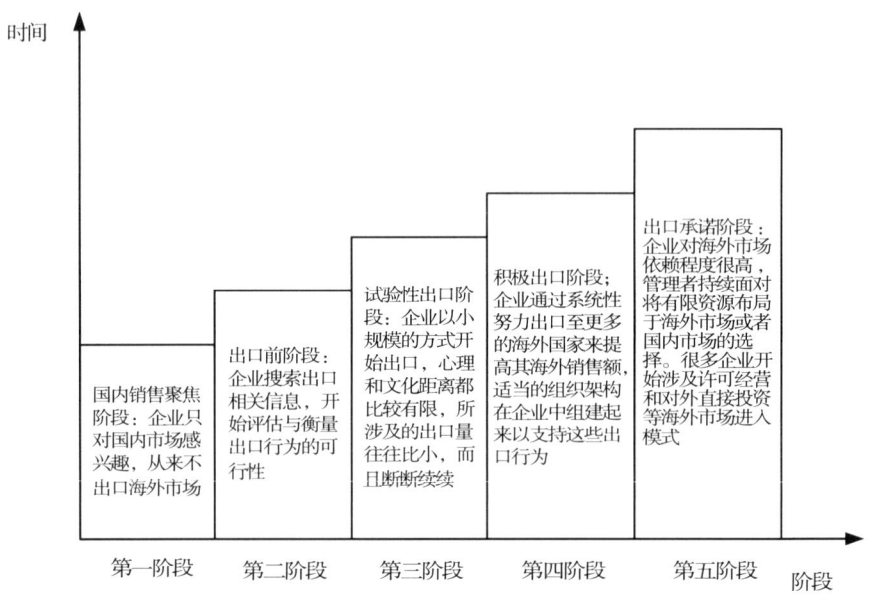

图 2-3 I-Models 五阶段模型

断和简单。特别是有学者批评 Uppsala 模型没有对小型企业和大型企业的国际市场进入做任何的区分，而事实上这种差异非常重要，因为大企业的海外市场进入行为相对小企业来讲更加结构性固定。因此，之后的学者对于小企业的国际化越发产生了浓厚的兴趣。相关研究都显示缓慢、阶梯式如"水中波纹扩散"的国际化模型无法充分解释中小企业的国际化，特别是新创企业的国际化行为，比如本书的研究对象——天生全球企业。因此，2009 年，Johanson 和 Vahlne 发表的论文中对早期提出的 Uppsala 模型做出了修改，突出强调了关系网络在经验性知识积累和企业国际化中的重要作用[1]。他们认为商业关系网络对于国际化企业的知识积累尤其重要，因为知识并不仅仅从企业自身行为活动中形成，同时也从企业关系网络中合作伙伴的行为活动中获得，在这个研究中他们提出了一个"圈外人劣势"（即处于相关网络之外）的说法，认为是"圈外人劣势"而不是外来者劣势给企业带来了海外市场的不确定性。所以修改后的 Uppsala 模型支

---

[1] Johanson, J. and Vahlne, J. E. The Uppsala Internationalization Process Model Revisited: From Liability of Foreignness to Liability of Outsidership [J]. Journal of International Business Studies, 2009, 40 (9): 1411-1431.

持者需要聚焦关系中的互动以及关系网络促成的企业国际化拓展方式，对于国际化企业来说，它们可以对关系网络妥善加以利用从而获得海外市场机会的知识。

3. 关系网络视角

关系网络理论最早由 Harrison White 及其跟随者于 20 世纪 70 年代提出，他们以关系网络视角来研究和分析社会结构。而企业国际化的关系网络视角部分借鉴了行为学理论，部分借鉴了企业间互相关系的社会学理论研究。从关系网络视角出发，产业市场被理解为是一个"企业间的关系网络"，而企业国际化又可以被看成是一个国际化关系发起、发展和维护的过程。通过这个过程，企业可以在海外市场关系网络中建立自身的位置[1]。因此，根据 Coviello 的观点，企业的国际化实际上依靠的是组织的一整套关系网络而非企业的特定优势[2]。在关系网络中，每个企业都可以与顾客、供应商、分销商甚至是竞争对手搭建直接关系，并且通过它们的合作伙伴与其他企业进一步建立非直接关系。当企业与合作伙伴积极互动，那么相互间就能产生协调效应，通过与关系网络内其他伙伴关系的搭建，企业可以获取外部资源，并为其在海外市场产品和服务的销售提供机会。因此，从这个层面讲，关系网络视角的理论根源也涉及资源依赖理论，认为单个企业的行为依赖于其他企业所控制的资源。

企业的这一整套关系网络包括客户、供应商、分销商、竞争者等（见图 2-4）。企业的国际化可被解释为企业是如何发展其在关系网络中的位置并且如何与海外关系网络中的潜在伙伴组建关系。换言之，该视角的着力点在于解释企业是如何通过搭建和开发关系网络来进行国际化经营。根据 Forsgren 在 2002 年的观点，关系网络视角将企业的国际化看成是一种企业间商业关系发起、发展和维护的过程，它甚至认为从关系网络角度看国家边境已经成为多余[3]。这就和国际化过程理论形成了较大的差异，

---

[1] Johanson, J. and Mattsson, L. Inter-Organizational Relations in Industrial Systems: A Network Approach Compared with the Transaction-cost Approach [J]. *International Studies of Management and Organization*, 1987, 17: 34-48.

[2] Coviello, N. Re-thinking Research on Born Globals [J]. *Journal of International Business Studies*, 2015, 46: 17-26.

[3] Forsgren, M. The Concept of Learning in the Uppsala Internationalization Process Model: A Critical View [J]. *International Business Review*, 2002, 11 (3): 257-278.

过程理论认为不同国家间市场的差异是限制和影响企业海外市场进入的主要障碍。

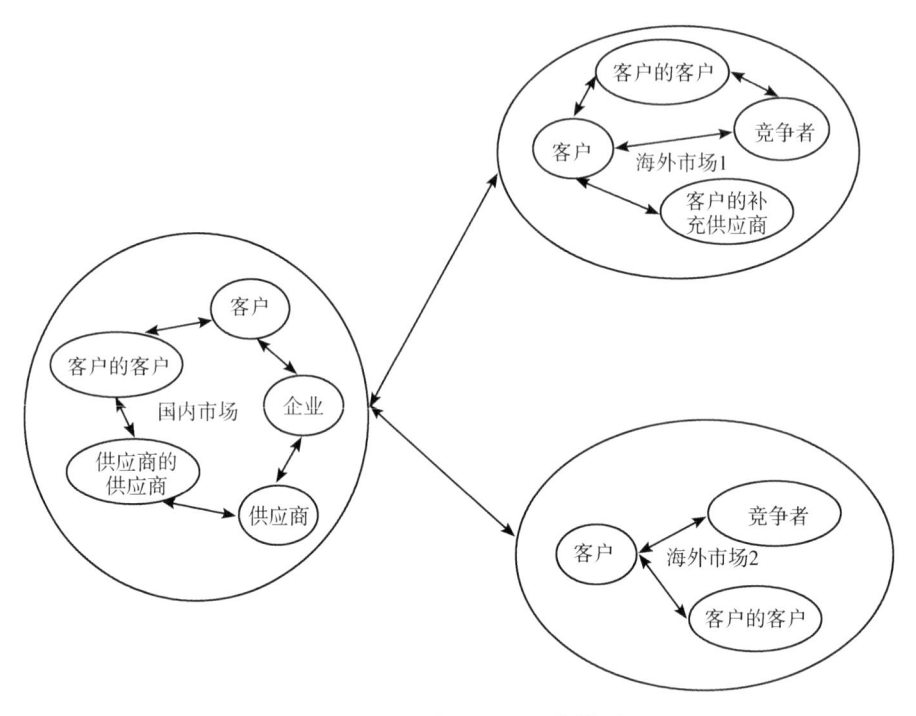

图 2-4　国际商业关系网络模型

Johanson 和 Mattsson 在 1988 年用四类国际化企业做了一个比较分析：早期起步者、孤独国际者、晚期起步者、从众国际者（见图 2-5）[1]。这种分类是根据企业的国际化程度和市场的国际化程度来进行的。另外，这个分析也提供了国际化过程中的延伸、渗透和整合三个维度是如何用关系网络模型来解释的。

早期起步者：基本上没有或者很少有与海外企业的重要联系，企业对海外市场了解很少，而且也无法利用本国市场的关系网络来获得海外市场知识。早期起步者的国际化进程往往是渐进式的，知识发展是这类企业国际化背后的驱动力。因此早期起步者的国际化过程遵循 Uppsala 模型中提

---

[1] Johanson, J. and Mattsson, L. G. Internationalisation in Industrial Systems: A Network Approach. In N. Hood & J. E. Vahlne (Eds), *Strategies in Global Competition*, London: Croom Helm, 1988, 468-486.

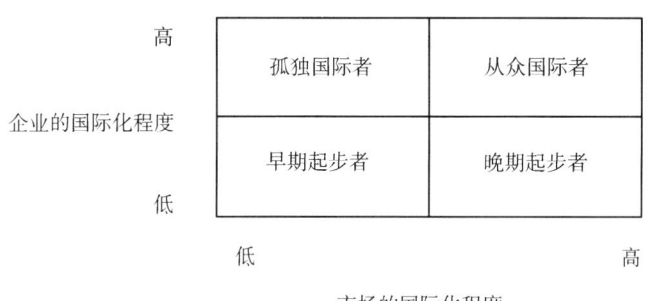

	低	高
高	孤独国际者	从众国际者
低	早期起步者	晚期起步者

纵轴：企业的国际化程度　横轴：市场的国际化程度

图 2-5　国际化与关系网络模型

出的渐进模式，尽管市场国际化程度没有发生改变，随着企业国际化程度的加深，这类企业慢慢从早期起步者发展成为孤独国际者。

孤独国际者：当企业逐步国际化它就会和海外市场潜在的合作者结成关系网络从而获得更多的海外市场知识，积累的海外市场知识能够让孤独国际者以很少的成本和努力就能获得高度结构化的关系网络。大量的国际运作知识能够让企业有效应对新的外部环境，这也激励企业走向国际化，在国际市场中开发企业特定资产。因此，孤独国际者的国际化速度要快于早期起步者。

晚期起步者：晚期起步者在一个已经国际化了的市场环境中运作，虽然市场环境已经高度国际化，但是企业的国际化程度依然很低，企业在国际化过程中倾向于采用一种被动适应的方式，如被动地由供应商、顾客和竞争者带入国际市场。随着合作伙伴的国际化，企业间的互动创造了很多联系，使得企业所经营的市场逐渐更有吸引力。晚期起步者因此被带动甚至说被逼迫跟随先动者进入了海外市场。

从众国际者：在这个状况中，企业和其所运营的环境都已经高度国际化了。因为从众国际者已经从一些国际关系网络中获得了较高程度的国际知识，它们的国际化倾向于由"战略性地利用网络位置"所驱动。这类企业的高程度国际化能够让它们获得国际经营中的很多优势。比如，它们花较少的时间就能建立海外销售子公司。对于从众国际者来说，如果未能将它们所拥有的不同关系网络进行合理的国际化整合，那么要从这些国际商业关系网络中进一步开发和保持优势也是比较困难的。因此，对它们来说，协调和整合不同的生产关系网络的能力至关重要。

(1) 关系网络的建立与发展

关系网络可分为直接关系和间接关系。直接关系主要指的是主体商业关系内企业间的关系，如顾客和供应商之间的关系，这种直接关系又被称为二元关系，而间接关系包括像中介这样的第三方，也被称为是三元关系。为了能够厘清网络内复杂的互动关系，Hakansson等学者提出了一个聚焦于行为、资源和行为主体（ARA）的产业关系网络模型，关系的本质归结为行为主体的纽带、行为联系和资源关系[①]。通过对这些方面的研究，才能真正理解关系的发展和维护。产业关系网络模型被用来解释在商业关系网络中这三个层面如何活动，从而为企业创造一种共同合作，互相使用合作伙伴所掌握的各种技术、知识盈利和安全的处境。另外，商业关系网络成员也可以对关系网络的间接关系善加利用。在模型中提出的在商业市场中的买家与卖家的关系，一般沿着如图2-6所示的阶段发展。对每个阶段的描述是根据关系因素的数量决定的，比如伙伴间的经历、承诺和适应是如何增进的，伙伴间的距离和不确定性是怎么降低的。对于行为主体的可靠性来说，信任是非常关键的，因为只有信任和承诺的协同才能推进伙伴间合作的增进，当行为主体认为某种伙伴间的关系足够有价值需要去维护的时候，关系承诺便产生了，因此承诺和信任对于进一步关系的构建是至关重要的。

在关系发展过程模型中，第一阶段在关系开始前企业主要进行营销活动，而后面的三个阶段显示了网络内买卖双方的直接关系是如何被建立起来的。经验这个概念主要指的是企业对其各合作伙伴互相间了解的多少，并从其中判断各合作方对关系承诺的程度。承诺在很大程度上是由合作方是否愿意为合作关系做出适应性改变的意愿来衡量的。距离的概念是多层面的，它可以分解为不同的类型，如社会距离、文化距离、技术距离、时间距离和地理距离等。不确定性是在关系发展的初始阶段，企业因为很难衡量合作关系的潜在收益和成本所造成的。在第五阶段，合作关系最终成为一种习以为常的存在，对关系的承诺也成为理所当然。

---

① Hakansson, H., Snehota, I. No Business Is an Island: The Network Concept of Business Strategy [J]. *Scandinavian Journal of Management*, 1989, 5 (3): 187-200.

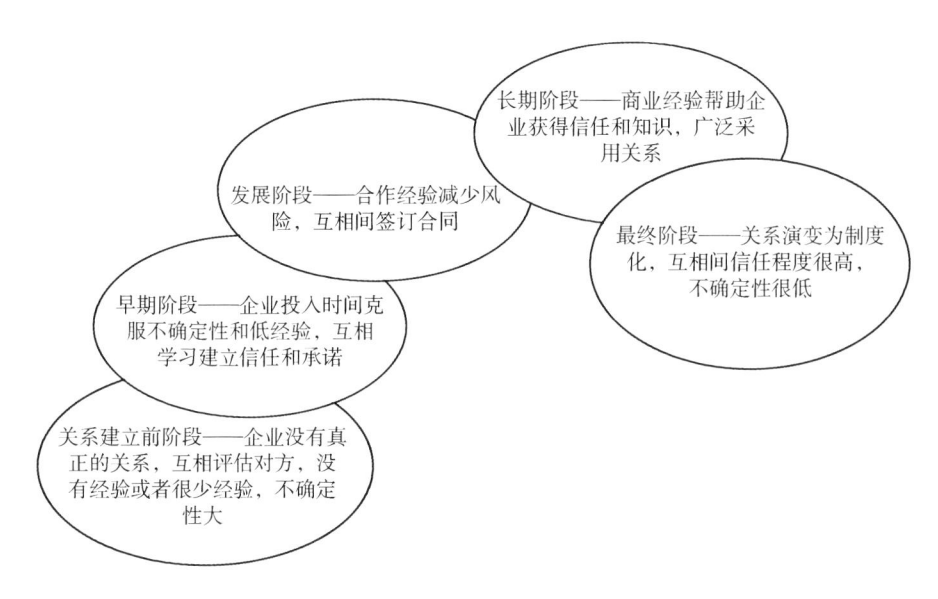

图 2-6　关系发展的五个阶段①

(2) 关系网络的嵌入性

关系并不是孤立地被创造和发展的，所有的关系都是互相作用关系所组成网络的一部分，并根据不同的划分依据分成不同的类型（见表 2-1）。关系网络具体可从三个分支来理解：网络作为一种关系集，研究这些关系集如何被建立；网络作为一种过程，整体过程又可以被分为几个分支过程，每个分支过程都包含若干阶段；网络作为一个结构，即联系的数量和企业间联系的紧密程度。将网络看成是一种结构，这是最抽象的一种理解，结构中包含了很多节点，比如从事制造业和服务业的企业互相之间就关联在一起，因此，这种互相间的关联也被称为嵌入性，它的基本原理来自 Granovetter 等学者在 1985 年提出的企业间的经济交易并不是单独存在，而是受到整个社会和文化交流的影响，并是其所包含的一部分②。这种嵌入性也可以从不同的角度来理解，比如有时间的嵌入性、社会的嵌入性和价值创造的嵌入性。从关系网络视角来看，当行为主体对其伙伴关系做出

---

① Ford, D. The Development of Buyer-Seller Relationships in Industrial Markets [J]. *European Tournal of Mandcting*, 1980, 14No. 5/6: 339-353.

② Granovetter, M. S. Economic Action and Social Structure: The Problem of Embeddedness [J]. *American Journal of Sociology*, 1985, 91: 481-510.

双向和长期的特定关系调整和投资，嵌入性便发生了。而这也影响着行为主体所从属的更大范围的关系网络。因此，企业和其长期战略是与其网络结构中的商业关系共生发展的。因为受到网络中其他主体的影响和制约，企业及其战略的任何改变都需要一段较长的时间。关系网络中嵌入性的力度各有不同，在高度结构化的网络中，企业间的劳动分工十分明确，企业间的关系很强，企业进入和退出关系网络不经常发生。相反，松散关系网络中企业间的相互依赖关系很低，弱关系导致伙伴间承担绩效角色和职能不是很清楚，企业进入和退出关系网络则更常见。当然，对于企业来说，他们所追求的目标是要尽可能地在网络中找到对自己来说最有利的位置[1]。然而，搭建、维持和改变在网络中的位置都是需要时间和努力的。因为在不同关系的行为主体间的互相依赖性，网络内位置的改变受到企业自身目前网络位置和其他企业网络位置的影响[2]。

关系网络视角已经被很多学者证明非常适用于解释中小企业的国际化经营，因为中小企业可以借助关系网络来克服其规模局限导致的发展障碍。尽管中小企业只掌握非常有限的海外市场知识和经验，但是它们可以通过从国际关系网络伙伴如供应商、顾客、竞争对手等手中获取这些无形资产。对于规模较小的成熟市场体（如北欧国家）来说，正式的商业关系网络对于中小企业的国际化更为重要，而对于新兴经济体的中小企业国际化来说，非正式社会关系网络的作用可能更为显著[3]。

表 2-1 关系网络类型

划分依据	关系网络类型	作者（年份）
层次性	人际关系网络与组织间关系网络 社会关系网络与商业关系网络 国内关系网络与国际关系网络	Johanson, Mattsson (1988) Easton, Hakansson (1996) Burt (2000)

---

[1] Johanson, J. and Vahlne, J. E. The Uppsala Internationalization Process Model Revisited: From Liability of Foreignness to Liability of Outsidership [J]. *Journal of International Business Studies*, 2009, 40 (9): 1411-1431.

[2] Wilfred Dolfsma, Rene Van der Eijk. Network Position and Firm Performance: The Mediating Role of Innovation [J]. *Technology Analysis & Strategic Management*, 2014, 5 (1): 1-13.

[3] Milanov H., Fernhaber S. A. When the Domestic Alliances Help Ventures Abroad? Direct and Moderating Effects from a Learning Perspective [J]. *Journal of Business Venturing*, 2014, 29 (3): 377-391.

续表

划分依据	关系网络类型	作者（年份）
关系强度	强关系 弱关系	Granovetter（1972） Prasha & Yong（2011）
网络结构	从属位置 中心位置	Wasserman & Faust（1994）
形成方式	主动式联网 被动式联网	Johanson & Mattsson（1988）
资源基础观	结构性社会资本 关系性社会资本 认知性社会资本	Nahapiet & Ghoshal（1998）、Lin 等（2001）、Prashantham（2008）

资料来源：周劲波、黄胜，2013年文献整理。[1]

二 国际创业与天生全球企业

国际创业是近些年来快速兴起的一个跨学科研究领域，主要是国际商务和创业学两大研究领域的交叉融合[2]。一方面，传统的国际商务研究领域主要关注大型跨国公司的国际化经营，当然近些年来该领域也逐渐加强了对中小企业国际化研究的关注。另一方面，传统创业学的研究则主要聚焦于企业在母国国内的创业实践研究，但是最新的创业学研究趋势也表明该领域也愈加对新创企业的国际经营实践产生浓厚的研究兴趣。随着近些年国际创业研究的深入开展，学者们对国际创业的定义也逐渐完善。最早 McDougall 在 1989 年对国际创业的定义中仅仅聚焦于新创企业的国际经营行为[3]。之后，国际创业定义中更多地融入了创业学的元素。McDougall 和 Oviatt 又于 2000 年、2003 年多次修改和完善了国际创业的定义[4][5]。

---

[1] 周劲波、黄胜：《关系网络视角下的国际创业研究述评》，《外国经济与管理》2013 年第 2 期。

[2] McDougall, P. and Oviatt, B. International Entrepreneurship: The Intersection of Two Research Paths [J]. *Academy of Management Journal*, 2000, 43 (5): 902-906.

[3] McDougall, P. P. International Versus Domestic Entrepreneurship: New Venture Strategic Behavior and Industry Structure [J]. *Journal of Business Venturing*, 1989, 4: 387-399.

[4] McDougall, P. and Oviatt, B. International Entrepreneurship: The Intersection of Two Research Paths [J]. *Academy of Management Journal*, 2000, 43 (5): 902-906.

[5] McDougall, P. P., B. M. Oviatt. Shrader. A Comparison of International and Domestic New Ventures [J]. *Journal of International Entrepreneurship*, 2003, 1 (1): 59-82.

McDougall 在 1989 年对国际创业的定义是："国际创业就是新创企业自创立伊始便运作国际业务[①]。"之后，McDougall 和 Oviatt 于 2000 年又进一步提出："国际创业是一种创新性、主动性和风险承担性相结合的跨境创业行为，旨在为组织创造新的价值[②]。"在 2003 年，McDougall 和 Oviatt 两位学者确定了国际创业的最终定义："国际创业是通过对跨境创业机会的识别、评估和开发来创造新的产品和服务[③]。"这三个定义中，后面两个定义更强调创新与创业机会，所以与创业学研究学者的研究方向更加契合。根据 Keupp 和 Jones 等学者的研究，国际创业仍然是一个正处于快速兴起的研究领域，类似社会资本等无形企业资源的整合形成了中小企业国际化的组织能力，而这类组织能力通过与环境因素的结合决定了这类快速国际化企业的整体国际战略[④][⑤]。

国内学者对国际创业的研究多集中于研究企业国际创业的驱动力和实现机制。陈军和张韵君在 2016 年通过融合国际商务理论和创业理论的思想，将学习导向、制度环境、国际化知识、国际创业能力等因素整合到一个研究框架下，形成国际创业的综合驱动模型[⑥]。田毕飞等在 2017 年指出随着"一带一路"政策的实施，越来越多的中国企业通过国际创业整合全球资源，并提出了国际创业自我效能的概念。所谓自我效能是个体对自身能够成功完成某些任务所具有的能力判断和信念强度。将这一概念应用于国际创业领域就形成了国际自我效能的概念，论文认为这一指标能够影

[①] McDougall, P. P. International Versus Domestic Entrepreneurship: New Venture Strategic Behavior and Industry Structure [J]. *Journal of Business Venturing*, 1989, 4: 387-399.

[②] McDougall, P. and Oviatt, B. International Entrepreneurship: The Intersection of Two Research Paths [J]. *Academy of Management Journal*, 2000, 43 (5): 902-906.

[③] McDougall, P. P., B. M. Oviatt, and R. C. Shrader. A Comparison of International and Domestic New Ventures [J]. *Journal of International Entrepreneurship*, 2003, 1 (1): 59-82.

[④] Keupp, M. M. and Gassman, O. The Past and the Future of International Entrepreneurship. A Review and Suggestions for Developing the Field [J]. *Journal of Management*, 2009, 35 (3): 600-633.

[⑤] Jones, M. V., Coviello, N. and Tang, Y. K. International Entrepreneurship Research (1989—2009): A Domain Ontology and Thematic Analysis [J]. *Journal of Business Venturing*, 2011, 23 (2): 56-78.

[⑥] 陈军、张韵君：《国际创业综合驱动模型及内在机理研究》，《天津商业大学学报》2016 年第 5 期。

响国际创业绩效[1]。

在国际创业中，对天生全球企业的研究是该领域最关键的组成部分，天生全球企业指的是从创立伊始便积极开展国际业务的企业。自从20世纪80年代末期提出这个称呼以来，该类企业越来越受到学者们的关注，不同的学者也使用了不同的提法来称呼这类企业。如"国际新创企业"[2]，"天生全球企业"[3]，"瞬时国际企业"[4]，"快速国际企业"[5]，"早期国际企业"[6]等。其中，将该类企业与其他企业相区别的有两大特点：第一，自创立开始到开展国际化业务中间间隔时间很短；第二，在多个国外市场取得销售业绩。

早期对于天生全球企业的研究主要集中在以下的这些主题：对于渐进阶段式国际化模型的批判论证[7]；对天生全球企业特征的论述[8]；对天生全球企业国际化驱动力的论述[9]；对天生全球企业战略的论述[10]；对天生

---

[1] 田毕飞、丁巧：《中国新创企业国际创业自我效能、模式与绩效》，《科学学研究》2017年第3期。

[2] Oviatt, B. M. and McDougall, P. P. Toward A Theory of International New Ventures [J]. *Journal of International Business Studies*, 1994, (25) 1: 45-64.

[3] Rennie, M. Global Competitiveness: Born Global [J]. *McKinsey Quarterly*, 1993, 4: 45-52.

[4] McAuley, A. Looking Back, Going Forward: Reflecting on Research into the SME Internationalization Process [J]. *Journal of Research in Marketing and Entrepreneurship*, 2010, 12 (1): 21-41.

[5] Hurmerinta-Peltoma, ki, L. Conceptual and Methodological Underpinnings in the Study of Rapid Internationalizers in Jones, M. V. and Dimitratos, P. (eds) *Emerging Paradigms in International Entrepreneurship*, Edward Elgar, Cheltenham, 2004: 64-88.

[6] Rialp, A., Rialp, J. and Knight, G. A. The Phenomenon of Early Internationalizing Firms: What Do We Know After a Decade (1993—2003) of Scientific Inquiry? [J]. *International Business Review*, 2005, 14: 147-166.

[7] Bell, J., McNaughton, R., Young, S., et al. Towards an Integrative Model of Small Firm Internationalization [J]. *Journal of International Entrepreneurship*, 2003, 1 (4): 339-362.

[8] Luostarinen, R. and Gabrielsson, M. Finnish Perspectives of International Entrepreneurship, in Dana, L-P. (ed) *Handbook of Research on International Entrepreneurship*, Edward Elgar, Cheltenham, 2004: 383-403.

[9] Zucchella, A., Palamara, G. and Denicolai, S. The Drivers of the Early Internationalization of the Firms [J]. *Journal of World Business*, 2007, 42 (3): 268-280.

[10] Ruokonen, M. and Saarenketo, S. The Strategic Orientations of Rapidly Internationalizing Software Companies [J]. *European Business Review*, 2009, 21 (1): 17-41.

全球企业创立者或企业家的论述[1]等。

作为对天生全球企业早期快速国际化的驱动力研究，Oviatt和McDougall在2005年所提出的加速式国际化模型较有影响力（见图2-7）[2]。该模型包括六大要素：创业机会、技术、竞争、创业者感知、知识和关系网络。其中，技术、创业机会和竞争为驱动因素；创业主体的认知起中介作用；知识和关系网络为调节因素。根据这个模型的解释，国际创业始于创业者对跨境创业机会的识别，而交通和通信技术方面的进步提供了切实可行的客观条件，全球市场竞争提供了激励因素，最终由创业者在评估机会潜力和吸引力的基础上决定是否和如何开发运作国际化经营的机会，该模型认为，企业在知识和关系网络的调节作用下，其国际化进程能够提速。后期很多国内学者的研究正是基于这一模型，对不同要素进行了侧重分析。如许晖等在2015年以天生全球企业的知识整合为主线，探讨了基于创业知识溢出的国际新创企业知识整合机制的理论框架[3]。董保宝等则从竞争优势角度出发，发现国际新创企业的竞争优势在于其创新速度、产品质量和市场外部表现等方面[4]。侯旻、顾春梅在2016年以二代浙商的天生国际化发展模式为着眼点，探讨企业外部资源在策略选择中的应用[5]。

在已有的国际创业文献中，学者研究了关系网络作用于中小企业国际化的各种方式，但是以一种组织能力——网络能力为聚焦来研究企业的国际化仍然缺失。因此，本章将在下一节进一步系统分析网络能力的理论背景。

---

[1] Andersson, S., Evangelista, F. The Entrepreneur in the Born Global Firm in Australia and Sweden [J]. *Journal of Small Business and Enterprise Development*, 2006, 13 (4): 642-659.

[2] Oviatt, B. M. and McDougall, P. P. Defining International Entrepreneurship and Modelling the Speed of Internationalization [J]. *Entrepreneurship Theory and Practice*, 2005, 29 (5): 537-553.

[3] 许晖、王琳、张阳：《国际新创企业创业知识溢出及知识整合机制研究——基于天士力国际公司海外员工成长及企业国际化案例》，《管理世界》2015年第6期。

[4] 董保宝、周晓月：《网络导向、创业能力与新企业竞争优势——一个交互效应模型及其启示》，《南方经济》2015年第1期。

[5] 侯旻、顾春梅：《二代浙商天生国际化企业外部网络资源对企业绩效的影响——双元能力调节效应分析》，《商业经济与管理》2016年第3期。

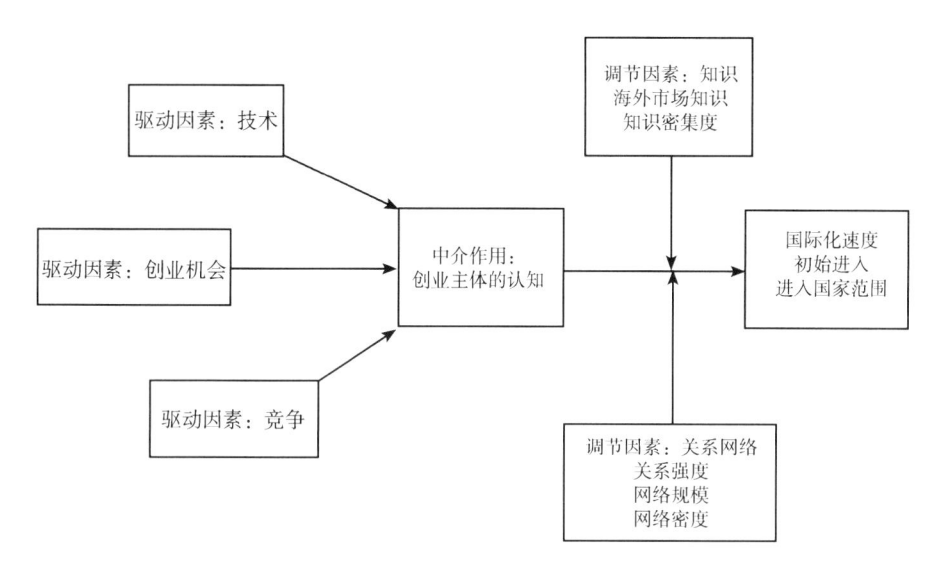

图 2-7　加速式国际化模型

第二节　网络能力与国际创业

一　关系网络与国际创业

部分学者认为关系网络视角较传统的国际化过程模型能够更好地（即使不能充分地）解释新创企业的快速国际化现象。中小企业的商业网络联系为企业进入海外市场提供了机会，并且这种网络关系也加速了这类企业的国际化进程。因此，在中小企业的国际化进程及绩效研究中，"网络关系构建"必定是一个非常关键的研究因素。Bell 在对小型软件企业的研究中提出关系网络对于这类企业的国际化来说是更加适用的研究视角[①]。将国际化渐进模型和关系网络模型相整合能进一步增加对新创小企业在其初始阶段就开始国际化经营现象的理解。新创小企业在其国际化进程中显示出行为外化模式，即依靠关系网络来进行海外市场和进入模式的选择，新创企业的快速国际化被现有关系网络，尤其是被现有国际关系网络中的合作伙伴所驱动，

---

① Bell, J., McNaughton, R., Young, S., et al. Towards an Integrative Model of Small Firm Internationalization [J]. *Journal of International Entrepreneurship*, 2003, 1 (4): 339-362.

进而带动了新创企业的快速国际化成长。Crick 等学者发现企业先前的国际经验、联系对象和关系网在企业关于进入哪个海外市场的决定中比市场心理距离本身发挥了更重要的作用[1]。Sharma 等认为弱关系对新创企业的国际化来说非常重要，因为由弱关系提供的知识帮助企业决定了应该用何种模式进入哪个海外市场[2]。同样 Chandra 也强调弱关系，特别是那些拥有丰富结构洞的弱关系对于海外市场进入的重要作用[3]。

学者们认为个人关系网络和组织商业关系网络都对新创企业的快速国际化非常重要，这两类关系网络都驱动和提升了新创企业的国际化进程。天生全球企业的创立者依赖强国际商业关系网络，尤其是与投资方、供应商和客户之间的关系。因为这类网络为本来资源匮乏的新创企业提供了重要的资源渠道[4]。而个人关系网络为新创企业提供了咨询、合法性和商业机会，对于像天生全球企业这类新创企业来说，个人关系网络可能占到企业所有关系网络中的更大比重，因为天生全球企业创立时间短，企业的流程、惯例和系统都不是非常稳定。很多研究者认为企业关键个人所拥有的个体关系网络对于新创企业在海外市场的初始经营至关重要。新创小企业能够借助其个体关系网络中的正式与非正式联盟来克服新创企业所面临的财务和知识方面的局限。同时，企业海外经营风险也能因与海外合作伙伴间建立的基于个体信任的联盟关系而得到降低。社会资本被视为一种知识观，并发现企业内部和外部的社会资本量越大，则知识的量也会越大，从而加速新创企业的国际化成长[5]。通过对六家天生全球企业的研究，

---

[1] Crick, D. and Jones, M. V. Small High-technology Firms and International High-technology Markets [J]. *Journal of International Marketing*, 2002, 8 (2): 63–85.

[2] Sharma, D. D. and Blomstermo, A. The Internationalization Process of Born Globals: A Network View [J]. *International Business Review*, 2003, 12: 739.

[3] Chandra, Yanto, C. Styles and I. Wilkinson. The Recognition of First time International Entrepreneurial Opportunities: Evidence from Firms in Knowledge-based Industries [J]. *International Marketing Review*, 2009, 26 (1): 30–61.

[4] Ng, W., and Rieple, A. Special Issue on the Role of Networks in Entrepreneurial Performance: New Answers to Old Questions? [J]. *International Entrepreneurship and Management Journal*, 2014 (10): 447–455.

[5] Yli-Renko, H., Autio, E., Sapienza, H. J. Social Capital, Knowledge Acquisition, and Knowledge Exploitation in Young Technology-based Firms [J]. *Strategic Management Journal*, 2001, 22 (6/7): 587–613.

Andersson 等发现创业者个人的关系网络对于企业的国际扩张、生产和财务支持都是非常重要的①。尽管这样,也有一些学者提出了一些不同的看法,认为关系网络并没有像预期的那样对天生全球企业的创立发挥重要作用。通过对五家天生全球企业的研究,他们发现企业的创立过程中并没有过多地依赖创立者个人和企业先前的关系网络,从而提出创业者凭借一个好的创意和经验也能创立一个快速国际化的企业。

也有学者研究了天生全球企业关系网络的动态性,即关系网络在天生全球企业的发展过程中(发展过程被分为创意生成阶段、商业化阶段和成长阶段)是如何演化的,在不同的阶段又有何差异。Coviello 在 2015 年发现,随着天生全球企业关系网络规模的扩大,网络中的密度将会下降,天生全球企业的关系网络包含关系的多样性——有社会和经济的关系、强和弱的关系、长期和短期的关系②。在所有的三阶段中经济关系依然占据主导。在天生全球企业创意生成期,一个小规模的密集网络对于从信赖的伙伴处获得资源非常有益。随着天生全球企业的发展,关系网络逐渐变得规模更大、拥有更多的结构洞,从而带来更多的社会资本。同时作者也发现关系网络是由精心管理产生的,但同时也是由第三方推荐而来。从资源动态性方面对天生全球企业的关系网络进行了研究,他们认为关系网络可以被同时看成一种资源本身和提供资源或者接近资源的渠道。从关系网络中获得的不同资源在天生全球企业的某个阶段要比其他阶段更加普遍。在创意生成阶段,关系网络非常重要是因为它提供了诸如技术发展等组织资源。在后续的阶段中,人力资源变得特别重要,而在成长阶段中包括知识和市场准入等组织资源又变得十分重要。在所有研究案例企业中,关系网络在企业发展的第一阶段都提供了财务资源,从总体来看,关系网络对于财务和实体资源的重要性与组织和人力资源的重要性不一致。

天生全球企业由于受到新创者劣势(Liabilities of Newness)和小型化劣势(Liabilities of Smallness)的双重威胁,因此企业面临国际化发展所

---

① Andersson, S., Evangelista, F. The Entrepreneur in the Born Global Firm in Australia and Sweden [J]. *Journal of Small Business and Enterprise Development*, 2006, 13 (4): 642-659.

② Coviello, N. Re-thinking Research on Born Globals [J]. *Journal of International Business Studies*, 2015, 46 (1): 17-26.

需资源、知识和能力缺陷的束缚①。即便这样，由于创业者和管理团队之前所拥有的社会关系网络，这些新创企业的加速式国际化仍然能够得到实现。由于社会关系网络能够为企业国际创业机会开发提供知识、异质性资源和行为②，因此这类关系网络对于天生全球企业来说也非常重要。不仅如此，社会关系网络还扮演着关系中间人的角色，通过社交、信息交易等方式辅助新关系的形成，同时也充当着媒介人，它们能够调配资源，帮助创业者有效应对新的海外市场中制度性和官僚结构的约束。创业者个人的社会关系网络由于具备能克服新创者和小型化劣势的潜力，因此能为企业国际创业机会的开发带来很大的好处，同时也能提高企业在复杂动态的国际商业环境中生存和成长的能力③。

但是，也有学者提出关系网络对于天生全球企业的作用并非绝对的有益，事实上，关系网络可能存在某些潜在的弊端。尽管关系网络的负面影响并不是本研究的聚焦方向，但仍有必要了解其潜在的负面影响。

Cavusgil 和 Knight 认为到目前为止，仍然没有一个从国际创业角度出发论述关系网络弊端的系统性研究，但是我们仍然可以在之前的文献中发现一些辩证的研究④，先前有学者认为非正式关系会对企业正式体系带来障碍，关系网络的构建会耗费大量时间和成本而未必有所建树，这样就会在很大程度上挫伤创业者的信心，尤其是当关系网络被一些机会主义的合作方所利用。在国际创业中，关系网络未必是一直有益。关系网络可能限制企业的市场机会视野和企业间信息交换的层次，从而忽视网络之外更为

---

① Kiss, A. N. and Danis, W. M. Social Networks and Speed of New Venture Internationalization During Institutional Transition: A Conceptual Model [J]. *Journal of International Entrepreneurship*, 2010, 8 (3): 273-287.

② Harris, S. and Wheeler, C. Entrepreneurs' Relationships for Internationalization: Functions, Origins and Strategies [J]. *International Business Review*, 2005, 14 (2): 187-207.

③ Kiss, A. N. and Danis, W. M. Social Networks and Speed of New Venture Internationalization During Institutional Transition: A Conceptual Model [J]. *Journal of International Entrepreneurship*, 2010, 8 (3): 273-287.

④ Cavusgil, S. T., and G. Knight. The Born Global Firm: An Entrepreneurial and Capabilities Perspective on Early and Rapid Internationalization [J]. *Journal of International Business Studies*, 2015, 46: 3-16.

重要的信息来源①。同时，关系网络也包含了义务和责任，有的时候企业被迫去承担这些义务和责任从而会导致企业资源的误配和流失。此外，因为投入了大量的时间和资源去开发和保持关系，会导致企业本来就稀缺的资源没有得到最有效果的利用，而所搭建的关系网络则因为要与合作伙伴知识共享从而增加了企业的成本，甚至这种成本会大大高于实际收益②。另有部分学者认为，由于受到网络责任和义务的束缚，企业会很难跳出关系网络去探寻其他新的国际创业机会。在2006年发表的文章中，Mort和Weewardena强调了网络刚性问题，他们认为企业由于只能寻求网络边界内所存在的商机从而会导致公司的战略选择受到限制③。同时，关系网络可能也存在对经济的负面效应，因为关系网络在接受一批成员的同时也排挤掉了另外一批人员，因此它对非成员是存在歧视性的。一些经营不是十分有效的企业因为有关系网络的保护从而可以持续在市场中存在，而其他没有关系网络保护但却有效运作的企业则未必能在市场中胜出。

我国学者对中国企业关系网络与国际创业的研究多集中在2000年以后。范爱军2004年指出中小企业作为"走出去"战略中的主力军，若要加快进入国际市场的步伐，应该积极融入华商网络，即将中华文化与商业活动相结合④。郑准2011年构建了"网络结构—知识获取—企业国际化"的概念模型，发现关系网络的网络规模和网络强度对企业国际创业绩效产生显著影响，而关系网络稳定性的影响则不显著⑤。王增涛等在2016年以企业国际化网络理论为基础，探讨了企业家关系对中小企业国际创业绩效的影响，并以企业动态能力为中介指标，发现动态能力中的搜寻吸收能力

---

① Fletcher M., Harris S. Knowledge Acquisition for the Internationalization of the Smaller Firm: Content and Sources [J]. *International Business Review*, 2012, (21): 631-647.

② Eberhard, M., and Craig, J. The Evolving Role of Organisational and Personal Networks in International Market Venturing [J]. *Journal of World Business*, 2013, 48: 385-397.

③ Mort, G. S. and Weerawardena, J. Networking Capability and International Entrepreneurship: How Networks Functions in Australian Born Global Firms [J]. *International Marketing Review*, 2006, 23 (5): 549-572.

④ 范爱军、王建：《融入华商网络——我国中小企业"走出去"的一条捷径》，《国际贸易问题》2004年第1期。

⑤ 郑准、王国顺：《企业国际化网络理论的起源、基本框架与实践意蕴探讨》，《外国经济与管理》2011年第10期。

和整合转化能力在关系网络和国际创业绩效中起到部分中介作用①。

值得注意的是,关系网络视角学者也认同企业国际化发展本质的渐进和阶段式假设,但与之相反的是,他们认为市场其实是由各行为主体相互关联的关系网络结构组成的,建立和发展关系网络对于海外市场的进入过程来说至关重要。从这个角度理解,国际化其实并不是一个单单依靠当事企业本身,而是与其他网络成员互动过程所产生的结果,这就对国际化经济学视角的理性假设提出了挑战,认为海外市场进入并不是一个完全的战略和理性决策的结果,而是一个充满着模糊、复杂、持续变化和不可预测因素的过程。因此,对海外市场进入事先做好计划,拟定战略并付诸实施其实非常困难,甚至有的时候战略并不由当事公司决定,而是受到在海外市场中的其他方和当事公司互动结果的左右。正因为这种商业环境的动态性和不可预见性使得之前的传统理性假设显得较为肤浅。实际上在企业的国际化中"外部化"可能要比内部化发挥着更大的作用,关系网络视角为之前经济学视角和渐进发展模式提供了补充,因为之前的理论都没有考虑到商业交易中关系网络所充当和发挥的重要角色及影响力。

二 网络能力界定与内涵

网络能力就其本质而言是指企业对其关系网络的管理能力,这种对关系网络施加管理的概念最早是 20 世纪 80 年代在对市场营销的研究文献中提出的。当时的营销学者对顾客关系管理和关系营销的研究产生了浓厚的兴趣。Berry 在 1983 年提出了关系营销的概念,将其定义为"吸引、保持和提高与顾客的关系"②,到了 20 世纪 90 年代,这个概念延伸至包括如供应商和竞争对手等其他相关者的关系开发和保持。因此 Morgan 和 Hunt 将关系营销定义为"所有旨在建立、发展和保持成功的关系交易的营销活动"③。关于网络能力较为正式规范的研究则是始于 Ritter 和 Gemünden 在

---

① 王增涛、张宇婷、蒋敏:《关系网络、动态能力与中小企业国际化绩效研究》,《科技进步与对策》2016 年第 2 期。

② Berry, Leonard L. "Relationship Marketing," in Emerging Perspectives of Services Marketing, Leonard L. Berry, Lynn Shostack, and G. D. Upah, eds., Chicago: American Marketing Association, 1983: 25-28.

③ Morgan, Robert and Shelby Hunt. The Commitment: Trust Theory of Relationship Marketing [J]. Journal of Marketing, 1994, 58: 20-38.

2003 年所发表的文章，将组织层面的网络能力定义为网络管理任务执行和处理公司关系的人员所需具备网络管理特质的程度，企业利用这种能力可以避免网络关系冲突，发挥网络优势，进而影响企业绩效[1]。

除了延伸的关系营销概念之外，产业营销学和战略管理学也对企业关系管理能力投入了较多的研究。产业营销学者提出了产业关系网络的视角，强调关系网络对于企业绩效的重要作用，以及对企业商业关系管理能力的研究[2]。在战略管理中学者们提出了一个战略关系网络视角，旨在强调企业战略关系管理能力的重要作用[3]。产业关系网络视角和战略关系网络视角在对企业与其合作伙伴商业关系的管理和发展上是比较相近的，很多来自这两个领域的研究都聚焦于商业关系管理这个主题上，其中关于企业管理关系网络的能力逐渐成为一个热门研究论题。研究关系网络的学者普遍认同网络能力是企业的一项重要核心竞争力，大部分关于网络能力的研究都使用"能力（Capabilities）"或者"竞争力（Competences）"等词语来指代，但是学者们在对网络能力进行概念界定时也提出了各自具体的观点。

网络胜任力（Network Competence）这个概念最早由 Gemünden 和 Ritter 等学者在 1996 年提出，将其定义为企业的一种"控制、利用和发展网络内二元关系以及整体网络关系的能力"[4]。根据这个定义，该能力涵盖了关系网络内的各类主体，如：顾客、供应商、其他组织以及各类主体间的互动关系。根据 Ritter 的观点，企业培育这种网络胜任力的前因因素包括公司既有的资源、人力资源政策的网络导向性、组织间沟通的整合性和企业文化的整体开放性[5]。网络胜任力包括任务执行和资质两大维度，

---

[1] Ritter, T., Gemünden, H. G.. Network Competence: Its Impact on Innovation Success and Its Antecedents [J]. *Journal of Business Research*, 2003, 56 (9): 745-755.

[2] Ritter, T., I. F. Wilkinson and W. J. Johnston. Managing in Complex Business Networks [J]. *Industrial Marketing Management*, 2004, 33 (3): 175-183.

[3] Jarillo, J. C. On Strategic Networks [J]. *Strategic Management Journal* [J]. 1988, 9 (1): 31-41.

[4] Gemünden, H. G., Ritter, T. and Heydebreck, P. Network Configuration and Innovation Success: An Empirical Analysis in German High-tech Industries [J]. *International Journal of Research in Marketing*, 1996, 13 (5): 449.

[5] Ritter, T. The Networking Company: Antecedents for Coping with Relationships and Networks Effectively [J]. *Industrial Marketing Management*, 1999, 28 (5): 467-479.

任务执行又进一步分为管理整体网络层次的跨关系任务执行和管理二元关系的特定关系任务执行。跨关系任务执行涉及对跨关系行为的计划、组织和控制；而特定关系任务执行则主要指新关系的发起、既有关系效用的最大化等二元关系行为（见图2-8）。

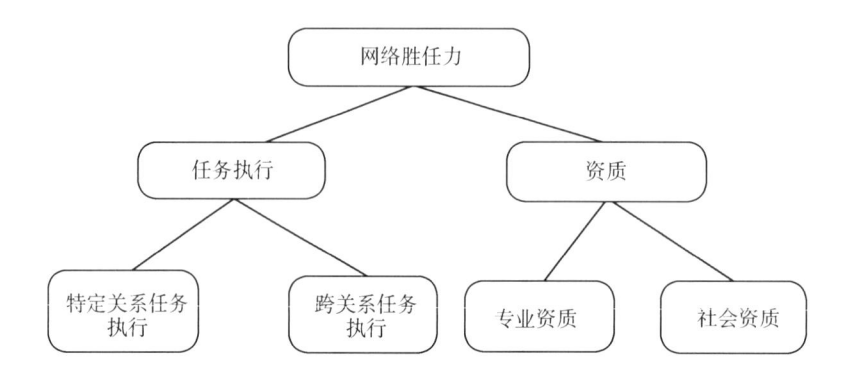

图2-8　企业网络胜任力组成要素

网络胜任力概念是建立在产业营销学范式基础上的，尤其值得注意的是，它并没有特别涉及如信任、承诺等个人心理架构，但是它包括了关系网络发展的二元和整体网络层次，并且涉及关系网络内成员的个体资质，包括专业资质（如法律和技术知识等）和社交资质（能够与关系网络的其他成员融洽相处的能力）。另外，新关系的发起在网络胜任力中被认为是一个内在整合的部分，因此，可以认为网络胜任力不仅关注现有关系的维护，同时也积极探索和发展新的关系。有一些学者尝试在不同的文化背景下用该网络胜任力进行相关研究。在将网络胜任力应用于创新研究来看，基本认为更好的网络胜任力与更优的创新绩效成正向影响关系，但是将网络胜任力应用于企业的国际化研究，尤其是天生全球企业的国际化研究仍然非常缺乏。这里面的主要原因可能在于网络胜任力原始模型中的测度维度和具体测量条款数目过多（分为13个维度，93个测量条目），从而导致被测试对象的应对疲劳[①]。

Walter等学者用网络能力（Network Capability）这个提法来界定企业利用、开发、维护组织间网络关系从而获得合作伙伴所控制资源的能力。

---

① Ritter, T., Wilkinson, I. F. and Johnston, W. J. Measuring Network Competence: Some International Evidence [J]. *Journal for Business and Industrial Marketing*, 2002, 17 (2/3): 119-138.

根据他们的观点,网络能力包含协调、关系技能、合作伙伴知识和组织内部沟通等四个维度①。因此,他们提出来的网络能力更侧重于强调整体网络层次的管理能力而非仅仅局限于个体的二元关系的管理。事实上,Walter 等学者提出来的网络能力与上述的网络胜任力在词义上非常接近,并且在很多研究中也表明网络能力与网络胜任力高度相关。这两者最显著的差异主要是网络胜任力是企业发展与维护与外部合作伙伴关系的能力,而网络能力是企业发起、维护和利用与外部合作伙伴关系的能力。但是,实际上在网络胜任力的组成维度中已经包含了关系的发起。另外,除了Walter 等学者提出专门的网络能力构想,Mort、Ziggers、Henseler 等学者也提出了网络能力构念②。但是,在这些学者的研究中,对网络能力的论述仍然停留在一个抽象的概念程度上而并没有将其进行具体的维度测量。之后,Mitrega 等学者在 2012 年又提出了一个由 17 项测量条款组成的网络能力概念,具体包括对网络关系选择、发展和终结的能力维度,但是这些网络能力主要还是围绕网络内成员间的二元关系管理来论述的,而没有涉及跨关系层次的网络能力研究③。由 Ziggers 和 Henseler 提出的"企业间网络能力(Inter-firm Network Capability)"是较少的一个将网络能力与企业绩效结合研究的模型④,但是该模型中,对于网络能力与企业国际化的研究仍然未有涉及,并且他们的模型只聚焦于顾客和供应商的关系网络管理。因此在各种学者们所提出的网络能力界定中,Walter 等学者所提出的网络能力概念可能更加适用于中小企业的国际化研究。

Sivadas 和 Dwyer 在 2000 年提出了一个"合作关系胜任力(Cooperative Competence)"的概念,指的是组织间网络关系内合作伙伴互相

---

① Walter, A., Auer, M. and Ritter T. The Impact of Network Capabilities and Entrepreneurial Orientation on University Spin-off Performance [J]. *Journal of Business Venturing*, 2006, 21: 541-567.

② Mort, G.S.and Weerawardena, J.Networking Capability and International Entrepreneurship: How Networks Functions in Australian Born Global Firms [J]. *International Marketing Review*, 2006, 23 (5): 549-572.

③ Mitrega, M., Forkmann, S., Ramos, C. and *Henneberg*, S. C. Networking Capability in Business Relationships: Concept and Scale Development [J]. *Industrial Marketing Management*, 2012, (41): 739-751.

④ Ziggers, G. W. and Henseler, J. Inter-firm Network Capability: How It Affects Buyer Supplier Performance [J]. *British Food Journal*, 2009, 11 (8): 794-810.

间信任、有效沟通和协调的能力①。这个概念建立在吸收能力理论的基础上，认为在组织二元关系间的知识分享能够提升组织绩效，而培育"合作关系胜任力"的重要因素在于对合作关系的正式行政管理、互相依靠和制度性支持，从而增加合作方之间的信任、沟通和协调。这种合作关系胜任力仍然是围绕特定的二元关系来论述的，也没有涉及跨关系的管理。另外，合作关系胜任力强调现有关系中的信任积累及对绩效的正向作用，忽视了对新关系规划和开拓能力方面的进一步论述。

Lambe 等学者在 2002 年提出了一个"联盟胜任力（Alliance Competence）"的概念②，他们将这种能力界定为组织寻找、发展和管理联盟类关系的能力。联盟指的是企业间任何的自愿合作关系，包括交换、知识和资源分享和共同发展。联盟也经常根据双方合作期限而被冠以"战略联盟"的称呼。联盟行为能够优化组织吸收学习利益的能力，而企业间的共同联盟胜任力也是在二元关系内共同形成的一种能力。

Kale 等学者在 2002 年提出了一个"联盟能力（Alliance Capability）"，根据他们的观点，联盟能力是一种特定关系能力，起源于特定的联盟行为，以向联盟成员学习为特点，它由一套从管理联盟行为中学到的捕获、编码和沟通等经验的系统组成③。通过这种联盟成员的学习过程，企业在联盟内的运作能力得到加强，进而企业在后续的联盟管理中的能力通过之前知识习得也得到了加强，然而学者在这种联盟能力究竟由什么维度组成以及该能力如何测度等问题上尚未达成共识。一个通过间接的方式来测度该能力的方法是将联盟能力作为一套组织学习的机理来进行测度，但是这种测度方法只能测量特定二元关系维度，并且仍然比较抽象。联盟胜任力关注合作方发展更多的共同学习和资源分享，而联盟能力更强调通过内部的知识获得和应用来强化组织的特定学习。

---

① Sivadas, E. and Dwyer, F. R. An Examination of Organizational Factors Influencing New Product Success in Internal and Alliance-based Processes [J]. *Journal of Marketing*, 2000, 64 (1): 31–49.

② Lambe, C. J., Spekman, R. E. and Hunt, S. D. Alliance Competence, Resources, and Alliance Success: Conceptualization, Measurement, and Initial Test [J]. *Journal of the Academy of Marketing Science*, 2002, 30 (2): 141–158.

③ Kale, P., Dyer, J. H. and Singh, H. Alliance Capability, Stock Market Response, and Long-term Alliance Success: The Role of the Alliance Function [J]. *Strategic Management Journal*, 2002, 23 (8): 747–767.

Johnson 和 Sohi 两位学者在 2003 年提出了一个"合伙胜任力（Partnering Competence）"的概念，指的是企业构建和维护高层次、有生产力的组织间关系的能力[1]。根据他们的观点，发展合伙胜任力意味着创造特定关系的数据存储并且利用这些数据来控制已有的二元关系，在此过程中同时也搜寻新的二元关系的构建。换言之，该概念将数据存储作为学习和知识扩散分享的工具。合伙胜任力强调学习过程和数据管理，这与上述的联盟能力在某些程度上比较相似，同时该概念的提出也是根植于企业的知识观而进一步得出的。

Hoffmann 在 2005 年提出了一个"联盟组合能力（Alliance Portfolio Capability）"的概念[2]，这是企业的一种维持和发展所有联盟关系并将它们视作一个整体的能力。事实上，这个概念为之前的联盟能力概念增加了整体网络层次上的维度。Hoffmann 在后来 2007 年的概念中进一步指出联盟组合能力是一种企业连接更多联盟，这些联盟间互不构成恶性竞争，但企业在选择新的联盟伙伴时需考虑整个联盟组合的兼容性，通过使用不同的机制来控制组合内的联盟从而确保组合内成员行为和知识的互换[3]。但是，这种分析仍然停留在抽象的层面上，无论是联盟能力还是联盟组合能力都没有同时论述到组织自身对于特定二元关系的管理能力以及对网络整体层次关系的管理能力。

Jarratt 在 2008 年提出了一个"关系管理能力（Relationship Management Capability）"的概念，他指出："关系管理能力是一种基础设施，如：关系管理系统和流程；关系记忆；关系经验；学习获得包括创造性学习和适应性学习；在关系发展和管理上提供合作文化和灵活度的行为，以及新关系管理知识的执行[4]。"因此，该概念由 6 个相关维度组成

---

[1] Johnson, J. L. and Sohi, R. S. The Development of Inter Firm Partnering Competence: Platforms for Learning, Learning Activities, and Consequences of Learning [J]. *Journal of Business Research*, 2003, (56): 757-766.

[2] Hoffmann, W. H. How to Manage a Portfolio of Alliances [J]. *Long Range Planning*, 2005, 38 (2): 121-143.

[3] Hoffmann, W. Strategies for Managing a Portfolio of Alliances [J]. *Strategic Management Journal*, 2007, 28 (8): 827-856.

[4] Jarratt, D. Testing a Theoretically Constructed Relationship Management Capability [J]. *European Journal of Marketing*, 2008, 42 (9/10): 1106-1132.

进行测量，它认为从二元商业关系中得到的经验会促使企业进一步学习，从而通过企业内部沟通的改善实现在将来构建更加有效的商业关系。关系管理能力仍然只是涉及二元关系层次的管理，在一定程度上还是忽略了网络整体层次上的关系管理。

通过对上面提到的关于网络能力的各种提法、界定的具体阐述和比较，可以发现这些关于组织在二元关系和网络整体层次管理能力界定的概念上存在一定差别。比方说，网络胜任力和网络能力这两个提法是在产业营销范式中界定的，主要关注的是关系网络的管理能力对于组织创新绩效的影响。相反，商业相关的胜任力和能力仍停留于战略管理领域包括二元层次的交易和心理层面的架构上。

国内学者也逐渐开展了对网络能力的相关研究。徐金发等是国内较早系统研究网络能力的重要学者，他们在对网络能力的本质、构成及相关影响做一一剖析的基础上，提出企业发展网络能力对于提高竞争优势具有十分重要的意义①。王夏阳和陈宏辉从资源基础视角研究了中小企业的国际化，指出网络能力应将企业现已拥有的资源基础作为其构筑网络的出发点和依赖条件②。邢小强、仝允桓系统地梳理了网络能力的结构层次，分析了不同层次网络能力的特征并总结了网络能力的各类影响因素③。朱秀梅和李明芳等认为网络能力是在网络导向驱动下，利用一定的关系技巧和合作技巧，进行一系列网络构建和网络管理活动的能力④。张宝建等基于中国孵化产业的研究，构建了"网络能力—网络结构—创业绩效"的基本框架，进而探索创业企业外部结网行为对创业绩效提升的作用机理⑤。2017年李纲等研究了网络能力、知识获取与服务创新之前的作用机制，

---

① 徐金发、许强、王勇：《企业的网络能力剖析》，《外国经济与管理》2001年第11期。

② 王夏阳、陈宏辉：《基于资源基础与网络能力的中小企业国际化研究》，《外国经济与管理》2002年第6期。

③ 邢小强、仝允桓：《网络能力：概念、结构与影响因素分析》，《科学学研究》2006年第12期。

④ 朱秀梅、李明芳：《创业网络特征对资源获取的动态影响——基于中国转型经济的证据》，《管理世界》2011年第6期。

⑤ 张宝建、孙国强、裴梦丹、齐捧虎：《网络能力、网络结构与创业绩效——基于中国孵化产业的实证研究》，《南开管理评论》2015年第2期。

并将网络能力细分为网络规划能力、资源管理能力和关系管理能力三个维度[①]。

总之,通过对网络能力各种提法和界定的比较(见表2-2),本书认为在企业国际化的研究背景下,较为综合全面的概念是Ritter和Walter等学者所提出的网络胜任力和网络能力的概念。原因在于:第一,这两者对于商业关系的发展和维护提供了较为综合的观点,既涉及整体网络层次又涉及特定二元关系管理能力,而且也涉及了个人的关系能力。第二,这两者为各维度的具体测量提供了便利。在个体员工和管理层维度上,网络胜任力概念中提出了专业资质和社交资质;在特定二元关系管理层次上也包括了对新关系发起和维护;在跨关系的整体网络层次上也对整体关系网络的发展和协调进行了评估。

表2-2　　　　　　　　　　网络能力相关界定

作者(时间)	名称	定义
Ritter等(2002)	网络胜任力	企业与主要供应商、顾客和其他组织发展和管理关系以有效处理这些关系间的互动
Walter等(2006)	网络能力	企业发展和利用组织间关系的能力来接近其他网络主体所控制的资源
Mitrega等(2012)	网络能力	随着企业发展阶段管理商业关系的导向型组织能力
Sivadas & Dwyer(2000)	合作胜任力	组织实体间的关系所有权,由信任、沟通和协调组成
Lambe等(2002)	联盟胜任力	在关系网络中学习的能力
Kale等(2002)、胡启明等(2016)[②]	联盟能力	企业结合自己的先前经验能够抓住、分享和传播联盟管理诀窍的能力
Hoffmannn(2007)	联盟组合能力	企业保持和发展所有联盟关系的能力
Johnson & Sohi(2003)	伙伴胜任力	企业搭建和保持高层次生产性组织间关系的能力
Jarratt(2008)	关系管理能力	企业关系管理系统和流程、管理记忆和经验、关系学习的能力
徐金发等(2001)	网络能力	企业发展和管理外部网络关系的能力,其本质是通过寻求和运用网络资源来获得竞争优势

[①] 李纲、陈静静、杨雪:《网络能力、知识获取与企业服务创新绩效的关系研究——网络规模的调节作用》,《管理评论》2017年第2期。

[②] 胡启明、王国顺:《联盟能力对企业国际化绩效影响的实证研究》,《财经理论与实践》2016年第201期。

续表

作者（时间）	名称	定义
邢小强，全允桓（2006）	网络能力	企业基于内部知识和其他补充资源，通过识别网络价值与机会，塑造网络结构，开发、维持与利用各层次网络关系以获取稀缺资源和引导网络变化的动态能力
朱秀梅等（2010）	网络能力	在网络导向驱动下，利用一定的关系技巧和合作技巧，进行一系列网络构建和网络管理活动的能力

资料来源：作者根据相关文献整理汇总。

三 网络能力视角下的国际创业研究

国际创业是一个非常复杂的过程，其中包含了高度背景性和跨境联合协调等社交架构性行为，因此这样一个复杂的背景性发展过程很难仅仅用描述性范畴的创业行为理论来解释。现有研究成果已经清楚地表明了关系网络对于国际创业的重要性，特别是对于自创立早期阶段便开始国际化的企业来说更是至关重要的，因为这类企业受到很强的资源束缚的影响。天生全球企业常常凭借某个单独的产品在利基市场上进行开拓，而在这个过程中企业常常需要寻求合作伙伴，通过构建有效的关系网络才能增强自身在这些市场上的竞争力。所以，在国际创业和天生全球企业的国际化研究中，对于关系网络的分析必定是一个非常有说服力也是很有意义的理论模型[1]。

通过对 1980 年到 2009 年期间所发表的国际创业研究文献的梳理和回顾，Jones 等学者发现其中有 7.1% 的文献是关于关系网络和社会资本相关的实证研究[2]。在这些研究中，大部分学者认为关系网络对于新创企业的国际化和企业绩效有着非常显著的正向意义。然而，对于这些外部关系网络究竟如何影响创业行为，行为又是如何影响新创企业国际创业绩效的相关研究仍然比较有限。通过对已有的基于关系网络视角的天生全球企业的

---

[1] Peiris, I. K., Akoorie, M. E. M., Sinha P. International Entrepreneurship: A Critical Analysis of Studies in the Past Two Decades and Future Directions for Research [J]. *Journal of International Entrepreneurship*, 2012, 10: 279-324.

[2] Jones, M. V., Coviello, N. and Tang, Y. K. International Entrepreneurship Research (1989—2009): A Domain Ontology and Thematic Analysis [J]. *Journal of Business Venturing*, 2011, 23 (2): 56-78.

文献研究，Mort 和 Weerawardena 提出了几个研究不足：第一，现有的天生全球企业文献缺乏论证网络能力在企业国际市场进入中所发挥的作用。第二，现有文献未能将网络能力界定为一种企业的动态能力进行研究。第三，现有文献中没有尝试构建将前因影响因素和绩效结果相结合的模型来研究网络能力[①]。现有国际创业研究中大部分的文献是将关系网络分析与资源观理论结合在一起，因此从动态能力视角出发来研究国际创业中的关系网络存在着广阔的研究空间。考虑到网络能力的重要作用，Jones 等学者建议在将来的国际创业研究中学者可以尝试更多地从网络能力视角切入来进行深入研究[②]。

根据已有文献，第一个从网络能力视角来探索国际创业现象的研究是 Mort 和 Weerawardena 在 2006 年所发表的论文。他们将动态网络能力定义为企业的一种"在关系网络内发展一套有特定目的惯例行为，从而促使新资源配置的产生，以及是企业的一种融合、重新配置、获得和释放资源的整合能力"[③]。通过对澳大利亚六个分别来自高新技术行业和低技术行业天生全球企业的案例研究，论文阐释了天生全球企业创立人在企业网络能力构建中所发挥的关键作用，以及网络能力对于天生全球企业快速国际化的影响机制，并且得出网络能力对于知识密集型产品的开发、企业的快速国际化和市场绩效提升有显著的正向作用。Teece 认为企业的网络能力是由企业创立人和管理者们通过其初始和后续关系网络发展和培育而来，网络能力会随着企业国际化进程的演化而发生变化[④]。企业创始团队通过初始行之有效的关系网络开始创业，随着企业的发展，创业团队积极对关系网络加以调配整合，不断为天生全球企业动态能力的发展搭建新的关系

[①] Mort, G. S. and Weerawardena, J. Networking Capability and International Entrepreneurship: How Networks Functions in Australian Born Global Firms [J]. *International Marketing Review*, 2006, 23 (5): 549-572.

[②] Jones, M. V., Coviello, N. and Tang, Y. K. International Entrepreneurship Research (1989—2009): A Domain Ontology and Thematic Analysis [J]. *Journal of Business Venturing*, 2011, 23 (2): 56-78.

[③] Mort, G. S. and Weerawardena, J. Networking Capability and International Entrepreneurship: How Networks Functions in Australian Born Global Firms [J]. *International Marketing Review*, 2006, 23 (5): 549-572.

[④] Teece, D. J. A Dynamic Capabilities-based Entrepreneurial Theory of the Multinational Enterprise [J]. *Journal of International Business Studies*, 2014, 45 (1): 8-37.

网络。

由 Tolstoy 等学者于 2010 年提出的网络资源整合能力模型则认为企业是通过关系网络资源的整合从而获得了企业所需的补充资源，正是这种通过有效整合后的资源才为国际化的企业提供了竞争优势[1]。网络资源整合能力主要由三大能力组成：（1）在关系网络内有效互动的能力；（2）识别资源互补性的能力；（3）前摄性地协调关系网络中资源的能力。通过将资源观和关系网络理论有效整合，这项研究很好地填补了在现有研究中对资源和海外市场中机会追求间联系不足的缺陷。它的主要贡献在于对网络资源整合和国际创业机会的开发之间的联系进行了很好的探索。通过对六家瑞典的小型国际新创企业的案例研究，他们发现关系网络资源整合的复杂性会因创业企业性质的差异而有所不同。因此，网络资源整合能力对各类国际新创企业都至关重要。

在 2011 年的研究中，Kenny 等学者从动态能力视角出发构建了网络能力框架，包含关系网络特征（强关系和弱关系）、关系网络运营（关系网络发起、协调、学习）和最终的关系网络资源（包括人力资本资源、协同灵敏型资源和信息共享）[2]。通过对爱尔兰电信行业中小企业的实证数据研究，他们发现强关系比弱关系在对企业国际创业绩效上发挥更大的作用。而关系网络协调与人力资本维度对企业国际创业绩效有着正向和显著影响。相反，弱关系、关系发起、协同灵敏型资源、关系网络学习和信息共享则对企业国际创业绩效并不产生显著的影响。在创业学研究中，关于强关系和弱关系的相对重要性至今仍无一致的结论[3]。在现有的国际创业研究中，尽管这两类关系存在差异（包括投入时间程度、情感密切程度、亲密性和互惠性方面），要弄清楚究竟哪类关系更为重要并不是将来研究中一个很有前景的领域。相反，更为重要的是，学者们应该将研究焦点从探讨关系强度转换到网络能力的层面来定义和审视关系网络，这样才

---

[1] Tolstoy, Daniel, and Henrik Agndal. Network Resource Combinations in the International Venturing of Small Biotech Firms [J]. *Technovation*, 2010, 30 (1): 24-36.

[2] Kenny, Breda, and John Fahy. SMEs' Networking Capability and International Performance [J]. *Advances in Business Marketing and Purchasing*, 2011 (b), (17): 199-376.

[3] Stam Wouter, Souren Arzlanian, Tom Elfring. Social Capital of Entrepreneurs and Small Firm Performance: A Meta-analysis of Contextual and Methodological Moderators [J]. *Journal of Business Venturing*, 2014, 29 (1): 152-173.

能进一步推动国际创业研究的发展。

在本书的研究中，论文将综合借助 Walter、Mort 及 Weerawardena 等学者所界定的网络能力视角来研究天生全球企业的国际创业绩效。

第三节 国际机会与国际创业

对机会的研究一直是创业学研究中最独特和最关键的部分，创业学的定义中也一直强调对机会的识别和开发。如 Short 等学者在 2010 年对创业学的定义中认为："创业学领域主要研究新企业是如何通过对机会的识别和开发来形成和创立新企业[1]。"因此，创业学实际就是关于新企业的创立，对机会的识别和开发以及对创业风险的承担。而 Shane 和 Venkataraman 认为创业学领域的研究就是"解释为什么、什么时候以及创业机会是怎样存在的；这些机会的源泉和出现的形式，机会识别与评估的过程；为什么、何时、如何被某人发现、评估、收集资源来开发机会；企业采用什么战略来追寻机会，开发这些机会需要进行怎样的组织努力等"[2]。国内学者彭伟等聚焦于境外留学人员归国创业，认为机会发现、机会创造是推动海归创业的最关键要素[3]。

尽管机会的识别和开发是创业学研究中的关键组成，但是对这方面的实证研究依然比较有限，尤其是涉及网络能力如何影响创业机会的识别和开发作用的实证研究则更加缺少。从理论而言，关系网络视角有利于我们更好地理解创业过程中的两大关键任务：新的商业机会的识别和调动资源去开发机会。但是在现有的研究中，通过网络能力视角来解释创业机会的识别和调动资源开发机会的研究仍然非常缺乏。

---

[1] Short, J. C., Ketchen, D. J., Shook, C. L., Ireland, R. D. The Concept of "Opportunity" in Entrepreneurship Research: Past Accomplishments and Future Challenges [J]. *Journal of Management*, 2010, 36: 40-65.

[2] Shane, S., Venkataraman, S. The Promise of Enterpreneurship as a Field of Research [J]. *Academy of Management Review*, 2000, 25 (1): 217-226.

[3] 彭伟、符正平：《基于扎根理论的海归创业行为过程研究——来自国家"千人计划"创业人才的考察》，《科学性研究》2015 年第 12 期。

一 机会的定义

根据理解视角的差异,学者们对机会的研究也做出了不同的定义。熊彼特(1934)认为,机会其实就是资源的崭新组合,这种新的资源组合方式不一定是新的产品或者服务,它也可以体现为新原材料、新生产方式、新组织方式和新地理市场的发现[1]。因此,熊彼特强调创业者也必须是创新者,认为机会是区别于现有状态的一种潜在的能满足人们需要并且切实可行的将来状态。Venkataraman 和 Sarasvathy 认为创业机会其实就是创造了一种潜在的人为经济方式,其中包含了需求方面、供给方面以及将供给与需要相匹配的手段[2]。在创业学研究中,机会是引致创新,并且能够让新企业去利用这些创新元素的情境。相应地,在国际创业研究中,机会是一种能够引致企业走向国际化的情境。Casson 认为"创业机会是一些新产品、新服务、新原料以及新的组织方法以高于他们生产成本被介绍和售卖的情形"[3]。Christensen 等学者在 1994 年认为"机会就是一种能够产生新企业或者能为现有企业优化经营处境的初始商业创意"[4]。Eckhardt 和 Shane 指出"创业机会是一种形势,在这种形势中新产品、新服务、新原料、新市场以及新的组织方法可以通过新的手段、目的或目的—手段关系被介绍"[5]。创业机会就是将创新性的(而不是模仿的)商品、服务或过程引入一个行业或者经济市场的可能性。与上述学者不同的是,另有一些学者认为创业机会包括利润机会,如 Singh 认为"创业机会是一个可行的、追逐利润的、潜在的事业,或向市场提供一个创新的新产品或新服务,或改善一个现存的产品或服务,或在一个不饱和市场上模仿一个有利

---

[1] Schumpeter, J. A. *The Theory of Economic Development* [M]. Cambridge. MA: Harvard University Press, 1934.

[2] Venkataraman, S. and Sarasvathy, S. D. Strategy and Entrepreneurship. In M. A. Hitt, R. E. Freeman and J. S. Harrison (eds.), *Handbook of Strategic Management*, Oxford: Blackwell, 2001: 650-668.

[3] Casson, M. *The entrepreneur* [M]. Totowa, NJ: Barnes & Noble Books, 1982.

[4] Christensen, P. S., Madsen, O. O. and Peterson, R. *Conceptualising Entrepreneurial Opportunity Recognition* [M]. CT: Quorum Books, 1994: 61-75.

[5] Eckhardt, J. T. and Shane, S. A. Opportunities and Entrepreneurship [J]. *Journal of Management*, 2003, 29 (3): 333-349.

可图的产品或服务"①。Smith 等学者认为"创业机会是对市场的无效性进行开发的可行的追逐利润的情形,这种情形在非饱和市场上提供了创新的、改善的或模仿的产品、服务、原材料或组织方法"②。

一方面,Andersson 等学者在 2005 年发表的研究中又将机会分为市场机会和技术机会两大类。他们将市场机会描述为"至少是两个市场主体间的资源交易"。市场机会是基于 Kirzner(1997)在关于市场不平衡从而产生创业机遇的研究结果上产生的。另一方面,技术机会则并不需要在与其他市场主体的交易基础上产生,而只涉及以新的方式来组合资源,即熊彼特在 1934 年和 1942 年研究中所提到的新的产品或服务、新原材料、新生产方式和新的组织方式③。

在创业学中学者通过几种不同的方式从实证角度具体测度了机会变量。Chandra 和 Ellis 用能够成功创建公司或者交换协议的机会来衡量机会的开发④⑤,是一种比较公正和客观的测度方法。另外一些方法则是通过创业者的回答来进行测度。在对创业者的调查中经常会被问到在不远将来识别创立新企业机会的可能性和近期他们已经识别到的机会的数量或者衡量创业者对一般机会的敏感度⑥。创业学就是研究机会的识别和配置资源从而开发机会的过程,Zahra 等学者在他们的研究中强调,只有当机会被

---

① Singh, R. P. A Comment on Developing the Field of Entrepreneurship Through the Study of Opportunity Recognition and Exploitation [J]. *Academy of Management Review*, 2001, 26 (1): 10-12.

② Smith, B., Matthews, C. and Schenkel, M. Differences in Entrepreneurial Opportunities: The Role of Tacitness and Codification in Opportunity Identification [J]. *Journal of Small Business Management*, 2009, 47: 38-57.

③ Andersson, U., Holm, D. B. and Johanson, M. Opportunities, Relational Embeddedness and Network Structure. In P. Ghauri, A. Hadjikhani and J. Johanson (eds), *Managing Opportunity Development in Business Networks*, Basingstoke: Palgrave, 2005: 27-48.

④ Chandra, Yanto, Chris Styles, and Ian F. Wilkinson. An Opportunity-based View of Rapid Internationalization [J]. *Journal of International Marketing*, 2012, 20 (1): 74-102.

⑤ Ellis, P. D. Social Ties and International Entrepreneurship: Opportunities and Constraints Affecting Firm Internationalization [J]. *Journal of International Business Studies*, 2011, (42): 99-127.

⑥ Ozgen, E., Baron, R. Social Sources of Information in Opportunity Recognition: Effects of Mentors, Industry Networks, and Professional Forums [J]. *Journal of Business Venturing*, 2007, (22): 174-192.

开发以后，机会才能被真正地创造出来①。因此，在创立一个新企业的过程中，机会的识别和机会的开发都是至关重要的。一方面，机会的识别是涉及包含搜寻、探索、创造和解决问题等行为；另一方面，机会的开发则包含关于知识和信息的提炼、评估、执行和付诸商业化作用等行为。这种对机会的识别和开发的大体分类方法实际上也源自 March 在 1991 年对组织学习过程所使用的概念。根据 March 的观点，识别是关于新的可能性的尝试，而开发则是对老的或既有模式的延伸和提炼，March 还强调识别与开发两类行为对企业来说都很重要，但是因为这两类行为会对稀缺的资源造成互相之间的竞争，因此在两者之间保持合理的平衡对公司的生存和成长至关重要②。有的时候公司在探索和识别上付出的投资并不稳定，也许收益会非常缓慢，甚至也可能会亏损。而在开发上所付出投资的回报则相对较为快速、更加能够被预测和稳健。所以，对机会的识别趋向于未来导向、聚焦于长期发展，而机会的开发则相对短期视野。从资源视角来看，成功的机会识别是由公司能够搜寻、获得和吸引外部资源的能力所决定，相反，成功的机会开发则更多依赖于对公司内部现有资产的更有效率的运作和使用③。

二 机会的识别

机会识别是一个创业者运用创造性过程产生商业创意（Business Idea）并随后付诸行动并将其发展成一个可行的商业机会（Business Opportunity）的多阶段过程。在创业实践中，创业机会识别是创业过程中的一个重要部分，是创业者评估机会以及开发机会等其他创业行为的先导，同时也是现存企业产生持续竞争优势的资源。学者们提出了很多不同的术语来称呼机会的识别，如机会的识别、机会的认识、机会的发现、机会的搜寻、机会的构造等，这些术语除了部分学者做了一些差异说明之外，在

---

① Zahra, S. A., Korri, J. S. and Yu, J. Cognition and International Entrepreneurship: Implications for Research on International Opportunity Recognition and Exploitation [J]. *International Business Review*, 2005, 14 (2): 129-146.

② March, J. G. Exploration and Exploitation in Organizational Learning [J]. *Organization Science*, 1991, 2: 71-87.

③ Hsu, Chia-Wen, Yung-Chih Lien, and Homin Chen. International Ambidexterity and Firm Performance in Small Emerging Economies [J]. *Journal of World Business*, 2013, 48 (1): 58-67.

大部分情况下，他们互相间可以代替使用。在对机会识别的研究上，最大的争议来自创业者对机会的识别究竟是一个刻意主动的过程还是潜意识被动的过程。Sigrist（1999）将机会识别的研究划分为三个方向：（1）机会识别作为一个理性的信息组织过程；（2）机会识别作为一个直觉创造的偶发事件；（3）机会识别同时包括理性信息组织和直觉创造[1]。根据这个分类方法，可以发现第一类机会识别主张有意识的机会搜寻，在这方面，一些学者发表的研究中发现，公司的成功创立与机会的系统性搜寻之间存在正向关系[2]；而第二类观点则强调机会的识别过程并非理性和预先计划好的；第三类观点则是前两类观点的结合，即机会识别会同时通过有意识地搜寻和偶然获得而产生，这与Vaghely和Julien在2010年的研究发现相吻合，他们认为在创业过程中，创业者同时使用两种方式来识别机会[3]。

因此，创业机会可能是偶发识别的、可能是有意识搜寻而来，也有可能是前面二者兼而有之。事实上，真正的创业机会识别和发现往往很少是单纯的不期而遇或者凭刻意的搜寻就一定会有所收获。这种对机会是因有意搜寻或者偶然发现而产生的论证可以从经济学理论和关于市场平衡与不平衡的理论上找到源头。一方面，熊彼特在1934年和1942年的研究中强调创业者是通过创造新的资源组合而成为机会的创造者，而这种创新反过来又会对市场有一种不平衡作用，因此它们打破了既有的方法——目的手段[4]。另一方面，被称为"奥地利学派"的研究者们则强调经济本身就是动态和不平衡的，而机会只是因为这种市场供求关系不平衡而产生的结果[5]。根据奥地利学派的观点，创业者是从这种市场的不平衡中看到机会的所在并采取行动去开发机会，进而又将市场推向平衡。如Kirzner在机

---

[1] Sigrist, B. How Do You Recognize an Entrepreneurial Opportunity? *Entrepreneurial Opportunity Recognition in a Swiss Context*. Ph. D. Thesis, University of Zurich, 1999.

[2] Patel, P. C. and Fiet, J. O. Systematic Search and Its Relationship to Firm Founding [J]. *Entrepreneurship Theory and Practice*, 2009, 33 (2): 501-526.

[3] Vaghely, P. Julien. Are Opportunities Recognized or Constructed? An Information Perspective on Entrepreneurial Opportunity Identification [J]. *Journal of Business Venturing*, 2010 (25): 73-86.

[4] Schumpeter, J. A. *The Theory of Economic Development* [M]. Cambridge. MA: Harvard University Press, 1934.

[5] Zaefarian, R., Eng, T. Y. and Tasavori, M. An Exploratory Study of International Opportunity Identification among Family Firms [J]. *International Business Review*, 2015, 25 (1): 1-13.

会的识别中提出了创业者警觉性的说法,即通过对市场价格差异中所存在商机的敏锐察觉来识别机会。Kirzner 强调如果创业者缺乏搜寻机会警觉性的话,那么就算创业者进行系统的搜寻也无法识别机会[①]。根据 Oyson 和 Whittaker 在 2015 年的观点,创业者需要加强警觉性以提高自身对客观存在机会的把握能力,因为外部环境变化、信息不对称性和个体观念差异总是会引发机会的存在[②]。外部环境变化指的是由于政府的行为、人口统计特征或者新知识创造所引发的市场变化;信息不对称性指的是每个人不可能在相同时间获得相同信息;而个体观念差异指的是一个在某人看来是商机的机会在其他人看来可能并不是[③]。

那么在创业者识别机会的过程中究竟需要些什么呢? Shane 和 Venkataraman 提到了两个重要因素:知识和认知特性[④];Ardichivili 等提到了创业者警觉性、个人特质和关系网络[⑤]。并不是所有人都能发现某种特定的机会,这些能够发现机会的人一定与其他人有所差异,这其中知识起到了重要的作用。对于已经有所了解的信息会更易于识别,因为它们符合人们既有的参考思维定式。Shepherd 和 DeTienne 强调关于顾客需求和问题的先前知识将会导致更多的、更创新的机会识别[⑥]。Johanson 和 Vahlne 认为在关系主体互动间产生的知识会引致机会的识别。除了知识,在机会识别中

---

① Kirzner, I. M. *Competition and Entrepreneurship* [M]. Chicago: University of Chicago Press, 1973.

② Oyson, M. J. and Whittaker, H. Entrepreneurial Cognition and Behavior in the Discovery and Creation of International Opportunities [J]. *Journal of International Entrepreneurship*, 2015, 13 (3): 303-336.

③ Ardichivili, Alexander, Richard Cardozo, and Sourav Ray. A Theory of Entrepreneurial Opportunity Identification and Development [J]. *Journal of Business Venturing*, 2003, 18 (1): 105-123.

④ Shane, S., Venkataraman, S. The Promise of Entrepreneurship as a Field of Research [J]. *Academy of Management Review*, 2000, 25 (1): 217-226.

⑤ Ardichivili, Alexander, Richard Cardozo, and Sourav Ray. A Theory of Entrepreneurial Opportunity Identification and Development [J]. *Journal of Business Venturing*, 2003, 18 (1): 105-123.

⑥ Shepherd, D. A. and De Tienne, D. R. Prior Knowledge, Potential Financial Reward, and Opportunity Identification [J]. *Entrepreneurship Theory and Practice*, 2005, 29 (1): 91-112.

还需要认知特性,这是一种将现有信息整合成新的创意的能力①。认知研究显示人们在这方面也存在能力差异,有些人善于预见能转化为商机的网络关系,而有些人则在这方面反应迟缓。而上述提到的警觉性指的是一种当人们偶遇某种机会能够预见商机的能力。能够成功识别机会的创业者总是天生地对尚未被发现的环境特征保持高度敏锐性。与机会识别相关的个人特质常常指的是乐观性和创新性。乐观性能够让创业者在达成艰难目标的过程中善于增强信念和提高自信,而不是将机会当成是一种风险和威胁②。

国内学者对创业机会识别也进行了相关研究,具体可概括为以下四个方面:(1)创业机会识别内涵界定。林嵩在2005年系统性地分析了机会识别内涵和过程,进而提出了一个以机会识别为核心的创业研究理论框架③。张红和葛宝山2014年指出机会识别、机会评估和机会开发是存在互相重叠的三个概念④。机会识别触发在创业整体流程中的前端,反映出了创业者的发散性思考方式。(2)创业机会识别影响因素研究。郭红东和丁高洁指出先前的工作经验和先前的培训经历能通过促进创业警觉性的提高进而影响创业机会识别能力⑤。高静和贺昌政在2015年运用SEM模型和案例分析法研究了信息能力对农户识别创业机会的影响,发现农户的信息获取能力对机会识别的经济性具有显著影响⑥。(3)创业机会识别影响机制。陈文沛在2016年基于178家企业的样本数据,研究了关系网络影响创业机会识别的内在机制。结果显示,关系网络不仅可以直接预测创业

---

① Johanson, J., Vahlne, J. E. Commitment and Opportunity Development in the Internationalization Process: A Note on the Uppsala Internationalization Process Model [J]. *Management International Review*, 2006, 46: 165-178.

② Muzychenko, O. and Liesch, P. W. International Opportunity Identification in the Internationalisation of the Firm [J]. *Journal of World Business*, 2015, 50 (4): 704-717.

③ 林嵩、姜彦福、张帏:《创业机会识别:概念、过程、影响因素和分析架构》,《科学学与科学技术管理》2005年第6期。

④ 张红、葛宝山:《创业机会识别研究现状述评及整合模型构建》,《外国经济与管理》2014年第4期。

⑤ 郭红东、丁高洁:《社会资本、先验知识与农民创业机会识别》,《华南农业大学学报(社会科学版)》2012年第3期。

⑥ 高静、贺昌政:《信息能力影响农户创业机会识别——基于456份调研问卷的分析》,《软科学》2015年第3期。

机会识别，还可以通过认知和经验学习间接预测创业机会识别[1]。(4)以创业机会识别为视角的研究。刘娟等以国际创业机会为视角，分析了企业家的社会关系网络如何影响其海外市场的选择[2]。

三 机会的开发

机会的开发主要涉及的是机会的评估、资源的调配和合法性的获得。那么究竟什么因素影响了机会开发的决定呢？Shane和Venkataraman认为对机会的评估受到机会本身的性质和创业者个体差异的影响，前者包括如机会的预期收益、成本、生命周期和需求；后者指的是创业者在对风险承担程度上的差异[3]。低风险规避需要依赖较强的财务储备、与资源提供者深厚的关系网络、较强的自我效能和先前的创业经验。机会的开发可以通过创建新公司，也可以在现有公司内加以开发或者甚至出售给其他公司等形式进行。创业机会的开发是指创业者对识别到的机会进行有效的规模化运作[4]。

在机会被创业者识别后，创业者将要做出的一个非常重要的决策，就是要考虑是否要有效地投入自身所能掌控的资源用于在机会识别阶段商业创意的开发和利用。在这一点上，机会开发在本质上和前人学者所提出来的"双元能力"中的Exploration不尽相同，虽然这两类行为都要求创业者对于有潜在价值的商业创意进行足够的资源投入，但在机会的探索中，企业是处于一种探索性的姿态，即耗费资源去进行对企业未来很有帮助的机会探索，有可能耗费了不少资源，但最终发现潜在机会并不可行，此时企业往往做出退出决策并随之损失一些沉没成本。而真正的机会开发从这个层面上来看，风险要大很多，因为企业一旦做出机会开发的决定后往往需要义无反顾地投入足够资源去进行开发，一旦机会开发失利，企业往往会

---

[1] 陈文沛：《关系网络与创业机会识别：创业学习的多重中介效应》，《科学学研究》2016年第9期。

[2] 刘娟、彭正银、王维薇：《企业家社会关系网络、创业机会识别与企业国际创业海外市场选择——基于中小型国际创业企业的实证研究》，《对外经济贸易大学学报》2014年第2期。

[3] Shane, S., Venkataraman, S. The Promise of Entrepreneurship as a Field of Research [J]. *Academy of Management Review*, 2000, 25 (1): 217-226.

[4] Choi, Y., Moren, L., Shepherd, A. When Should Entrepreneurs Expedite or Delay Opportunity Exploitation? [J]. *Journal of Business Venturing*, 2008 (3): 333-355.

招致失败的危险。因此，为了尽量降低企业在机会开发中所面临的风险，企业需要将对机会的寻求和自身的最优战略两者进行有机的匹配。从战略层面上考虑为切实开发机会需要什么样的资源和能力；在机会的开发过程中应该做一些什么样的准备；在具体的开发进程中，需要用一些什么样的开发策略。在前人的文献中，部分学者根据机会的创新和新颖程度，将机会分类为创新型机会和模仿型机会。创业者采用全新技术，研制全新产品，而所开发的产品处于所在行业技术前沿、对所在行业的市场均衡格局具备冲击能力，甚至在一段时间内能够引起产业结构的重大变化，这类机会被认为是创新型机会开发。相反，在现有市场机会的基础上，对其进行进一步深挖，寻找出其中存在改进和优化的空间，比如对已有生产方式或技术进行改进，优化拓展产品功能和市场吸引力以期更好地获取创业租金的方式称为模仿型机会开发。无论是创新型机会开发还是模仿型机会开发，创业者特质中的学习都非常重要[1]。

如果说机会识别是位于创业过程的前段，体现的是创业者发散性思维，其行为结果是某一种商业创意的话，那么机会开发就是位于创业过程的后段，体现的是创业者聚敛式的思维，其行为结果很可能是一种完整的商业模式。也有学者认为不需要清晰界定机会的各个阶段，因为机会识别、机会开发具有一定的循环迭代性[2]；另有部分学者强调不同阶段的差异，更有学者提出机会开发与机会识别之间存在一定的矛盾性，如 Gielnik 等学者（2012）研究发现，企业在机会识别阶段如果识别的机会数量过多，则有可能消耗有效资源，最终降低机会开发的绩效[3]。杜晶晶等 2014 年系统性地整理了创业机会开发过程中所呈现出的多样状况，根据扎根理论对机会开发的三个视角进行了整理[4]（见表 2-3）。白彦壮等在 2016 年

---

[1] Alvarez, Sharon, A. and Jay B. . Barney. Epistemology, Opportunities, and Entrepreneurship [J]. *Academy of Management Review*, 2013, 38 (1): 154-157.

[2] Lumpkin, G. T. and Lichtenstein, B. B. The Role of Organizational Learning in the Opportunity-recognition Process [J]. *Entrepreneurship Theory and Practice*, 2005, 29 (4): 451-472.

[3] Gielnik, M. M., Frese, M., Graf, J. M., Kampschulte, A. Creativity in the Opportunity Identification Process and the Moderating Effect of Diversity of Information [J]. *Journal of Business Venture*, 2012a, 27 (5): 559-576.

[4] 杜晶晶、丁栋虹、王晶晶：《基于扎根理论的创业机会开发研究梳理与未来展望》，《科技管理研究》2014 年第 21 期。

则重点分析了社会网络对创业机会开发的影响。作者认为创业者会谨慎考虑机会开发过程的各种成本，以评估最终的收益是否能完全涵盖成本，而社会网络能提供丰富的信息和资源，从而有效降低机会开发的成本[①]。

表 2-3　　　　　　　　　不同视角的机会开发研究

	经济学视角	文化认知视角	社会政治视角
机会的性质	客观存在	主观建构	客观存在，体现在主观开发的过程中
机会的来源	资源、能力、信息	知识、模板	网络、结构、关系
开发重点	资源获取、超前变现	共同行动、解释能力	网络关系、动态能力
理论基础	古典经济学 奥地利经济学派 企业家理论	社会认知理论 社会建构理论	资源基础理论 社会网络理论 竞争优势理论
研究层次	个体层面、组织层面	个体层面为主	组织层面为主

资料来源：杜晶晶、丁栋虹、王晶晶，《基于扎根理论的创业机会开发研究梳理与未来展望》，《科技管理研究》2014 年第 21 期。

四　国际创业机会的识别与开发

创业学的研究主要关注创业者以及创业者如何在国内市场识别和开发商业机会，而国际创业研究则需要聚焦于在国际市场中跨境商机的识别和开发。Oviatt & McDougall 对国际创业的定义就明确认为："所谓的国际创业实际上就是对跨境商机的识别、执行、评估和开发从而创造将来的产品和服务[②]。"因此，如果不对机会这个在创业学中至关重要的概念深入分析的话就无法在本质上把握和理解国际创业的真正内涵。Johanson & Vahlne 在 2009 年对其 1977 年提出的国际化关系网络理论进行了修改，他们明确提出必须将机会方面的研究融入原有的模型，并认为将创业学中的机会研究和原有的关系网络视角相结合必然能进一步丰富企业国际化

[①] 白彦壮、张璐、薛杨：《社会网络对社会创业机会识别与开发的作用——以格莱珉银行为例》，《技术经济》2016 年第 10 期。

[②] Oviatt, B. M. and McDougall, P. P. Defining International Entrepreneurship and Modelling the Speed of Internationalization [J]. *Entrepreneurship Theory and Practice*, 2005, 29 (5): 537-553.

理论①。

　　机会的识别中常常涉及风险和不确定性，而这种风险在企业追求国际市场商机时则会进一步加剧。跨境商机在很大程度上得益于生产、技术和通信技术的长足进步。对于现在的创业者而言，想要知道海外市场的状况，并与海外贸易伙伴发展良好的关系跟过去相比要更为容易，这对于识别和开发国际创业机会非常有帮助。另外，与日俱增的跨境旅游也让很多有创业意识的人士能将有些源自跨境交流中的创意发展成为商机。Chandra 和 Ellis 等学者的研究是在众多国际创业研究中相对较少的两个针对国际创业机会识别和开发的专门研究②③。Chandra 等在对一个天生全球企业的案例研究中发现跨境商机的识别并不是单纯地在系统搜寻和偶然发现这两者间进行非此即彼的选择，而是基于企业先前所具有的国际经验和知识的情况下而做出权变。企业如果自身在先前国际经验比较有限的情况下，会倾向于通过一种偶发获得；相反，有着丰富先前国际经验和知识的公司则会同时通过偶尔获得和专门的搜寻方式来识别国际机会④。相似的，有着先前国际经验和知识的公司往往积极运作其网络能力从而对海外市场机会进行有意识的搜索。相反，先前国际经验和知识比较缺乏的公司在网络能力运作中则比较被动，往往只能依靠偶然的发现来识别海外市场机会⑤。

　　Crick 等通过案例研究了英国 12 家天生全球企业，国际机会被界定为初始和后续的国际市场进入。关系网络以及网络内资源的使用影响了国际化决策，偶然获得不是重要的因素，因为机会最终需要经理们去切实开

---

① Johanson, J. and Vahlne, J. E. The Uppsala Internationalization Process Model Revisited: From Liability of Foreignness to Liability of Outsidership [J]. *Journal of International Business Studies*, 2009, 40 (9): 1411-1431.

② Chandra, Yanto, Chris Styles, and Ian F. Wilkinson. An Opportunity-based View of Rapid Internationalization [J]. *Journal of International Marketing*, 2012, 20 (1): 74-102.

③ Ellis, P. D. Social Ties and International Entrepreneurship: Opportunities and Constraints Affecting Firm Internationalization [J]. *Journal of International Business Studies*, 2011, (42): 99-127.

④ Chandra, Yanto, Chris Styles, and Ian F. Wilkinson. An Opportunity-based View of Rapid Internationalization [J]. *Journal of International Marketing*, 2012, 20 (1): 74-102.

⑤ Piantoni, M., Baronchelli, G. and Cortesi, E. The Recognition of International Opportunities among Italian SMEs: Differences Between European and Chinese Markets [J]. *International Journal of Entrepreneurship and Small Business*, 2012, 17 (2): 199-219.

发。在初始进入海外市场后，现有关系网络对于机会识别的作用开始下降，这提示中小企业需要通过不断地积极构建新的关系网络去进一步识别和开发机会[1]。Mort等通过案例研究了6家澳大利亚高技术和低技术行业的公司，国际机会被界定为国际市场商机。研究发现，网络能力影响了国际市场商机的识别和开发，进而影响国际创业绩效。资源局限的天生全球企业可以借助关系网络合作伙伴去克服市场经验知识的缺乏[2]。Nordman等通过案例研究了8家瑞典的天生全球企业（员工数7—90人），国际机会被界定为"在特定海外市场中新产品、新服务、新材料和新组织方式的引入"，所研究的天生全球企业案例被分为学者型天生全球企业和产业型天生全球企业。学者型天生全球企业往往通过偶发方式识别机会，在机会的开发中倾向于渐进方式；产业型天生全球企业往往通过积极主动搜寻的方式识别机会，在机会的开发中比学者型天生全球企业速度更快[3]。Kontinen等通过案例研究了8家芬兰在法国市场经营的制造型中小企业。国际机会被界定为法国市场的进入。研究发现家族式中小企业通过应用正式的关系来识别国际商机，新关系网络比既有的关系更能引发国际商机的识别。同时，国际商机的识别与企业的警觉度关联密切。治理结构的灵活度与国际商机识别中较高程度的警觉度正相关。在家族式中小企业中，第三方关系网络（国际贸易展览）是更为重要的国际商机识别来源。海外市场选择与被动嵌入关系更大，而与积极主动地通过特定海外市场机会搜寻关系较小[4]。Vasilchenko等通过案例研究了新西兰IT行业的天生全球企业。机会被界定为国际化机会的识别和开发。研究发现，成熟的和新建的社会关系网络对国际机会的识别很有帮助，这些潜在的社会关系网络能够

---

[1] Crick, D., Spence, M. The Internationalization of High Performing UK High-tech SMEs: A Study of Planned and Unplanned Strategies [J]. *International Business Review*, 2005, 14 (2): 167-185.

[2] Mort, G. S. and Weerawardena, J. Networking Capability and International Entrepreneurship: How Networks Functions in Australian Born Global Firms [J]. *International Marketing Review*, 2006, 23 (5): 549-572.

[3] Nordman, E. R., Melén, S. The Impact of Different Kinds of Knowledge for the Internationalization Process of Born Globals in the Biotech Business [J]. *Journal of World Business*, 2008, 43 (2): 171-185.

[4] Kontinen, T. and Ojala, A. International Opportunity Recognition Among Small and Medium-sized Family Firms [J]. *Journal of Small Business Management*, 2011, 49: 490-514.

促成企业间的合作从而形成企业更广阔的组织关系网络,这对企业成功进入海外市场和对国际商机实施开发很有帮助①。Piantoni 等通过案例研究了 6 家意大利制造业中小企业,国际机会被界定为新的海外市场的进入。研究发现,拥有先前国际经验和知识的企业采取主动积极的网络联结从而对其接近的欧盟市场和远距离的中国市场中的商机进行有意识的搜索;缺乏或者完全没有国际经验和知识的企业则倾向于采取被动的网络联结从而对其接近的欧盟市场中的商机存在偶然的识别②。

Ellis 在 2011 年的研究中通过对样本中所有中国企业 41 名高管经理的深度访谈发现,并不是每个企业都存在那种不期而遇或者说"撞大运"式的跨境商机识别,尽管大部分中国企业的跨境商机识别的确是来自于机会发现而不是刻意搜寻,但是这种机会的发现也并非完全是偶发的,或多或少也存在一些有意识行为的因素。进而,提出在中国企业中创业者已有的关系网络会影响国际贸易机会的识别,因此他认为中国企业跨境商机识别的过程是一个具有创业者主观能动性的过程,关系网络在其中发挥了两面性③。有益的一面体现在这种通过关系网络而识别的机会由于内部的相互信任而具有更高质量;缺陷则体现在差异的认知和情境局限,如对机会的识别会受地理、心理和语言距离的束缚,而这反过来又会导致企业的次优国际化的选择。同时,创业者往往是公司国际化的最根本驱动者,创业者的网络关系资本对获得互补资源和潜在顾客起到决定性的作用。因此,创业者的背景和发展历史对于国际机会的识别和开发非常重要。

Mathews 和 Zander 认为国际机会识别和开发的基石在于对国际商机的发现,调配资源去尽力开发机会并且积极与国际竞争对手开展互动④。创

---

① Vasilchenko E. and Morrish S. The Role of Entrepreneurial Networks in the Exploration and Exploitation of International Opportunities by Information and Communication Technology Firms [J]. *Journal of International Marketing*, 2011, 19: 88-105.

② Piantoni, M., Baronchelli, G. and Cortesi, E. The Recognition of International Opportunities among Italian SMEs: Differences Between European and Chinese Markets [J]. *International Journal of Entrepreneurship and Small Business*, 2012, 17 (2): 199-219.

③ Ellis, P. D. Social Ties and International Entrepreneurship: Opportunities and Constraints Affecting Firm Internationalization [J]. *Journal of International Business Studies*, 2011, (42): 99-127.

④ Mathews, J. A. and Zander, I. The International Entrepreneurial Dynamics of Accelerated Internationalization [J]. *Journal of International Business Studies*, 2007 38 (1): 387-403.

业者倾向于利用关系网络来收集海外市场信息,并且他们认为通过这种关系网络收集到的信息可信度较高。创业者在之前各种情境、各个时间点上所积累的经验、人脉和关系网络将会为国际机会的识别和开发打下基础[①]。黄胜、周劲波通过对4个中国早期国际化企业的分析,发现早期国际化企业的出现是因为国际创业机会的存在,早期国际化企业在初始国际化阶段的国际目标市场的选择和国际市场进入模式的确定往往取决于所识别的国际创业机会的性质,国际投入在后续国际化阶段的动态演进是识别和利用国际创业机会方式发生变化的结果[②]。刘娟、彭正银以关系网络为切入点,对中国企业国际创业活动中的创业机会识别与开发行为的发生、发展等一系列经济行为现象做了解释,印证了在国际创业过程中机会识别和开发的重要性,认为社会关系网络直接作用于企业国际机会识别,而商业关系网络影响企业国际机会开发[③]。两者间也存在一定的关联性,源于企业家个人层面的社会关系网络有利于正式商业关系网络的形成。而在商业关系网络构建过程中,采取何种国际创业模式进入国际市场,很大程度上又取决于企业家风险偏好、企业专用性资产属性及企业家精神。

从前人的研究方法中可以看出,在国际创业学研究中案例研究仍然是占主导性地位的,大部分基于机会理论的国际创业研究都是通过案例研究的方法来进行分析的。案例研究方法能够比较具体地呈现出国际创业中跨境商机识别的方式与过程。与一般国际商务和国际创业研究相类似,基于机会的国际创业研究的载体和对象往往局限于发达国家。因此,关于在发展中国家的国际新创企业中机会是如何被识别进而被开发的相关知识仍然比较缺乏。

简而言之,专门论述国际机会识别和开发的研究到目前为止可能仍处于起步状态,该领域将来的研究空间和潜力很大,尤其是针对国际新创类企业早期、快速的国际化经营更显重要。尽管机会的识别和开发在有些文献中会被模糊地交替使用,通过本书对相关文献的梳理,倾向于将机会的

---

① Zahra, S. A., Korri, J. S. and Yu, J. Cognition and International Entrepreneurship: Implications for Research on International Opportunity Recognition and Exploitation [J]. *International Business Review*, 2005, 14 (2): 129-146.

② 黄胜、周劲波:《制度环境对国际创业绩效的影响研究》,《科研管理》2013年第11期。

③ 刘娟、彭正银:《关系网络与创业企业国际市场机会识别及开发——基于中小企业国际创业的跨案例研究》,《科技进步与对策》2014年第8期。

识别和开发进行清楚的划分，主要原因在于虽然有很多机会或许被创业者识别，但是它们并没有被真正地开发利用。本书的基本假设是，机会是社交性嵌入和认知性嵌入所创造的。社交性嵌入指的是创业者总是会受到社会群体其他人的影响，而认知性嵌入指的是先前的知识会影响什么样的机会被识别，这就意味着两个识别同一机会的人不一定会同时对该机会进行开发利用，这是由于不同的个体对事物的感知、意图、思维模式和先验知识不尽相同，而且个人的社会关系网络背景也存在差异。

有很多学者提出在国际商机识别中偶发获得性占据非常高的比例，但实际上就算这些机会是偶然被发现的，它们最后还是需要依靠企业管理团队通过积极调配关系网络中的资源来进行开发[1]。因此网络能力对于国际创业机会的识别和开发都至关重要。

第四节　本章小结

目前在关系网络对于企业国际化的研究中往往是从关系网络的内容、治理和结构等维度来进行探讨，大量的文献集中在阐述关系网络的规模、质量、密度、类型、位置等对企业国际化的影响机制。近年来一部分新兴的研究开始尝试探索将关系网络作为企业的一种动态能力来论证其对企业国际化的作用机制，这些学者认为其实是动态的网络能力而非静态的关系网络本身在企业的加速式国际化经营中发挥着重要的作用。规划、构建、维护和管理好各种关系网络，进而才能够调配蕴含在关系网络内的各种资源从而作用于新创企业的海外市场开拓。但是在现有的文献中，大量关于网络能力方面的成果倾向于以网络能力为解释变量来探讨其对企业创新绩效的直接影响作用或者间接影响作用，系统性和深入性地探讨网络能力作用于企业的国际创业绩效，特别是新创企业的国际创业绩效或者天生全球企业国际创业绩效方面的研究仍然比较缺乏。

另外，关于机会识别和开发方面的大量文献对机会识别的影响机制和作用机理进行了非常深入和细致的探讨，并且对影响机会识别的因素也进

---

[1] Vasilchenko E. and Morrish S. The Role of Entrepreneurial Networks in the Exploration and Exploitation of International Opportunities by Information and Communication Technology Firms [J]. *Journal of International Marketing*, 2011, 19: 88-105.

行了较为全面的分析和论证。但是对机会识别和开发是否对企业国际创业绩效，特别是对天生全球企业的国际创业绩效产生影响则涉及较少，针对国际机会识别和开发作用于天生全球企业国际创业绩效的影响路径和内部机理方面的实证研究成果则更为缺乏。

因此，本书试图通过深入探讨网络能力、国际机会识别和开发、天生全球企业国际创业绩效三者之间的关系，在此基础上构建这三者间的内在作用机制和影响路径，将能较好地弥补现有文献中的研究不足，从而为进一步打开新创企业的国际创业绩效影响"黑箱"，进一步有的放矢地提升天生全球企业国际创业绩效提供思路。

第三章

基于网络能力的企业国际创业绩效影响模型构建

作为全球化时代的一种创业模式，天生全球企业的创立与成长实质上是跨越国界的资源整合和价值创新活动。对于这样一种新兴的创业模式，本章旨在通过对天生全球企业的内涵界定、特殊性和驱动因素等方面的研究以梳理出较为深入的天生全球企业认知。在此基础上，进一步深入探讨在面临各种资源和能力限制的情况下，天生全球企业是如何通过网络能力识别和开发国际机会进而提高其国际创业绩效。这一部分的理论分析将主要借助企业资源基础观、知识基础观、动态能力观的分析，以此构建基于网络能力的企业国际创业绩效影响路径模型。

第一节 天生全球企业内涵

一 天生全球企业的界定

国际创业研究中的核心研究领域就是对新创企业快速国际化现象的研究，这在国际创业的现有成果中占到绝大部分的比重。在过去的20多年里，学者们对越来越多的企业自创立开始或在创立后很短时间内便开始国际化经营的观察引起了对以 Uppsala 理论为代表的渐进式国际化理论的质疑[1]。国际化过程理论认为企业的国际化是通过一系列的演进阶段而逐步进行的。在国际商务领域很多的实证研究都采用国际化过程理论来研究企

---

[1] Kiss, A. N. and Danis, W. M. Social Networks and Speed of New Venture Internationalization During Institutional Transition: A Conceptual Model [J]. Journal of International Entrepreneurship, 2010, 8 (3): 273-287.

业国际化经营的过程、路径和位置。而所谓的天生全球企业现象的出现则在很大程度上批判和质疑了渐进式的国际化过程理论。

天生全球企业现象中所涉及的企业往往是那种小型的、技术导向型的、自企业创立开始就以全球市场为目标,从而跳跃了传统的国际化过程理论中的一些阶段而实现快速国际化。描述这类新创企业快速国际化最常用的称呼就是"天生全球企业"[1]、"国际新创企业"[2]、"天生国际企业"[3]、"天生区域企业"[4],等等。尽管学者们使用的称呼存在不一致,但这类称呼指的都是快速开展国际化经营的新创企业。天生全球企业的最早期研究出现在1989年,主要的论题就是创业国际化,并聚焦于跨境的创业研究。在这个早期的研究潮流中,涉及不同国际创业企业类型、国际化的方式和过程、组织因素对企业知识和能力以及绩效的影响等内容。

第一类研究主题是比较不同类型的国际创业企业以及能够驱动创业者创立天生全球企业的创业特质。部分作者指出天生全球企业与渐进国际化企业在思维模式、风险容忍程度、国际经验、国际学习、网络能力和国际创业能力方面都有很大差异[5]。同时,很多行为变量被用来比较创业企业类型,如:国际化驱动力、国际市场选择、国际市场进入模式、竞争优势、创业导向、企业战略和绩效等。另外,其他一些研究结果表明创业者年龄、主动性和风险承担性也影响着新的国际创业企业的成立[6]。

第二类研究主题是关于国际化速度层面的研究。Bell 等学者提出"再

---

[1] Rennie, M. Global Competitiveness: Born Global [J]. *McKinsey Quarterly*, 1993, 4: 45-52.

[2] Oviatt, B. M. and McDougall, P. P. Toward A Theory of International New Ventures [J]. *Journal of International Business Studies*, 1994, (25) 1: 45-64.

[3] Kuivalainen, O., Sundqvist, S. and Servais, P. Firms' Degree of Born - globalness, International Entrepreneurial Orientation and Export Performance [J]. *Journal of World Business*, 2007, (42) 3: 253-267.

[4] Ritter, T., Gemünden, H. G.. Network Competence: Its Impact on Innovation Success and Its Antecedents [J]. *Journal of Business Research*, 2003, 56 (9): 745-755.

[5] Zhang, M., Tanuhaj, P. and McCullough, J. International Entrepreneurial Capability: The Measurement and a Comparison between Born Global Firms and Traditional Exporters in China [J]. *Journal of International Entrepreneurship*, 2009. 7 (4): 293-332.

[6] Kropp, F., Lindsay, N. J., Shoham, A. Entrepreneurial Orientation and International Entrepreneurial Business Venture Start-up [J]. *International Journal of Entrepreneurial Behavior and Research*, 2008, 14 (2): 102-117.

生全球化企业",是指那些在国内市场已经获得较好地位并且没有明显国际化意向的企业,忽然间进行快速和专注的国际化行为[1]。关系网络和社会资本是影响早期国际化企业方式和过程的相关因素。新创企业的海外市场进入选择和模式往往是企业关系网络的反映。关系网络是比企业组织本身和市场更有效的协调方式。

第三类研究主题考虑组织因素的影响,包括在国际创业背景下对企业绩效、导向性、知识和能力的研究。这些研究探讨了影响天生全球企业绩效的前因变量如:国际工作经验、产品差异和公司规模、正式的出口计划和技术精密度、对海外市场和政府支持的态度、创业导向、组织架构、机会驱动行为等[2]。除了企业绩效,创业导向性也是这些研究类型中另一个值得考虑的变量,国际创业研究检验了创业导向的作用,根据Knight等的观点,创业导向影响了企业对国际化发展、技术吸收和国际化准备的反应,有着较高创业导向的企业往往有着更高的国际化程度和范围[3]。另外,对组织因素的研究也包含了企业知识和能力的论题,如Sapienza等发现在国内和国际市场中的学习努力正向地被企业的创业导向和国际化程度所影响[4]。

关于天生全球企业的界定,不同的学者提出了不同的界定的方法(见表3-1)。比如最早在1993年提出天生全球企业概念的Mckinsey & Co. 将天生全球企业界定为创立后的2年内就开始国际化,并且海外销售额达到总销售额的76%;Knight和Cavusgil 1996年认为应该是企业自创立后的3年内开始国际化,海外销售额达到总销售额的25%[5];McAuley则认为应该是自创立后1年之内就开始国际化经营,但并没有明确规定最低的海外

---

[1] Bell, J., McNaughton, R., Young, S. "Born–again Global" Firms: An Extension to the "Born Global Phenomenon" [J]. *Journal of International Management*, 2001, 7 (3): 173-189.

[2] 郑准、王国顺:《企业国际化网络理论的起源、基本框架与实践意蕴探讨》,《外国经济与管理》2011年第10期。

[3] Knight, G. A. and Liesch, P. W. Internationalization: From Incremental to Born Global [J]. *Journal of World Business*, 2016, 51 (1): 93-102.

[4] Sapienza, H.J., Clercq and Sandberg. Antecedents of international and demstic learning effort [J].Journal of Business Venturing(期刊名斜体), 2005, 20 (4): 437-457.

[5] Knight, Gary, A., and S. T. Cavusgil. The Born Global Firm: A Challenge to Traditional Internationalization Theory [J]. *Advances in International Marketing*, 1996, 8: 11-26.

销售额比率[①]；Zahra 将天生全球企业界定的年限放宽至企业创立后的 6 年之内，并且将海外销售占总销售比重下降到最低 5%[②]。从现有的文献中关于天生全球企业的界定标准来看，Knight 和 Cavusgil 提出的界定似乎得到了更多学者的认同，而本书对天生全球企业的界定也主要采用这两位学者所提出的标准，将天生全球企业的定义做如下界定：第一，企业必须在其建立后 3 年内开始国际化经营。第二，在最初的 3 年内，企业必须有至少 25% 的营业额来自国际市场。第三，企业必须是独立的（即初始运营或与其他企业分离，且排除现有附属公司）。

表 3-1　　　　　　　　　天生全球企业的不同判断标准

作者（时间）	出口收入占总收入比重	界定时间
McKinsey & Co.（1993）	>76%	≤2 年
Knight & Cavusgil（1996）	≥25%	≤3 年
McAuley（1999）	—	≤1 年
Zahra（2000）	≥5%	≤6 年
Moen（2002）	≥25%	≤3 年
Knight & Cavusgil（2004）	≥25%	≤3 年
Mort & Weerawardena（2006）	≥25%	≤3 年
Servais 等（2007）	≥25%	≤3 年

资料来源：根据相关文献资料总结。

二　天生全球企业的特殊性

1. 一般中小企业国际化与天生全球企业的差异

第一，一般中小企业的国际化往往遵循阶段式的国际化过程理论，对比天生全球企业，它们的首次出口时间较晚，海外销售倾向性更低[③]。通常从事外贸业务的中小企业其大部分销售额来自本土市场，而只有一小部

[①] McAuley, A. Looking Back, Going Forward: Reflecting on Research into the SME Internationalization Process [J]. Journal of Research in Marketing and Entrepreneurship, 2010, 12 (1): 21-41.

[②] McDougall, P. P., B. M. Oviatt, and R. C. Shrader. A Comparison of International and Domestic New Ventures [J]. Journal of International Entrepreneurship, 2003, 1 (1): 59-82.

[③] Moen, O. and Servais, P. Born Global and Gradual Global? Examining the Export Behavior of Small and Medium-sized Enterprise [J]. Journal of International Marketing, 2002, 10 (3): 49-72.

分来自海外市场。通过在本土市场中建立比较稳固的市场根基后，这类中小企业开始通过出口现有产品到周边邻近国家来寻找增长潜力。企业的竞争优势，比如较强的营销技能和财务状况依然停留在企业所在的母国本土市场，因此这些竞争优势不一定能够直接应用到国际市场中去，而且既有的组织历史和企业文化可能会阻碍企业需要通过剧烈的改变而走向国际化经营[①]。反之，虽然天生全球企业的创立时间很短，但它们在企业发展阶段的早期就已着手进行国际化，结果它们比一般中小企业有着更高的出口倾向和增长率。天生全球企业以全球多个国家的顾客群为目标客户，依靠世界市场来获得成功，甚至它们所开发和提供的产品只专门针对海外客户而几乎没有国内需求。天生全球企业应对海外市场潜在机会要比一般中小企业更加灵活和更加快速，主要是因为它们没有受到由于对国内本土市场的长期路径依赖而形成的短视缺陷。

第二，诸如许可经营和合资企业等备选战略在天生全球企业首次进入海外市场中也被广泛应用以弥补其固有的资源局限。这种相互联结的交易关系以一种动态和非结构化的方式在国际合作伙伴中演进。不断增加的互动知识和信任使各国际合作伙伴做出更多的关系承诺从而使企业能够采用更多样的海外市场进入模式。这意味着天生全球企业的国际化过程并不仅仅依靠主体企业的行为，同时也依靠国内和国外合作伙伴的资源。换言之，国际化虽然是天生全球企业的个体行为过程，但它依赖于行业中所构建的关系网络和企业在行业关系网络中所处的位置。因此，天生全球企业的国际化过程比早期以 Uppsala 模型为代表的国际化过程理论更加复杂和动态化。

第三，与一般中小企业相比，天生全球企业需要从多国市场获得资源输入，国际市场营销学者一般从关注国际销售和异质性进入模式来考察新创企业，已有的国际市场营销研究成果中较少关注天生全球企业从不同国家获得资源的现象。相反，创业学的研究旨在理解新创企业通过资源获取与整合从而搜寻市场中的机会。因此，从这个视角审视，天生全球企业需要从全球搜寻以获得自身所需资源。另一个关键的挑战是募集财务资本。天生全球企业创始人在国内遭遇募集资本困难的情况下会转而募集境外资

[①] 王夏阳、陈宏辉：《基于资源基础与网络能力的中小企业国际化研究》，《外国经济与管理》2002 年第 6 期。

本。因此，天生全球企业创始者们会考虑进入他们能够募集到资本的海外市场。

第四，大多数的天生全球企业拥有具备国际经验的创业者或者高层管理团队。他们积累了较多国际市场经营的特定知识。同时，这些企业创立人对国际机会更加敏感，利用自己的国际经验建立关系网络，并通过关系网络获得资源。相关研究也认同管理者国际经验或者管理者的国际教育经历能够提升出口绩效。

在关于天生全球企业与一般有国际业务的中小企业的差异上，Bell等学者在2003年对此做了分析和归纳，针对两类企业在开展国际化经营的动机、目标、国际化拓展方式、国际化进程、分销方式和海外市场进入模式、国际化战略和融资方式的差异等方面进行了对比研究[1]（见表3-2）。

表3-2　　　　天生全球企业与一般中小企业国际化的区别

	传统中小企业	天生全球企业
国际化动机	被动反应型， 不利的母国市场， 偶发获得的海外订单， 不情愿的国际管理， 生产流程推动出口	前摄主动型， 全球利基市场， 愿意付诸承诺的国际管理， 自创立后就谋求国际经营
国际化目标	企业的生存和成长， 增加销售总量， 获得市场份额， 延伸产品生命周期	为获得国际竞争优势， 为获得先发优势， 锁定海外市场顾客， 迅速渗透进入全球利基市场， 有效开发自身专有知识
国际化拓展方式	渐进式， 首先发展国内市场， 先聚焦于短心理距离国家， 瞄准欠发达国家， 关系网络作用有限	加速式国际扩张（出口业务甚至先于国内销售开展）， 聚焦于领先型市场， 有时也通过海外客户跟随拓展国际业务， 非常强调关系网络的作用
国际化进程	逐步发展的， 缓慢的国际化经营， 每次只进入一个海外市场， 主要凭借对现有产品的适度调整	快速的， 提速的国际化经营， 同时进入很多海外市场， 凭借全球产品的开发

---

[1] Bell, J., McNaughton, R., Young, S., et al. Towards an Integrative Model of Small Firm Internationalization [J]. *Journal of International Entrepreneurship*, 2003, 1 (4): 339-362.

续表

	传统中小企业	天生全球企业
分销方式和海外市场进入模式	依靠传统惯例，借助贸易代理、分销商或批发商，也通过面向顾客的直销	灵活地依靠关系网络，也借助代理和分销商，也有与客户渠道相整合，应用许可经营、合资企业、海外全资设立生产基地等
国际化战略	随意和机会主义的，对海外市场新机会持续被动反应行为，原子式的市场扩张，与海外市场和顾客关系不强	结构化，对海外市场扩张有系统的计划，特别注重全球关系网络的发展和延伸
融资方式	依赖自力更生的融资方式进入新市场	充分借助风险投资、首次公开募股等方式

资料来源：Bell 等，2003[①]。

2. 天生全球企业是否是独特的一类企业

在比较了阶段式国际化模型和天生全球企业相关研究成果之后，可以发现国际市场营销学者和创业学学者在理论层面上识别了两类企业的巨大差异，包括公司创立团队、公司战略、学习能力和它们所经营的行业。天生全球企业是否是一类非常独特类型的企业仍然处于争议之中。从操作层面来看，天生全球企业被界定为自公司创立后的 3 年之内开始进行国际销售的企业。但实际上，天生全球企业的创立者可能早在公司正式创立之前就已经开始接触国际创业机会。如果仔细考虑创业者之前的国际背景和经历等因素，天生全球企业有可能还是遵循着阶段式国际化企业的发展轨迹，渐进式地走向国际化。因此，从国际市场营销角度考虑，也许天生全球企业并不是一类独一无二的企业，另外，心理距离概念在高技术行业的跨国交易中可能并没有那么重要。拥有高技术知识的创业者和经理们能够比较容易地掌握不同国家顾客和供应商的需求从而执行其加速国际化战略。换言之，阻碍传统中小企业国际化的心理距离在一定程度上被高技术知识专业人士间的独特领域熟悉度所克服。

---

① Bell, J., McNaughton, R., Young, S., et al. Towards an Integrative Model of Small Firm Internationalization [J]. *Journal of International Entrepreneurship*, 2003, 1 (4): 339-362.

三 天生全球企业的特征和驱动因素

1. 天生全球企业的特征

（1）大部分天生全球企业为技术导向型的企业

大部分天生全球企业在技术发展上具有较强的竞争优势，通常能对目标市场提供领先技术。很多天生全球企业诞生于大学的理工技术学院和大学的创业孵化平台，这些企业对于发展具有竞争力的经济非常重要[①]，这也从一个侧面解释了为什么大部分天生全球企业的研究都聚焦于高新技术企业。Knight 和 Cavusgil 甚至将技术背景作为定义天生全球企业的特征之一[②]。不过其他一些学者也认为天生全球企业在不同技术密集度的其他行业和领域也一样存在。天生全球企业也是一种基于知识和知识密集型的组织，知识型企业部分是自己开发专利知识，部分是收购知识。而知识密集型企业相反是那种利用知识来开发新产品，改进生产力、物流或服务，或者引进新的生产方式，但并不一定与生俱来就是基于知识型的企业。例如：计算机辅助设计、计算机辅助制造企业，高技术编织和打印企业等。在这类企业中，知识是它们的核心竞争力，同时也是竞争优势的主要来源。

（2）大部分的天生全球企业在 B2B 市场中经营

天生全球企业存在于各个行业中，在 B2B 和 B2C 市场上都可见其踪影，但更多的研究表明天生全球企业在 B2B 市场中比在 B2C 市场中更为常见。由于 B2C 市场的客户相对较为广泛，因此，考虑到市场营销和产品分销渠道等各种成本，专注于服务企业客户的 B2B 市场似乎更为可行。

（3）追求利基市场战略

文献研究认为天生全球企业由于受到自身资源有限的束缚，一般都采取利基市场战略而非一般商品市场战略。资源的局限阻碍了天生全球企业充分开发全球市场营销、销售和分销的能力，它们更倾向采取利基市场战略，因为在利基市场中竞争相对缓和而获利的机会则比较显著。因此，它

---

① Hoffmann, W. Strategies for Managing a Portfolio of Alliances [J]. *Strategic Management Journal*, 2007, 28 (8): 827-856.

② Knight, Gary, A., and S. T. Cavusgil. The Born Global Firm: A Challenge to Traditional Internationalization Theory [J]. *Advances in International Marketing*, 1996, 8: 11-26.

们谋求在特定的利基市场中获得领先地位。企业能够在多大程度上占据到国际价值链中的某个专业节点，往往是助推中小企业早期加速式国际化经营的重要因素。

（4）高度网络关系化

网络关系对于天生全球企业在新市场上的成功是至关重要的。受自身资源短缺的局限和束缚，这类企业依赖于一种混合模式的公司治理结构和网络运作关系来推动自身的国际化经营。天生全球企业利用各种纵向和横向的网络关系以迅速获得国际市场的进入机会，并充分运用合作伙伴的营销基础设施和能力，从而有效克服自身在产品开发中的资源短缺瓶颈。

（5）灵活的、无根深蒂固的行政惯例

先前的文献认为年轻和不受传统组织惯例的束缚是天生全球企业相比成熟企业具有竞争优势的地方。在成熟企业中，牢牢根植的组织结构会束缚企业的战略选择空间。相反，天生全球企业则在公司创立的最初阶段就发展了适合企业在多国经营的灵活创业型组织文化和流程。

（6）以国际创业型导向和文化为特点

天生全球企业是与生俱来的创业型和创新型企业，他们的这种组织文化有利于知识的获得和竞争优势的开发。Knight 等对天生全球企业的这种国际创业导向进行了较好的说明：国际创业导向反映了企业开拓国际市场的创新性和前摄性[①]。而这种特质是与创新性、管理愿景和前摄性的竞争性立场联系在一起的。对于天生全球企业来说，面对自身资源短缺、市场充满风险和不确定性，创新、远见和前摄性的立场对于企业来说是非常必要的。

（7）以国际市场营销导向为特征

国际市场营销导向指的是管理思想定位强调通过关键市场因素来为海外市场顾客创造价值。这种营销竞争力在天生全球企业的快速国际化经营和长期海外运作中的关键作用在整个国际创业的文献中都一直被广泛

---

① Knight, G. A. and Cavusgil, S. T. Innovation, Organizational Capabilities, and the Born Global Firm [J]. *Journal of International Business Studies*, 2004, 35 (2): 124-141.

强调①。

(8) 创业家的决定性作用

相关文献一直强调天生全球企业的创立人和管理团队具有如下特点：很强的创业驱动力；国际导向性；很强的网络关系联结和织网能力；较高层次的教育背景；先前的国际商务经验，创业前的工作经历和先前的营销经验②。在技术型企业中，具有很强的技术专长也是天生全球企业创始人和管理团队的特征之一。

2. 天生全球企业的驱动因素

天生全球企业的驱动因素研究相对分散，因为天生全球企业是一个跨学科的研究领域，需要国际商务学、创业学、战略管理学等跨学科领域的知识整合③。通过已有研究成果的总结和梳理，本书认为天生全球企业的驱动因素主要包括：创业者特征、关系网络、组织战略、地理区位和环境特征。

(1) 创业者特征

很多学者认为创业型企业其实是创业者个体的延伸，因此创业者的特质是新创企业国际化和绩效的重要影响因素。根据 Oviatt 和 McDougall 在 1994 年文章所提出的看法，天生全球企业从典型上看是由有着国际经历、海外联系甚至移民背景的个人或者团队所组成的④。部分研究从实证上检验了创业者特征对天生全球企业国际化和绩效影响的直接作用，比如创业者的国际经验和高层管理团队成员曾在跨国集团的工作经历，创业者的国际经验可以被当作类似于新创企业的国际知识资产或者国际关系网络而加以开发利用，这些都是天生全球企业国际化的一种重要资源。

高层管理团队的国际经验也和发展海外战略伙伴紧密相关，并且能够

---

① 李颖灏、吴宏：《企业国际化中关系营销导向对出口绩效影响的实证研究》，《国际贸易问题》2014 年第 3 期。

② 谢雅萍、黄美娇：《社会网络、创业学习与创业能力——基于小微企业创业者的实证研究》，《科学学研究》2014 年第 3 期。

③ Bouncken, R. B., Muench, M. and Kraus, S. Born Globals: Investigating the Influence of Their Business Models on Rapid Internationalization [J]. The International Business & Economics Research Journal, 2015, 14 (2): 247-255.

④ Oviatt, B. M. and McDougall, P. P. Toward A Theory of International New Ventures [J]. Journal of International Business Studies, 1994, (25) 1: 45-64.

缩短企业自创立后到实现海外销售的时间间隔。创业者或者高层管理团队的国际经验对于新创企业国际化的重要性来自 Hambrick 和 Mason 在 1984 年提出来的"高阶"理论（Upper Echelons）[1]，该理论认为企业的高层经理们在诠释他们所面对的处境时受到自身经历、价值观和个性的影响，而这反过来又会影响企业的决策过程。国际经验具有很高的价值，尤其是它们能够使创业者识别特定市场中的机会。比如说，创业者曾经在海外工作或学习，可能会掌握有关海外顾客的特定需求，这样他们就能从多个国家整合资源来满足这个目标市场顾客的需求。因此，之前创业者的国际经历为天生全球企业开启了获取海外市场信息的契机。另外，创业者先前在大型跨国公司的工作经历也会为创业者决策制定过程提供参考，比如估算某个海外市场的风险和选择适合的进入模式[2]。创业学研究认为由创业者所建立的新产品或者服务与创业者们之前受雇的组织有紧密的联系。最终，国际经历让创业者们搭建了多样的跨境社会和商业关系，通过这些关系网络他们可以充分调动国际化中所需的资源。因此，一个有着国际经验的创业者要比没有这段经历的创业者在企业国际化经营中获得更多的资源和做出更佳的决策。而众多的实证研究证据也验证了这一观点。

另外，国际经历有效降低了心理距离和对特定市场的不确定性感知，在此帮助下，创业者认为国家与国家间的边境并不是阻碍企业国际化经营的障碍。尽管创业者的人力资本对新创企业的国际化非常重要，但是不同的人力资本发挥着不尽相同的作用。一些特定的知识和经验对新创企业的国际化和绩效来说至关重要，比如创业者的管理和特定行业诀窍对新创小型企业的国际化就非常重要。管理诀窍是社会资本的一种形式，它对个体经济行为产生直接影响；行业诀窍反映的是在某个行业内的工作经验，这些诀窍都与出口行为相关，通过为任务环境提供具体知识和让创业者对本地、本国和国际上的顾客更加熟悉从而发展利基市场。

（2）关系网络

新创企业缺乏国际化过程中的资源，所以想要通过完全拥有这些资源

---

[1] Hambrick, D. and Mason, P. A. Upper Echelons: The Organization as a Reflection of Its Top Managers [J]. *Academy of Management Review*, 1984, 9: 193-206.

[2] Prashantam, S. and Dhanaraj, C. The Dynamic Influence of Social Capital on the International Growth of New Ventures [J]. *Journal of Management Studies*, 2010, 47 (6): 967-994.

来进行国际化经营是很困难的,它们更倾向于通过杠杆作用与网络关系伙伴所掌握的资源来弥补其自身的资源缺陷。根据 Zander 等 2015 年的观点,由不同合作方所形成的关系网络能够促使资源互相间的交易,并且能够影响不同参与方的战略决策。企业在关系网络内的角色和位置会影响其国际化经营[1]。然而,天生全球企业基本都属于早期起步者,因此组织层面的关系网络比较有限而且也不发达。公司创立人只能依靠与其关系密切的个人关系网络作为合作伙伴,通过反复的互动来消除合作方的机会主义行为。传统的阶段式国际化模型之所以忽视国际关系网络可能是因为模型总认为国际化经营只能局限于主体企业的个体努力中。因此,传统的中小企业需要完全依靠自身积累资源从而支持其国际化战略,但是天生全球企业则杠杆作用其国际合作伙伴的资源,积极开发国际市场中的机会。通过与其海内外合作方(如海外分销商、许可方、合资方等)建立关系,本身资源局促的新创企业能够加速接近和进入新的海外市场,提高其海外市场竞争地位,杠杆作用当地市场知识,获得最初的资信后就可以搭建进一步的关系网络。

另外,由于天生全球企业资源局限性,这类企业需要依靠关系网络联结才能进一步地开发海外市场,如海外市场的调研、顾客教育和服务等。Yu 等在 2011 年的研究中显示新创企业海外销售的发起主要是从企业联盟关系网络中获得的技术和市场知识所决定的[2]。而技术和市场知识对海外销售发起的影响作用又取决于关系网络内聚性的权变影响。同时,与本地合作伙伴的关系网络也会驱动新创企业的国际化,在一个高度国际化的市场中,新创企业因为受到关系网络的拉动从而可以在海外市场上搜寻机会。比如,承包商就通过跟随海外顾客市场而采用了非传统的国际化过程方式。

(3)组织战略

新创企业国际化的大量研究已经表明了新创企业战略的重要性。天生全球企业通过差异化战略获得竞争优势,规避了与大型公司的面对面竞

---

[1] Zander, I., P. McDougall-Covin, and E. L. Rose. Born Globals and International Business: Evolution of a Field of Research [J]. *Journal of International Business Studies*, 2015, 46: 27-35.

[2] Yu, J., Gilbert, B. A. and Oviatt, B. J. Effects of Alliances, Time and Network Cohesion on the Initiation of Foreign Sales by New Ventures [J]. *Strategic Management Journal*, 2011, 32 (4): 424-446.

争。一些新创企业开发了差异化的产品或者为特定的国际市场分割提供领先技术的产品，从创新技术和产品设计中创造附加价值。因此，大量关于新创企业国际化的研究聚集于快速增长、全球化行业中的高新技术企业。同时，新创企业也通过提供更优的服务和产品质量改进实现与一般中小企业的差异，通过提供专业化和为顾客量身定制的产品，天生全球企业寻求用一种利基市场聚焦的主动战略在企业创立早期阶段就开发国际机会。新创企业雄心勃勃地达成市场份额和成长目标来收回企业在类似研发开支上的高额固定成本。另外，新创企业是凭借新产品进入海外市场的典型先动者。因此，它们需要通过密集的市场营销和在多个国家雇用多种分销渠道来发展海外目标客户。

（4）地理区位

公司的地理区位通过为公司执行战略决策提供必要的区位优势进而影响公司的经营绩效。就天生全球企业而言，地理区位的主要表现是行业集群现象。一个存在很多外资公司的行业集群会使新创企业更多地暴露于国际层面的竞争，并且使它们学到在海外市场经营的必要技能和操作实践。同时，创业者能够对在行业集群内所出现的机会做出反应，进而考虑在海外市场中的拓展经营。同时，新创企业通过产业集群中的知识溢出能够获得新知识，集群中的风险资本投资公司所提供的资本和建议对新创企业的国际化也是至关重要的。地理区域范围内的产业集聚与新创企业的国际化存在相关性。在一个产业集群内，新创企业更有可能通过组成国际研究联盟来开展国际化，因为更高的区域集群国际联盟密度能传递强烈的信号，吸引更多的潜在国际合作伙伴。通过非正式的知识溢出效应，处于较高国际研究联盟集群中的新创企业能够识别这种合作的益处[①]。

（5）环境特征

为了更好地了解新创企业的国际化，了解企业所经营的国内和外国市场和行业特征也是非常重要的。母国市场的规模对比国际市场的潜力是天生全球企业国际化的一个重要影响因素。只拥有较小母国市场的企业更有可能寻求早期国际化战略以实现规模经济和利润。当生产能力超过母国市

---

① Fernhaber, S. A., Gilbert, B. A. and McDougall, P. P. International Entrepreneurship and Geographic Location: An Empirical Examination of New Venture Internationalization [J]. *Journal of International Business Studies*, 2008, 39 (2): 267-290.

场内部需求后天生全球企业选择对国际市场进行销售。母国市场和海外市场的竞争激烈程度对于天生全球企业的定价策略与盈利能力有非常显著的影响。因此，新创企业选择为应对竞争状况而加速国际化战略。最后，行业增长、行业中来自海外的竞争程度、行业知识密度等都会影响天生全球企业的决策与绩效。有些学者认为早期国际化决策与母国市场规模和海外市场中现有竞争对手数量呈负向影响作用。更高程度的行业增长率能够增进新海外进入者的生存率。在知识密集型行业和技术密集型行业中，新创企业的国际化过程会变得更加快速，因为企业需要通过跨国经营来协调他们的战略行为。

第二节　天生全球企业的网络能力

根据上文对天生全球企业特征以及驱动力的描述，可以发现天生全球企业的成长模式需要更多地被放在创业学研究与企业国际化研究相结合的交叉层面上来考虑，这种新创的小企业之所以能够在全球市场中加速式地拓展经营，企业的关系网络在其中发挥着至关重要的作用。事实上，关系网络的价值在创业学[1]、国际创业学[2]以及国际商务学[3]的研究中一直被强调。在天生全球企业的研究中，这类新创企业的加速式国际化经营常常可以从关系网络中的正式商业关系和非正式的社会关系所发挥的作用中寻求解释。由于天生全球企业自身内部资源的局限，它们与生俱来地倾向于依赖关系网络中的外部资源来创造并开发国际机会。学者们认为正是对企业间正式的商业关系和各种非正式的社会关系的积极利用造就了天生全球企业，帮助它们较快地通过从关系网络中获得海外市场知识和信息来试验商业创意，借此识别国际业务机会，并进而灵活配置网络资源对所识别的国际业务机会加

---

[1] Arenius, P. The Psychic Distance Postulate Revisited: From Market Selection to Speed of Market Penetration [J]. *Journal of International Entrepreneurship*, 2005, 3: 115-131.

[2] Mort, G. S. and Weerawardena, J. Networking Capability and International Entrepreneurship: How Networks Functions in Australian Born Global Firms [J]. *International Marketing Review*, 2006, 23 (5): 549-572.

[3] Johanson, J. and Vahlne, J. E. The Uppsala Internationalization Process Model Revisited: From Liability of Foreignness to Liability of Outsidership [J]. *Journal of International Business Studies*, 2009, (40): 1411-1431.

以开发利用，从而有效地提升了企业的国际创业绩效。在海外市场中，天生全球企业能够与不同的网络成员组成紧密的连接关系，如：顾客、分销商、供应商、竞争对手、公共事业部门和政府部门等（见图3-1）。

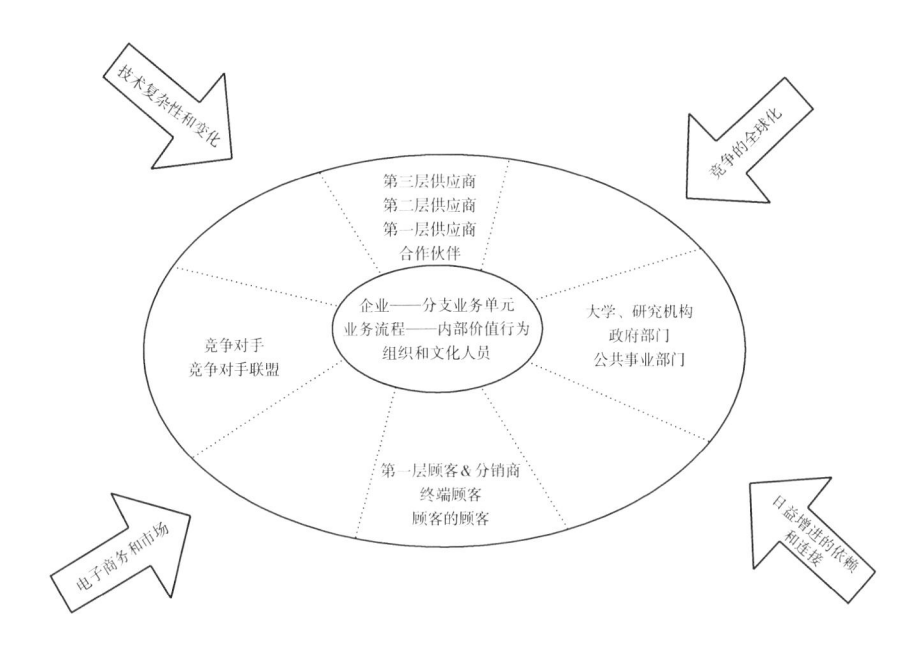

图 3-1　企业的关系网络

网络化是企业无可避免的趋势，企业可以通过相互间关系网络的连接来接近并获得资源和能力，这种通过外部渠道吸收到的资源和能力能够作用于企业的绩效，因为企业间的关系赋予了组织关系租金和竞争优势[1]。但是仅仅依靠嵌入于关系网络也许对企业来说并不足够，企业还需要一些能够运行这些关系网络的技能，管理和分析关系网络的意识和能力。因此如何管理关系网络以提高企业的效果与效率对于企业来说则显得更为关键，这种管理网络关系的能力被称为网络能力，它主要包括企业规划、发起、维护和利用关系网络来接近由其他网络成员所拥有的资源的能力[2]。早在1989年Hakansson通过实证研究就发现实际上不同企业在处理关系网

---

[1] Havila, V. and Medlin, C. J. Ending-competence in Business Closure [J]. *Industrial Marketing Management*, 2012, 41 (3): 413-420.

[2] Walter, A., Auer, M. and Ritter T. The Impact of Network Capabilities and Entrepreneurial Orientation on University Spin-off Performance [J]. *Journal of Business Venturing*, 2006, 21: 541-567.

络上就表现出了很大的在能力上的差异,有一些企业在处理关系网络上似乎非常有天赋,表现得十分稳健;而有一些企业在处理关系网络上表现得较为生疏[1]。

新创企业由于受到明显的小型化和新创者劣势束缚,它们往往只拥有非常有限的财力和其他资源可用于自身的海外市场拓展行为。并且,对于新创企业来说,组织内部资源的培育常常是一个高度耗费时间、昂贵而又艰难的过程。而通过嵌入于关系网络,新创企业能够以较低成本在较短时间内接近外部创业机会和资源,关键的信息、建议、创意,并且也能获得声誉的提高。因此,对于新创企业来说,关系网络对于克服它们因小型化和新创者而引致的脆弱性就显得价值突出。而能妥善地管理好自身关系网络的新创企业则可在企业的创立、成长和绩效提升上有更好的表现。

在1988年Johanson和Mattsson关系网络理论的基础上[2],Moller、Halinen、Ritter、Jonhson、Sohi、Mort、Weerawardena、Walter、Mitrega等学者陆续提出和发展了网络能力的概念和测量维度[3][4][5][6][7][8]。与此同时,

---

[1] Hakansson, H., Snehota, I. No Business Is an Island: The Network Concept of Business Strategy [J]. *Scandinavian Journal of Management*, 1989, 5 (3): 187-200.

[2] Johanson, J. and Mattsson, L. G. Internationalisation in Industrial Systems: A Network Approach. In N. Hood & J. E. Vahlne (Eds), *Strategies in Global Competition*, London: Croom Helm, 1988, 468-486.

[3] Moller, K., Halinen, A. Business Relationships and Networks: Managerial Challenge of Network Era [J]. *Industrial Marketing Management*, 1999, 28 (5): 413-427.

[4] Ritter, T. The Networking Company: Antecedents for Coping with Relationships and Networks Effectively [J]. *Industrial Marketing Management*, 1999, 28 (5): 467-479.

[5] Johnson, J. L. and Sohi, R. S. The Development of Inter Firm Partnering Competence: Platforms for Learning, Learning Activities, and Consequences of Learning [J]. *Journal of Business Research*, 2003, (56): 757-766.

[6] Mort, G. S. and Weerawardena, J. Networking Capability and International Entrepreneurship: How Networks Functions in Australian Born Global Firms [J]. *International Marketing Review*, 2006, 23 (5): 549-572.

[7] Walter, A., Auer, M. and Ritter T. The Impact of Network Capabilities and Entrepreneurial Orientation on University Spin-off Performance [J]. *Journal of Business Venturing*, 2006, 21: 541-567.

[8] Mitrega, M., Forkmann, S., Ramos, C. and *Henneberg*, S. C. Networking Capability in Business Relationships: Concept and Scale Development [J]. *Industrial Marketing Management*, 2012, (41): 739-751.

在战略管理学中关于企业如何去管理好个体商业关系的能力或者竞争力也被很多学者提出和进行实证测度。根据关系网络理论，企业的关系联结对其国际化经营有正向的作用，那么对关系网络进行规划、管理和发展的网络能力应该能够更好地杠杆作用于关系网络来帮助企业进一步开拓海外市场。但根据 Jones 等对近 20 年间国际创业的研究，发现网络能力仍然没有被广泛地应用于中小企业的国际化经营分析，在对天生全球企业的国际创业绩效研究中，网络能力也仍然是一个比较新颖的视角[①]。但是对天生全球企业网络能力的界定和维度划分依然可以借鉴先前学者所提出的对一般企业或者新创企业网络能力的界定和划分。

天生全球企业作为一种创业型的企业，它的网络能力应包括创业者和创业团队对于发起、管理、维护和发展与网络伙伴关系的主观构想到切实付诸行动的连续性的有意识行为和活动。创业者和创业团队首先必须具备主动在外部环境中连接各种有可能的网络伙伴的意愿和导向性认识。这种主动联结网络伙伴的意识和思维模式是后续企业在实际操作层面上开展关系管理、维护和发展行为的战略思想指导和行动指南。Mitrega 等认为具备联盟思维模式是网络能力中的核心要素，组织层面的关系构建导向是网络能力的一个重要指标[②]。

在网络导向思维模式的指导下，天生全球企业就需要进行实际操作层面的关系发起、管理、维护和发展等具体行为和活动。Ritter 等在 2003 年所提出的网络能力概念中将管理网络所必需的知识、技能、资质和执行网络任务结合在一起，认为资质是有效任务执行的资源和前提条件，而任务执行又能促进资质的进一步发展。企业的具体网络任务执行活动又可以被分为特定关系任务活动和跨关系任务活动。其中，特定关系任务活动包含了对某项特定二元关系的发起、交换和协调；跨关系任务活动则包括企业

---

① Jones, M. V., Coviello, N. and Tang, Y. K. International Entrepreneurship Research (1989—2009): A Domain Ontology and Thematic Analysis [J]. *Journal of Business Venturing*, 2011, 23 (2): 56-78.

② Mitrega, M., Forkmann, S., Ramos, C. and Henneberg, S. C. Networking Capability in Business Relationships: Concept and Scale Development [J]. *Industrial Marketing Management*, 2012, (41): 739-751.

对所有关系联结的计划、组织、人员的配置和控制[①]。而 Walter 等在 2006 年的研究中则提出网络能力是企业与各外部伙伴发起、维持和利用关系的能力,这种能力超出了仅对单个二元关系或者联盟关系进行管理的能力,更多体现为一种动态的、组织范围层面的能力,并且包括四个主要组成部分,分别是:网络协调能力、关系运作技能、伙伴知识和内部沟通交流[②]。这四个部分呈现出互相支持的态势,如:企业拥有更高程度的伙伴知识和内部交流能力能促进网络伙伴间的更好协作,而高程度的协作和关系运作技能又能增加企业的网络伙伴知识,更好的组织内部沟通和交流也会促进各种类型信息的收集从而获得更优的伙伴知识。

因此,根据上一章中对网络能力的研究综述,再加上本章第一节对天生全球企业相关理论的介绍,本书将天生全球企业网络能力这种带有明显创业色彩的网络能力划分为以下五个维度:网络愿景能力、网络构建能力、网络关系管理能力、网络占位能力和内部交流能力。

天生全球企业网络愿景能力(Network Visioning Capability)指的是企业管理团队在创造对于关系网络联结和关系网络演化上的有效观念和看法上的胜任力。这种网络愿景能力本质上是一种企业战略规划层面上的重要能力,如果缺乏这种能力,企业将在根本上无从感知关系网络嵌入价值配置行为中衍生出来的各种商业机会。网络愿景能力与组织学习构想也紧密相关,主要表现为企业系统性地从与目前和将来业务运营相关的不同网络中生成和评估信息的能力。由于关系网络本身的高度不透明性,因此关系网络知识生成对于企业来说也存在一定问题,尤其是那种深层次的知识和信息只能通过企业有强烈的网络联结意识才能生成。通过网络愿景能力企业从主观思维模式上更多地了解关系网络的结构、过程和演化路径,这对关系网络的管理是十分重要的。

天生全球企业网络构建能力(Network Building Capability)是指企业创业者或者创业团队利用各种渠道和方式主动寻求与外部环境中有潜在业务合作可能的网络伙伴建立关系联结的能力。在网络构建行为中,企业可

---

① Ritter, T., Gemünden, H. G.. Network Competence: Its Impact on Innovation Success and Its Antecedents [J]. *Journal of Business Research*, 2003, 56 (9): 745-755.

② Walter, A., Auer, M. and Ritter T. The Impact of Network Capabilities and Entrepreneurial Orientation on University Spin-off Performance [J]. *Journal of Business Venturing*, 2006, 21: 541-567.

以通过参加各种跨境贸易展览会、关注行业相关资讯和从现有合作伙伴中得到提示等多种方式识别潜在网络联结对象。在此基础上，企业对潜在合作伙伴进行参观访问，并对其透露自身信息来搭建关系。同时，企业也要对各潜在伙伴进行理性分析，比如利用数据库对可能的合作伙伴进行评估，一方面使企业拥有范围更广、异质性更高的合作伙伴组合，另一方面又要注意避免持续维持无效和冗余的关系联结。

天生全球企业网络关系管理能力（Network Relation Management Capability）主要指的是企业创业者和创业团队在具体管理单独的二元关系上所表现出的能力，这种能力在某种程度上也可以被理解为是一种"社交型能力"[1]，因为这种创业型企业的商业关系发源于个体间的交易关系，因此关系管理能力对于网络能力来说非常重要，主要包括企业与网络伙伴的沟通交流能力、外向型接洽能力、冲突和矛盾的管理能力、为网络伙伴设身处地考虑的能力、关系处理中的情绪稳定力、自我反省力、公正性和合作性等方面的能力。

天生全球企业网络占位能力（Network Positioning Capability）是指企业尽量占据更大网络范围中与更多企业能够直接进行连接的中央性位置或其他拥有尽可能多的结构洞的优势位置。结构洞的概念可以用图 3-2 表示。在图中，企业 A、B、E、G、H 和 I 都没有占据任何有结构洞的位置，而企业 C 占据了拥有 5 个结构洞的位置（分别是：企业 A 和 D 之间空洞，B 和 D 之间空洞，A 和 F 之间空洞，B 和 F 之间空洞，D 和 F 之间空洞）。企业 D 只占据了 1 个结构洞的位置（企业 C 和 E 之间空洞），企业 F 占据了 3 个结构洞的位置（企业 C 和 G 之间的空洞；企业 C 和 H 间的空洞；企业 C 和 I 间的空洞）。冯文娜 2009 年认为，通过对网络成员间的信息流动进行控制，占据更多结构洞位置的企业可以扮演网络信息交流的中间人角色，并且能够先于其他被准入获知同样信息的企业优先探明和利用市场变化的信息[2]。因此，处于网络内相对中央性位置的企业能够获得网络内其他企业的占位信息和它们知识流动方向的信息，不需要在与其他企业的

---

[1] Baron, Robert, A., and Gideon D. Markman. Beyond Social Capital: The Role of Entrepreneurs' Social Competence in Their Financial Success [J]. *Journal of Business Venturing*, 2003, 18 (1): 41-60.

[2] 冯文娜:《外部网络对中小企业成长的贡献分析——来自济南中小软件企业的证据》，《山东大学学报（哲学社会科学版）》2009 年第 5 期。

联系和沟通中借助第三方来传递信息，可以利用其有利位置直接选择将来的合作伙伴。同时，网络中央性位置也塑造了企业作为拥有强势技能和知识的合作对象的声誉，从而使其在网络中成为更有吸引力的联结对象。

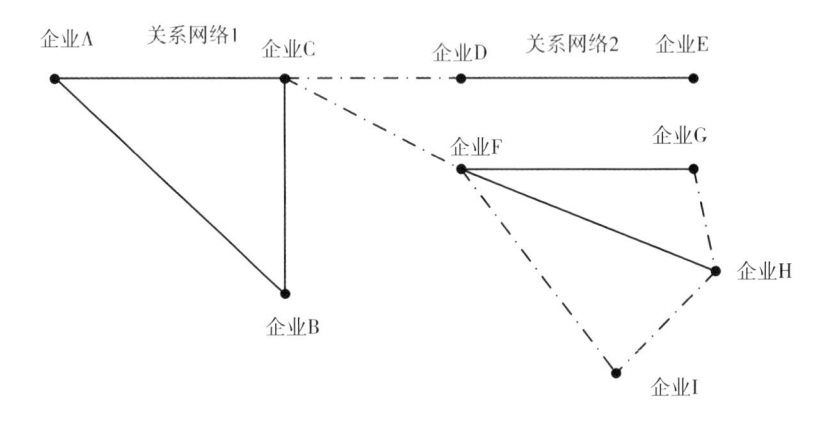

图 3-2 结构洞的概念

天生全球企业网络内部交流能力（Network Internal Communication Capability）是指企业内部网络成员之间的相互交流与配合的能力。Johnson、Sohi 和 Walter 等在他们所提出的"企业间伙伴能力"[1] 和"网络能力"[2] 中均认为企业内部成员间的交流和互相学习能够有效帮助企业将外部网络中获取的知识和信息在组织内部进行有效传播和扩散，实现组织成员交流共享和意识统一，这是构成企业网络能力中不可或缺的基石。针对市场导向的研究不断地表明内部沟通和交流对于企业保持市场灵敏度和开放性是至关重要的，同时也能增强企业在伙伴关系中的组织学习。从关系视角出发，内部沟通和交流能力是企业合作关系能力的有机组成部分，通过将网络伙伴及时更新的信息、资源和互相间达成的协议在企业内部所有相关成员和部门中进行传达和散布，能够规避一些多余的重复过程和理解误差，而且也能够提高网络伙伴间对于协同效应的感知。因此企业必须培

---

[1] Johnson, J. L. and Sohi, R. S. The Development of Inter Firm Partnering Competence: Platforms for Learning, Learning Activities, and Consequences of Learning [J]. Journal of Business Research, 2003, (56): 757-766.

[2] Walter, A., Auer, M. and Ritter T. The Impact of Network Capabilities and Entrepreneurial Orientation on University Spin-off Performance [J]. Journal of Business Venturing, 2006, 21: 541-567.

育网络内部沟通和交流能力来实现与网络伙伴的有效连接。

第三节 基于网络能力的绩效提升典型路径理论

许多学者致力于对关系网络和网络能力的相关研究，特别是它们对于企业绩效的作用路径和影响机制引起了学术界的广泛兴趣。在已有的研究中通过关系网络来探讨其对国际创业绩效影响的研究以及通过网络能力来探讨其对企业创新绩效的影响相对较多，而专门探讨网络能力作用于企业国际创业绩效的影响研究仍然相对缺乏。但无论是构建、维持和管理关系网络的网络能力还是关系网络本身，他们对企业绩效的作用路径和影响机制依然可以从战略管理学中关于企业竞争优势和绩效的几个经典理论中寻求内在机理，比较有代表性的是：资源基础观（Resource-based View，RBV）；知识基础观（Knowledge-based View，KBV）；动态能力观（Dynamic Capability View，DCV）。

一 基于资源基础观（RBV）的绩效提升路径理论

基于资源观的提升路径理论是从企业资源的角度出发来阐述企业绩效的提升路径。为什么同一个行业中的不同企业在经营绩效上差异较大呢？资源基础观（Resource-based View，RBV）是回答这个问题比较合适的研究框架。早在1984年，Rumelt就提出相同行业内部企业间的盈利差异要高于不同行业企业间的盈利差异，这就表明较之行业差异因素，企业间的资源差异因素对企业绩效的影响更为显著[1]。从企业的内部组织视角来看，资源基础观将企业视为资源的束集。经过几十年的研究，学者们认为当企业掌握了有价值、稀缺、难以模仿和嵌入组织内部的资源后，它们可以通过执行竞争对手难以复制的崭新价值创造战略来实现持续竞争优势[2]。

资源基础观的学者强调组织必须不断累积内部资源和能力，并且如果

---

[1] Rumelt, R. P. Towards a Strategic Theory of the Firm. R. B. Lamb, ed, Competitive Strategic Management [J]. PrenticeHall, *Englewood Cliffs*, N. J., 1984.

[2] Barney, J. Resource-based Theories of Competitive Advantage: A Ten-year Retrospective on the Resource-based View [J]. *Journal of Management*, 2001, 27: 643-650.

这些资源是有价值的、稀缺的、难以模仿和替代的,它们就能给企业带来竞争优势。该理论视角的根本假设还在于,认为个体企业间的竞争仍然还是一种"原子式"的竞争,企业需要更多的资源来对抗其他竞争者的威胁。然而,这种原子式的竞争观受到了当今这个基于关系网络竞争时代的挑战,现今的企业行为嵌入在更广泛的政治、经济和社会环境中,越来越多的资源实际上是存在于企业合作伙伴和它们所根植的关系网络嵌入中的。左世翔 2013 年认为,一方面中小企业的国际化发展需要取得一定的国际创业绩效,这一绩效的提升需要获取大量超越企业自身控制范围的外部资源;另一方面中小企业试图获取国际化资源就必须动用企业社会资本,因为社会资本是企业资源的重要载体。正是由于企业行为的社会嵌入性,使得企业能够获取更多的"资源"和"绩效",从而形成了"社会资本—核心资源—国际创业绩效"的作用机制[1]。

Gulati 1999 年在综合了资源观和关系网络理论的基础上提出了"网络资源"这个概念,将其界定为嵌入在企业合作伙伴或者关系网络中的外部资源,并认为网络资源会在极大程度上作用于企业的经营行为和绩效[2]。同时,他也认为关系网络本身也是一种非常宝贵的资源,能为企业提供固有的收益。网络资源是企业合作伙伴所拥有的资产,但企业可以潜在地通过其与资产所有者之间的密切关系来接近这种资产,这种观点实际上就是将合作伙伴的资源也纳入企业的自身战略分析中,是一种对传统资源基础观的延伸。网络资源存在于组织间关系中,通过杠杆作用于合作伙伴的互补性资源,企业能够寻求关系租金。Nordman 和 Tolstoy 2014 年认为,企业关系网络之所以受到了企业国际化研究者的关注,对于中小企业的国际化研究来说,内部资源观的解释力受到了极大的挑战,企业很难仅仅依靠自身内部来调配国际创业和国际市场开拓所需要的所有资源[3]。先前也有学者通过实证研究指出,如果不借助关系网络中的资源,那么很多天生全球企业或者国际新创企业根本无法事实上开展经营。所以,天生全球企业

---

[1] 左世翔:《新经济社会学视角的中小企业国际化绩效研究——基于社会资本、核心资源的中介效应》,《上海财经大学学报》2013 年第 6 期。

[2] Gulati, R. Network Location and Learning: The Influence of Network Resources and Firm Capabilities on Alliance Formation [J]. *Strategic Management Journal*, 1999, 20 (5): 397-420.

[3] Nordman, E. R. and Tolstoy, D. Does Relationship Psychic Distance Matter for the Learning Processes of Internationalizing SMEs [J]. *International Business Review*, 2014, 23 (1): 30-37.

更需要借助跨越组织边界的各种资源来帮助其开拓海外市场、获得全球竞争力。而传统的基于组织内部的资源基础观需要进一步延伸，应该将企业通过关系网络杠杆作用的外部资源也纳入资源基础观的分析中。

通过网络能力的培育，天生全球企业可以从关系网络中获得技术资源，这对企业进行产品和服务创新十分重要，并且还能引导企业在产品市场应用性仍未明晰的情况下就先于竞争对手实现关键突破。技术资源可以包括企业对关键技术和研发能力的知识，这类知识经常以专利和商标等形式出现。通过网络能力培育，天生全球企业可以从关系网络中获得市场资源，这类资源主要涵盖了企业在特定海外市场中经营所需的资源和能力[1]，比方说，企业可以从关系网络连接中掌握第一手海外市场运营中东道国消费者的产品和服务需求以及口味和偏好，从而针对特定需求和偏好开发出相应的产品和服务来开拓海外市场，提高海外销售份额。天生全球企业可以通过关系网络获得国际化经营所需的关键人力资源，如对特定海外市场拓展有经验、拥有广泛人脉并且熟练掌握外语的国际业务管理人才。另外，天生全球企业还可以通过关系网络获得声誉资源，这类资源对于天生全球企业的海外市场拓展也是至关重要的，因为它们可以提高企业吸引海外顾客的长期能力[2]，同时，海外声誉资源对于天生全球企业的加速式国际化拓展也是十分必需的。除了从关系网络中获取知识类相关的资源，天生全球企业还能凭借关系网络获取财务资源和其他有形资源，包括国际经营相关设备、生产厂房和存储仓库等。

由于天生全球企业的国际化经营较传统的 Uppsala 阶段模式表现出了一种加速式的激进拓展方式，有些天生全球企业甚至在初始进入海外市场阶段中就采用了较大规模和较高承诺式的进入方式（如成立海外合资企业，或成立海外全资子公司等），这就意味着资源对于这类企业的国际业务开展和演进是极其必要的。通过对关系网络和相关可信度的利用，天生全球企业更易准入交易关系来获取这些网络资源，从而能够帮助企业实现更好的成长和国际绩效的提升。

---

[1] Yipeng Liu. Born Global Firms' Growth and Collaborative Entry Mode: The Role of Transnational Entrepreneurs [J]. *International Marketing Review*, 2017, 34 (1): 46-67.

[2] Trudgen, R. and Freeman, S. Measuring the Performance of Born-global Firms Throughout Their Development Process: The Roles of Initial Market Selection and Internationalisation Speed [J]. *Management International Review*, 2014, 54 (4): 551-579.

在资源基础观理论的指导下，组织对网络能力的加强能够帮助天生全球企业更好地从关系网络中获得国际市场开拓和绩效提升的各种所需资源。网络能力和关系网络本身也可以被理解为是一种能够助推企业国际市场开拓和国际创业绩效提升的关键资源。

因此，本书认为：网络能力对天生全球企业的国际创业绩效有正向影响作用。

二 基于知识基础观（KBV）的绩效提升路径理论

知识基础观（KBV）本质上是资源基础观（RBV）的一种延伸，Grant1996 年认为知识对于企业来说是一种较有形资源更为重要的战略资源，组织在某种程度上可以被视为一种知识的存储形式[1]。在原来资源基础观的基础上，知识基础观更着重强调无形资源的重要作用，认为企业主要是依靠以知识和信息为代表的无形资源来构建竞争优势，只有不断更新知识资源才能驱动企业持续地成长和发展。在企业的国际化经营中，Kylaheiko 等学者认为知识不仅对于成熟的大型跨国公司非常重要，对于中小企业以及天生全球企业的国际创业绩效来说更为重要[2]。在天生全球企业和国际创业的研究中更强调海外市场知识对于企业加速式国际化经营的重要作用。李卫宁和赵尚科认为，中小企业关于海外市场的各种经验知识就是企业积累的无形资源储备，有着宝贵的不可模仿、不可替代性，也使得这些企业更容易取得国际化的成功[3]。知识作为企业国际化进程中的重要要素，在推动企业国际化进程，促进企业国际化成功中起着重要作用[4][5]。企业的国际化经营可以被理解为是一个知识不断被企业吸收和创造的演进

---

[1] Grant, R. M. Toward a Knowledge-based Theory of the Firm [J]. *Strategic Management Journal*, 1996, 17: 109-122.

[2] Kylaheiko, K., Jantunen, A., et al., Innovation and Internationalization as Growth Strategies: The Role of Technological Capabilities and Appropriability [J]. *International Business Review*, 2011, 20 (5): 508-520.

[3] 李卫宁、赵尚科：《创业导向与国际化绩效：基于国外市场知识的中介效应研究》，《管理学报》2010 年第 8 期。

[4] 范钧、王进伟：《网络能力、隐性知识获取与新创企业成长绩效》，《科学学研究》2011 年第 9 期。

[5] 王艺霖、王益民：《知识资产对国际化绩效影响的实证研究——基于国际双元视角》，《山东大学学报（哲学社会科学版）》2016 年第 2 期。

过程。因此，知识对于企业的海外市场拓展和国际创业绩效的提升起到十分关键的作用[1]。海外市场知识可以被认为是企业能够在国际经营活动中应用的相关信息、知识和技能。Eriksson 等在 2000 年的研究中将海外市场知识划分为海外业务性知识（如对特定海外市场中顾客、竞争者以及市场状况的了解）；海外制度性知识（如对海外特定国家政府政策、规则和规范的了解）和国际化知识（企业对如何管理市场知识以及将其转化为特定行为的了解）[2]。这些知识对于中小企业在国际市场中的经营至关重要，它们可以帮助企业尽可能地克服外来者劣势（比如对特定海外市场经营环境和状况的陌生）[3]；新来者劣势（如缺乏在特定海外市场经营中的合法性）。对海外市场知识的获取能够使天生全球企业在财务和人力资源有限的情况下，突破自身的小规模而成功进入海外市场。

对于自身资源非常有限的天生全球企业来说，它们更加依靠社会和商业关系网络，从企业间的合作伙伴关系中获得对海外市场知识和信息的了解[4]。关系网络理论视角的根本假设就是企业能够接近和获取网络中其他企业所控制的资源，当然也包括至关重要的知识资源来实现企业自身的成长和海外市场的拓展。早在 1994 年 Oviatt 和 McDougall 发表的关于天生全球企业具有奠基意义的论文中便指出该类企业无法通过自身完全拥有的方式来控制海外市场拓展所需的足够资源[5]。通过知识基础观的分析，可以进一步明确嵌入在企业关系网络中组织资源的重要作用和价值。

对于天生全球企业这类新创企业来说，高层管理团队可以充当企业国际知识的重要内部来源。但更为重要的是，由于受到固有的自身资源和能

---

[1] Prange, C., Verdier, S. Dynamic Capabilities, Internationalization Processes and Performance [J]. Journal of World Busienss, 2011, 46 (1): 126-133.

[2] Eriksson, K., Majkgard, A. and Sharma, D. D. Path Dependence and Knowledge Development in the Internationalization Process [J]. Management International Review, 2000, 40 (4): 307-328.

[3] 陈怀超、范建红:《制度距离、中国跨国公司进入战略与国际化绩效：基于组织合法性视角》,《南开经济研究》2014 年第 2 期。

[4] Freeman, S., Edwards, R. and Schroder, B. How Smaller Born-global Firms Use Networks and Alliances to Overcome Constraints to Rapid Internationalization [J]. Journal of International Marketing, 2006, 14: 33-63.

[5] Oviatt, B. M. and McDougall, P. P. Toward A Theory of International New Ventures [J]. Journal of International Business Studies, 1994, (25) 1: 45-64.

力局限的束缚，依靠组织外部渠道来获得海外市场知识在企业的实际经营中发挥着更为重要的作用。国际市场环境持续快速变化，并不断给企业带来竞争压力，虽然通过天生全球企业创业团队的先前经验来获得国际知识对于企业来说很有益处，但这种方式也常常会由于企业成员的先前经验变得过时和现有处境相关性减弱而呈现边际效益递减。不同于成熟的大型跨国企业，天生全球企业由于创立时间短暂，也缺乏从过去企业国际经营的历史中获取足量海外市场知识的条件，而且天生全球企业也没有能力投入大量的时间和资源来系统性地对国际市场进行调研。因此，像天生全球企业这类新创企业更多地需要通过与其他组织间的正式商业合作伙伴关系或者非正式社交连接来克服这种障碍。比方说，企业的战略合作伙伴能为其提供资金、技术和其他包含隐性知识的企业特定资产；而非正式的社交连接也能为企业提供宝贵的海外市场渠道和顾客需求等信息。通过这种海外市场知识的吸收和获取，天生全球企业就能扩充其对特定海外市场的知识存量。Trudgen等2014年发现很多小型的天生全球企业在自身有限的竞争力制约下，却可以通过和关系网络伙伴组建战略联盟，充分利用合作伙伴的市场营销能力和海外东道国知识成功拓展国际市场。因此，关系网络可以被认为是天生全球企业海外市场拓展所需知识的重要来源，随着网络内合作伙伴长时间的往来与互动，还能进一步促成相互间知识的交换和新的知识的发展[1]。根据经典的Uppsala模型的观点，企业对于海外市场的知识是其国际销售增长和绩效提升的重要决定因素，而知识经济时代和全球化的竞争环境也进一步强调企业经营的成功需要建立在组织对以知识为代表的无形资产进行有效的积累、整合和更新从而获得熊彼特租金的基础上。Musteen等认为，海外市场知识的积累、发展和转换是企业国际化经营战略管理中的核心环节，海外市场知识的存量和相关学习过程在很大程度上影响企业的国际创业绩效[2]。

因此，本书认为天生全球企业通过自身网络能力的培育能够使企业更

---

[1] Trudgen, R. and Freeman, S. Measuring the Performance of Born-global Firms Throughout Their Development Process: The Roles of Initial Market Selection and Internationalisation Speed [J]. *Management International Review*, 2014, 54 (4): 551-579.

[2] Musteen, M., Datta, D. K. and Butts, M. M. Do International Networks and Foreign Market Knowledge Facilitate SME Internationalization? Evidence from the Czech Republic [J]. *Entrepreneurship Theory and Practice*, 2014, 38 (4): 749-774.

好地接近和获取关系网络中的海外市场知识资源（主要包括：海外业务性知识；海外制度性知识和国际化知识），从而提高企业的国际创业绩效。

知识基础观对于天生全球企业通过关系网络识别国际业务机会，并进而对所识别的国际机会加以开发和利用，也具有非常重要的指导作用。天生全球企业本身属于国际创业范畴中的一类典型代表，在国际创业的研究中，机会仍然是最为核心的构成因素。不同于一般的创业学研究，在国际创业中的机会往往指的是国际商业经营和业务的机会，即简称为国际业务机会。从机会的角度来看，国际创业是一个发现、设定、评估和利用跨越国界的商机以创造未来的商品和服务的过程。国际机会可以被定义为发现、设定、评估和利用国际创业机会以创造价值的过程组合或序列及其实质性资源的投入。因此，国际机会可以分为国际机会识别和国际机会开发两个最主要的维度，国际机会识别是指收集蕴含国际创业机会的信息，并使用创造性思维进行解读的过程组合或序列；国际机会开发是指动用多国资源并对特定或多个国际市场进行资源部署的过程组合或序列。而对机会的识别和开发是任何创业活动中的两个中心任务[1]。

在传统的创业学研究中，大部分学者认为知识和信息在创业机会的识别中起着十分关键的作用。[2][3][4] 早在1996年，Fiet在他的基于信息的创业发现模型中就提出对相关和特定知识的吸收是机会发现的前提条件，之后Shane在吸收了奥地利经济学派研究成果基础上认为，机会的识别实际上是知识和信息在社会中分布的一个功能[5]。这些观点与Kirzner 1997年的研究成果较为一致，他认为机会并不是对所有个体来说都是显而易见

---

[1] Mathews, J. A. and Zander, I. The International Entrepreneurial Dynamics of Accelerated Internationalization [J]. Journal of International Business Studies, 2007 38 (1): 387-403.

[2] Kirzner, I. M. Competition and Entrepreneurship [M]. Chicago: University of Chicago Press, 1973.

[3] Shane, S., Venkataraman, S. The Promise of Entrepreneurship as a Field of Research [J]. Academy of Management Review, 2000, 25 (1): 217-226.

[4] Ozgen, E., Baron, R. Social Sources of Information in Opportunity Recognition: Effects of Mentors, Industry Networks, and Professional Forums [J]. Journal of Business Venturing, 2007, (22): 174-192.

[5] Shane, S., Venkataraman, S. The Promise of Entrepreneurship as a Field of Research [J]. Academy of Management Review, 2000, 25 (1): 217-226.

的，异质性知识是企业创业型机会识别的关键驱动力[1]。奥地利学派认为创业研究不应建立在均衡市场的假设上，而必须解释清楚市场是如何从不均衡的初始状态发展至均衡状态实现的这个过程。市场的非均衡性赋予了创业者发现存在于市场中的不平衡相关因素的可能性，从而为创业者提供了获取由不平衡性而产生经济租金的可行性。由于外部环境变化、信息不对称性和个体观念各异总是会引发客观机会存在和出现的可能[2]。外部环境变化指的是由于政府的行为、人口统计特征或者技术发展更新所引发的市场变化；信息不对称指的是每个人不可能在相同时间获得相同信息的假设；而个体观念各异指的是一个在某人看来是获利商机的机会在其他人看来可能并不是。因此，Kirzner认为对机会的识别是一种发现观（Discovery），即机会是客观存在的，但关于生产什么、以何种生产方式以及这些生产方式如何整合等知识则散布于经济社会的各成员中，其中每个成员可能拥有某些特定知识，但又无法拥有全部的知识，而那些恰巧拥有关于尚未被满足的消费者需求、生产方式等知识的成员，或者能够通过适当方式（比如关系网络）获得这些知识的成员就能发现环境中这些客观存在的机会，进而对机会加以开发而套利。即机会存在于针对现有市场和潜在市场的开发，主要是由于供给或者需求因素相关信息的不完善而出现的盈利可能性[3]。

熊彼特派对机会的识别是一种机会创造观点，他们强调创业者是通过创造新的知识组合而成为机会的创造者，而这种创新反过来又会对市场有一种平衡打破作用，因此它们颠覆了既有的方法—目的手段。机会创造观的逻辑是创业者活动在机会的创造中发挥着中心作用，因此，George等认为仅仅是对环境的扫描和搜寻对于机会创造来说不具有重要的意义，因为机会并非处于等待被发现的状态，它们需要由创业者来主观创造[4]。知识

---

[1] Kirzner, I. M. *Competition and Entrepreneurship* [M]. Chicago: University of Chicago Press, 1973.

[2] Mathews, J. A. and Zander, I. The International Entrepreneurial Dynamics of Accelerated Internationalization [J]. *Journal of International Business Studies*, 2007 38 (1): 387-403.

[3] Arentz, J., Sautet, F. and Storr, V. Prior-knowledge and Opportunity Identification [J]. *Small Business Economics*, 2013, 41 (2): 461-478.

[4] George, N. M., Parida, V., Lahti, T. and Wincent, J. A Systematic Literature Review of Entrepreneurial Opportunity Recognition: Insights on Influencing factors [J]. *International Entrepreneurship and Management Journal*, 2014, 12 (2): 1-42.

发展过程与对机会的承诺过程紧密相连,这个过程可能发生在双边或多边情景下,即两个或多个企业通过互动来创造性地发展机会。因此,当创业者学习其商业伙伴需求、能力、市场和网络时,关系网络内的知识便能进一步发展,从而创造性地促进国际业务机会的识别和发展。

在这两个意见相左派别的基础上,DeTienne等则认为机会发现和机会创造两派观点并非完全无法融合,他们认为这两派观点应该可以互为补充,所以机会的识别应该是机会发现(Discovery)和机会创造(Creation)的综合,识别的对象既包括已经存在于环境中的机会,也包括被创业者所创造的机会[①]。Vaghely和Julien还发现,在机会识别中,创业者对市场环境中的信息存在两种在本质上有所差异的信息处理方式,即算法式信息处理(主要是通过利用既有公式来计算)和启发式信息处理方式(主要是通过不断地试错方式推算),创业者如果对所接触到的信息能够灵活性地运用以上两种处理方式,那么便可以在机会识别过程中兼顾客观机会发现和新颖性机会创造[②]。

虽然,以上三个关于机会识别的观点各有差异,但有一个共同点是企业如果能获得更多的相关市场的异质性知识和信息,则能提高其识别市场中商业机会的概率和可能性。苏晓艳认为企业先前所拥有的三类知识对其识别机会特别重要,它们是:先前的市场知识、先前关于服务市场方式的知识和先前关于顾客方面的知识。国际市场知识越丰富的企业,就越会积极主动地从国际市场上寻找商业机会[③]。因此,天生全球企业如果拥有更多的关于海外市场的异质性知识和信息,它们一方面可以极大地通过这些异质性知识和信息来提高其识别海外市场中的现实存在,但在之前因为缺乏相关知识而未察觉到客观机会的概率。另一方面,这些异质性的外部知识和信息由于在不同企业间的相互流通和交换,从而使得原先并不连接的资源能够以一种新颖和独特的方式进行协同整合,当不同组织间开展密切的互动交流,它们就能发现对现有知识的新的应用方式,或者创造对现有知识新的整

---

① DeTienne, D. R., Chandler, G. N. The Role of Gender in Opportunity Identification [J]. *Entrepreneurship Theory and Practice*, 2007, 31 (3): 365-386.

② Vaghely, P. Julien. Are Opportunities Recognized or Constructed? An Information Perspective on Entrepreneurial Opportunity Identification [J]. *Journal of Business Venturing*, 2010 (25): 73-86.

③ 苏晓艳:《社会资本结构与企业天生全球化——基于创业导向的调节效应》,《华东经济管理》2013年第5期。

合方式，而这种新知识创造也会提高企业创造性地发现机会的可能。

而正如前文所述，关系网络能够使企业接近和获取更多的外部知识和信息，并尽可能接触到更高质量、更具相关性和更有时效性的信息。尽管企业已有的经验也是其国际化经营的重要知识来源，但它并不是唯一来源。企业完全可以通过杠杆作用关系网络来获得更多异质性的新知识。特别是对于自身经验有限的小企业来说，通过外部关系网络来获得新的知识和信息是更加重要的渠道，这些知识和信息在企业对机会的识别和开发中发挥着不可估量的作用[1]。所以天生全球企业能够利用关系网络来获取海外市场的各种信息，从而提高自身对国际机会识别和开发的可能性。

天生全球企业通过对网络能力的加强，能够扩大自身与关系网络中其他组织的联系，而一个有着更大规模和多样性的社会及商业关系网络的企业能够接触到更多的异质性信息和商业创意，从而较其他企业更容易识别商业机会。Hills 等学者早在 1997 年就认为一个有着更大网络规模的创业企业比不依靠关系网络的单独创业者能够识别更多的机会[2]。特别是企业与更多的组织建立联系后，它的弱关系将进一步地扩大，这就能够有效地解决"创意"问题，即企业与有限的网络成员有强关系，但并没有和网络中不同的"知识池"建立连接，从而导致无法产生好的商业创意。虽然既有的关系网络成员互相间能够共享隐性信息，但因为多样性信息的缺失会导致认知上的锁定效应从而无法识别其他潜在的机会。Singh 等在对弱关系数量的影响研究中发现，关系网络的规模与创业者所识别的创意数量和创业机会数量呈正相关关系[3]。与商业伙伴的正式关系和与其他成员间的非正式关系都可以成为国际机会识别和开发的重要知识来源[4]。

---

[1] Foss, N. J., Lyngsie, Jacob. The Role of External Knowledge Sources and Organizational Design in the Process of Opportunity Exploitation [J]. *Strategic Management Journal*, 2013, 34 (12): 1453-1471.

[2] Hills, G. E., G. T. Lumpkin and R. Singh. Opportunity Recognition: Perceptions and Behaviors of Entrepreneurs [J]. *Frontiers of Entrepreneurship Research*, Babson Park, MA: Babson College, 1997: 168-182.

[3] Singh, R. P. A Comment on Developing the Field of Entrepreneurship Through the Study of Opportunity Recognition and Exploitation [J]. *Academy of Management Review*, 2001, 26 (1): 10-12.

[4] De Jong, J. P. J. and Marsili, O. The Distribution of Schumpeterian and Kirznerian Opportunities [J]. *Small Business Economics*, 2015, 44 (1): 19-35.

天生全球企业通过对网络能力的加强，也能够更好地和网络合作伙伴发展强关系，强关系倾向于在网络成员间发展共有的规范和愿望，促进成员间更加复杂的知识交换与转移。而高质量的信息转换则让信息接收企业更有可能发展出新的特定知识的整合，从而有利于创造出新的机会。网络能力的培育也能使企业与重要的合作伙伴建立信任和互惠的良好关系，而信任和互惠又能进一步提升网络成员相互间共享隐性和敏感知识的意愿和动力，因为这种基于信任的知识共享使企业免除对合作方采取机会主义行为潜在威胁的担忧。另外，这种强关系还能为企业提供早期市场预警，提前关于政府政策调整的通知，从而使企业能够尽早地识别出由于政府政策改变而产生的机会，或者为特定环境的改变提前做好计划和准备（如：推出新的产品设计和说明、对现有营销策略进行转变等），这样也可以使企业在国际市场中经营的破产风险能够得到减弱。

一方面，天生全球企业通过提高占据关系网络有利位置或者有更多结构洞位置的意识和可能性，他们与网络中其他合作伙伴的联结通道就能够变得更加便捷，这将十分有益于伙伴成员之间的互动交往。另一方面，更多结构洞的获得也能使企业成为网络内其他企业间知识和信息互换的重要媒介和第三方引荐主体，从而比其他企业拥有更强的从关系网络中获得知识和信息的能力。另外，在掌握多样化信息通道来源的基础上，企业可以有效地进行相互间的比较和衡量，从而不误判信息，更为精准地识别和开发国际机会。

天生全球企业通过对网络能力的加强，能进一步改善和优化组织网络内部成员之间的交流和沟通，及时、有效地化解组织内部冲突问题，打通知识在内部流动的通道能力，从而有利于知识在组织内部的扩散和整合，帮助减轻信息共享的障碍并提高吸收转化的效率。而这也能促进天生全球企业发现和创造性地构造出海外市场拓展的机会，并加以开发和利用。

因此，天生全球企业的网络能力对企业的国际机会识别和国际机会开发能够产生正向影响作用。拥有更强网络能力的天生全球企业能够从关系网络中获得更多、更高质量的海外市场知识和信息，从而帮助企业更好地识别国际机会并对国际机会加以开发和利用。

三 基于动态能力观（DCV）的绩效提升路径理论

在资源基础观理论之后，Teece 等学者在 1997 年提出了动态能力观

（Dynamic-capability View，DCV）来进一步解释为什么一些企业在动态市场中能够比其他企业更成功地建立竞争优势，他们建议企业应该培育、整合和重新配置自身的内部和外部资源来适应动态的外部环境。并将这种动态能力界定为"企业构建、整合和重新配置内部和外部能力来应对快速变化环境的能力"[1]。由于有价值、稀缺、不可模仿和嵌入组织内部资源本身的特点，动态能力能够有效地从这些资源中提炼出竞争力组合从而能够提升企业绩效。比方说，企业能够从加强自身与合作联盟学习的能力中开发出创新性的技术从而提升企业绩效。类似的，企业也可以在对特定专有知识和信息的整合基础上通过开发出崭新的、有竞争力的产品来获得较大的回报。企业通过加强与其合作联盟伙伴的管理能够学习到知识和重新配置资源进而能够提高企业绩效。企业从合作联盟伙伴学习到的吸收能力能够提高企业绩效。应用动态能力观进行分析可以更好地了解天生全球企业的本质，以及它们为什么能够加速地在动态全球市场中开拓经营。从动态能力视角切入分析，本研究发现天生全球企业与生俱来的国际创业特质——对国际机会的识别和对国际机会的开发在本质上就是由动态战略能力发展而来的[2][3]。另外，根据Teece在2014年的观点，动态能力可以被划分为三类主要行为：(1) 识别和评估环境中出现的机会（即感知行为）；(2) 调配资源直面所识别的机会，捕获机会中的价值（即捕获行为）；(3) 不断地更新行为（即转换行为）[4]。动态能力假定企业需要开发新的能力来识别机会和对所识别的机会迅速做出反应。根据这个解释，我们可以发现天生全球企业的国际机会识别和国际机会开发本身就属于动态能力范畴，或者说它们就是两类十分重要的企业动态能力。

在资源基础观上学者们提出的动态能力观是对企业在动态环境下应

---

[1] Teece, D. J., Pisano, G. and Shuen, A. Dynamic Capabilities and Strategic Management [J]. *Strategic Management Journal*, 1997, 18: 509-533.

[2] Jiao, H., I. Alon, C. K. Koo, and Y. C. J. Eng. When Should Organizational Change Be Implemented? The Moderating Effect of Environmental Dynamism Between Dynamic Capabilities and New Venture Performance [J]. *Journal of Engineering and Technology Management*, 2013, 30 (2): 188-205.

[3] 马鸿佳、侯美玲、宋春华、葛宝山：《创业战略态势、国际学习与国际创业绩效的关系研究》，《科学学研究》2015年第8期。

[4] Teece, D. J. A Dynamic Capabilities-based Entrepreneurial Theory of the Multinational Enterprise [J]. *Journal of International Business Studies*, 2014, 45 (1): 8-37.

对挑战的资源基础观的延伸,相较于资源基础观,动态能力更适用于分析天生全球企业在面对激烈竞争并且快速动态变化的国际市场挑战下的企业国际创业绩效影响分析。在动态环境中,虽然企业自身拥有和依靠关系网络所能获取的有形和无形资源依然能够为企业带来竞争优势和绩效的提升,但高度不确定和快速变化的动态环境会在很大程度上削弱这种资源基础观的有效性。换言之,只是凭借对组织内部资源和从外部渠道获得资源的单纯拥有并不足以帮助企业牢牢锁定竞争优势了。蔡莉等2011年提出将来在关系网络研究方面将从静态地探讨企业从关系网络中寻求互补资源演化到动态的网络资源识别、将其与组织内部资源高效整合,最终充分利用的研究上来[1]。企业需要发展出更高层次的能力来维持竞争优势,只有能力可以更稳妥地确保企业将这些资源转换为竞争优势,从而使企业实现更优的绩效,因为这种能力是与嵌入在组织内部的隐性知识密切结合在一起的,而很难被其他企业所模仿和转移。比如,海外市场知识,包括海外业务知识。海外制度知识和国际化知识对天生全球企业开展国际业务是非常重要的,有助于企业更好地开拓海外市场。然而,比海外市场知识本身更为重要的是获得这些知识、识别其中所蕴藏的价值和机会,并加以有效吸收利用的动态能力才能够更稳妥和更有针对性地帮助企业在快速变化和充满不确定性的国际市场中获取竞争优势和提高绩效[2][3]。国际化企业面临着激烈的国际竞争环境、日新月异的技术变革以及不完善的国际市场。因此,王增涛等认为企业要适应国际市场并获取成功,不仅要有足够的资源和能力,还需具备对资源和能力进行整合和重构的能力[4]。在本研究中,天生全球企业的这种动态能力就体现为国际业务

---

[1] 蔡莉、单标安、朱秀梅、王倩:《创业研究回顾与资源视角下的研究框架构建——基于扎根思想的编码与提炼》,《管理世界》2011年第12期。

[2] Jiao, H., I. Alon, C. K. Koo, and Y. C. J. Eng. When Should Organizational Change Be Implemented? The Moderating Effect of Environmental Dynamism Between Dynamic Capabilities and New Venture Performance [J]. Journal of Engineering and Technology Management, 2013, 30 (2): 188–205.

[3] Tzokas Nikolaos, Kim Y. Ah, et al. Absorptive Capacity and Performance: The Role of Customer Relationship and Technological Capabilities in High-tech SMEs [J]. Industrial Marketing Management, 2015, 47: 134–142.

[4] 王增涛、张宇婷、蒋敏:《关系网络、动态能力与中小企业国际化绩效研究》,《科技进步与对策》2016年第2期。

机会识别和国际业务开发。

对于天生全球企业,这种通过在激烈全球竞争和不断变化环境中谋求加速式海外市场拓展的企业来说,动态能力显得尤其关键,企业的成功并不单纯依靠企业内部所拥有的和能够从合作伙伴方获得的资源,而是更加依赖于动态的对国际市场商业机会的发现和识别能力、有效整合和重新配置企业内外部资源及时开发国际市场中出现的商业机会[①]。

在现有的研究中,关系网络和动态能力被越来越多学者使用作为分析企业国际化过程的重要研究视角。比方说,Prange 和 Verdier 就研究了动态能力和企业国际化过程之间的关系,借助 March 1991 年所提出的利用和开发"双元"能力来分析它们对渐进国际化和加速式国际化的影响,并指出这种动态的双元能力对企业的国际创业绩效有正向影响作用[②]。Lichtenthaler 等使用吸收能力来表示企业通过渐进的探索式、转换式和利用式学习来获得和利用外部知识的能力,并认为这种动态的吸收能力能有效地提升企业的国际创业绩效[③]。在天生全球企业的研究中,很多学者指出创业团队的国际视野、经历和创业导向等是天生全球企业出现的原因,但对企业通过国际机会识别和国际机会开发来解释天生全球企业创建、发展以及国际创业绩效提升的机理研究需要进一步加强。天生全球企业实际上就是创业者为了利用已发现的跨国界创业机会而设立的一种企业组织,属于国际创业的一种典型代表。因此,国际机会识别和开发作为国际创业中的核心要素,必定是天生全球企业产生和影响其国际创业绩效中最直接和最关键的因素,天生全球企业国际创业绩效影响的路径研究应该更多地聚焦于国际机会的识别和开发。在已有的研究中,也有一些学者专门指出了天生全球企业包含国际机会识别和国际机会开发的国际创业能力对企业国际创业绩效产生积极的正向影响。因为国际创业能力能够帮助天生全球企业减小小型化劣势、局外人劣势和新创企业劣势,使它们更容易应对国际

---

① Swoboda, B., and E. Olejnik. Linking Processes and Dynamic Capabilities of International SMEs: The Mediating Effect of International Entrepreneurial Orientation [J]. *Journal of Small Business Management*, 2016, 54 (1): 139-161.

② Prange, C., Verdier, S. Dynamic Capabilities, Internationalization Processes and Performance [J]. *Journal of World Busienss*, 2011, 46 (1): 126-133.

③ Lichtenthaler U., Lichtenthaler, E. A Capability-based Framework for Open Innovation: Complementing Absorptive Capacity [J]. *Journal of Management studies*, 2009, 46 (8): 1315-1338.

市场的复杂性和不确定性。

　　拥有很强国际机会识别的天生全球企业更能够识别多个东道国的市场机会、技术机会、政策机会和资源机会，从而将这些东道国视为海外目标市场，通过将现有市场的进入模式复制到这些国际目标市场，从而实现套利租金的捕获。而这种套利型海外目标市场范围的扩大对天生全球企业的财务绩效和市场绩效都会产生正向的促进作用。谢觉萍和王云峰 2017 年分析了创业者如何认识潜在的机会，通过创业机会识别的结果考察创业绩效，并利用问卷调研数据进行实证分析进而验证了创业机会识别对绩效的正向作用[1]。另外天生全球企业还能通过在与合作伙伴紧密互动中对海外市场信息加以创新性的解构和整合，从而创造性地识别东道国存在的更高质量的创业机会，除了采用出口模式外，还可以选择合资、并购或新建海外全资子公司等更高承诺的国际创业模式。进而从长远发展来看有利于天生全球企业国际市场绩效和国际化战略绩效的提升。

　　一方面，国际机会开发能力强，在识别国际业务机会后，天生全球企业就可以根据开发海外市场机会所需的各种生产要素迅捷和针对性地匹配组织内外部资源，实现对海外市场的开发承诺。无论面对心理距离较远的海外市场还是心理距离较近的海外市场，天生全球企业都可以对从中出现的商机以相对低承诺的进入方式加以利用，获得风险较小和收益有保障的国际化财务绩效。另一方面，天生全球企业通过采用高承诺的海外市场进入方式，获得生产制造的规模经济或者升级开发出更高技术含量的产品，摆脱东道国出口配额和关税等限制，获得长期范围内的国际市场运营绩效和战略绩效。

　　因此，本书认为这种包含了国际机会识别和国际机会开发的动态能力对于天生全球企业的国际创业绩效有着显著的提升作用。

　　在以往的研究中，大部分学者都认为动态能力能够提升企业的竞争优势，并且认为在资源获取正向提升企业的经营绩效的作用机制中，动态能力还在其中发挥着重要的中介作用[2]。陈小玲 2014 年聚焦于关系网络嵌入中的母国网络嵌入对中国企业国际化经营以及绩效提升的研究，经过规范

---

[1] 谢觉萍、王云峰：《创业机会识别对创业绩效影响的实证研究》，《技术经济与管理研究》2017 年第 3 期。

[2] Lew, Y. K., Sinkovics, R. R., Kuivalainen Olli. Upstream Internationalization Process: Roles of Social Capital in Creating Exploratory Capability and Market Performance [J]. *International Business Review*, 2013, 22 (6): 1101-1120.

的实证研究发现，开展国际化的中国企业一方面与母国本土企业进行广泛联结，另一方面还和在母国市场经营的外国企业构建了很多关系联结，而在这些本土企业与外资企业网络嵌入正向作用于企业的国际创业绩效中，动态能力在其中发挥着关键的中介作用[1]。根据这个逻辑，并且结合上文中所提出的网络能力在资源基础观和知识基础观框架下能够通过从关系网络中获取有形资源和无形资源来提升企业国际创业绩效这一已有假设，本书进一步认为：国际机会识别和国际机会开发是天生全球企业的两种关键动态能力，它们在网络能力作用于企业国际创业绩效的机制中发挥着重要的中介作用。

第四节　理论路径模型构建

根据资源基础观的绩效提升路径分析，本研究认为：网络能力能为天生全球企业的海外市场拓展提供各种所需的资源，并且网络能力本身也可以被理解为是一种天生全球企业国际市场开拓中的高阶资源和能力，从而对企业的国际创业绩效有正向影响作用。根据知识基础观的绩效提升路径分析，本研究认为：天生全球企业通过对自身网络能力的加强使企业更好地接近和获取关系网络中的海外市场知识（主要包括：海外业务知识、海外制度知识和国际化知识），从而能够提高企业的国际创业绩效。进一步地，在结合知识基础观和创业理论中关于机会识别和开发相关理论分析的基础上，本研究认为：天生全球企业的网络能力对企业的国际机会识别和国际机会开发能够产生正向影响作用，拥有更强网络能力的天生全球企业能够从关系网络中获得更多、更高质量的海外市场知识和信息，从而帮助企业更好地识别国际机会并对国际机会加以开发和利用。根据动态能力观的绩效提升路径分析，本研究认为：国际机会识别和国际机会开发是天生全球企业的两种关键动态能力，它们对天生全球企业的国际创业绩效有正向作用。同时，以国际机会识别和国际机会开发为表现形式的天生全球企业动态能力在网络能力影响企业国际创业绩效的作用路径中起到重要的中介作用。

因此，在整合基于关系网络理论、资源基础观理论、知识基础观理论

---

[1] 陈小玲：《母国网络与企业国际化绩效：来自中国的经验证据》，博士学位论文，浙江大学，2014年。

和动态能力观理论所得出的各项研究假设后，本书提出了如下的天生全球企业网络能力对企业国际创业绩效的影响路径模型（见图3-3）。

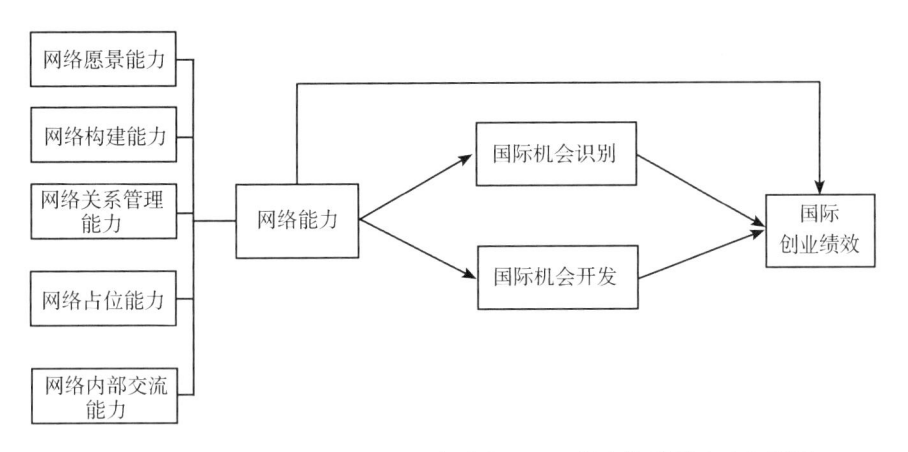

图 3-3　基于网络能力的天生全球企业国际创业绩效影响路径模型

第五节　本章小结

本章在第二章相关理论溯源和文献综述的基础上，较为详细地论述了本书的研究对象——天生全球企业的内涵，包括：天生全球企业不同界定方法的陈述和互相间的对比；天生全球企业的特殊性，其中有一般中小企业国际化和天生全球企业的差异，对天生全球企业是否是独特类型企业的探讨；天生全球企业的特征和驱动因素。根据天生全球企业的特点，本书认为关系网络在天生全球企业的国际拓展中发挥着至关重要的作用。构建、管理和维护关系网络的企业网络能力必定对天生全球企业的海外市场拓展和国际创业绩效的提升有着积极的作用。为了更深入地探究天生全球企业的网络能力，本书将其划分五种维度的能力：网络愿景能力、网络构建能力、网络关系管理能力、网络占位能力和网络内部交流能力。通过整合关系网络理论、资源基础观理论、知识基础观理论和动态能力观理论，本书提出天生全球企业网络能力能够正向作用于企业的国际创业绩效；天生全球企业网络能力对企业的国际机会识别和国际机会开发有明显的正向提升作用；国际机会识别和国际机会开发作为两种关键的动态能力能够显著提升企业的国际创业绩效，并且国际机会识别和国际机会开发在天生全球企业网络能力作用于企业的国际创业绩效中发挥着重要的中介作用。

第四章

天生全球企业网络能力对国际创业绩效的影响分析

在第三章根据关系网络理论和战略管理理论所推理构建出的网络能力对于天生全球企业国际创业绩效影响概念模型的基础上,本章主要通过对理论模型中各个具体主要组成变量进行详细的解释说明,并对模型推理中各条影响作用路径以及变量之间的相互关系做出针对性的论证分析。在此基础上,提出了逐条假设作用关系。首先,论文理论框架部分所涉及的变量主要包括解释变量、被解释变量、中介变量和控制变量。解释变量企业网络能力,包含五个维度:网络愿景能力、网络构建能力、网络关系管理能力、网络占位能力和网络内部交流能力。中介变量包括国际机会识别和国际机会开发,选取国际创业绩效为被解释变量,其中具体分解为国际化财务绩效、国际市场运营绩效和国际化战略绩效三个相应指标。控制变量主要涉及企业年龄、企业规模和企业所有权性质等因素。

第一节 主要变量的选取

一 解释变量的选取

本书的第三章已对天生全球企业的网络能力进行了概念方面的界定,将其定义为企业在战略愿景层面上构思和规划与外部关系网络取得联结,在操作层面上积极发起、构建与网络伙伴的关系联结,优化关系组合、深化关系质量,在努力占据关系网络中趋向于中央性位置的同时也注意加强组织内部的沟通和交流。因此,本章将解释变量——天生全球企业网络能力分解为五个维度变量,分别为:网络愿景能力、网络构建能力、网络关系管理能力、网络占位能力和网络内部交流能力。

1. 网络愿景能力

本书对天生全球企业网络愿景能力的维度识别主要是依据 Moller 和 Halinen1999 年的研究，将网络愿景能力理解为企业对于关系网络的一种战略构想和对关系网络演化发展的远见，从而能够识别出不断发展变化中战略性的商业机会[①]。企业需要尽可能地规划和预见对关系网络结构、流程以及发展演化的认识，同时相应地做好各种权变计划。在网络愿景能力的具体行为中，企业形成自身对于关系网络的感知和洞察力是非常关键的，比如说：企业需要有能够在显见的关系网络情景下识别自身合作联结伙伴的能力，同时也要有在模糊和不显见情景下识别潜在联结关系的意识。在网络愿景能力中，企业需要梳理清楚关于"关系网络视野是如何形成的"，"关系网络发展蓝图是如何形成的"等前瞻性问题。所谓关系网络发展蓝图指的是企业如何感知网络，哪些网络成员对于企业来说是密切相关的，它们是怎样相互连接的，企业又要如何与这些网络成员构建联结关系等设想。网络愿景能力作为一种重要的战略能力，有助于行为者提前评估自己的行动对网络的影响，帮助企业识别嵌入在网络中有价值的机会和活动。

2. 网络构建能力

网络构建能力指的是企业积极主动地通过各种渠道与网络内相关成员构建关系、灵活管理好各种关系组合，并能根据环境变化终止和退出与原有网络伙伴联结的能力。企业可以通过从现有伙伴中收集和分析信息来寻找与潜在合作者建立联结的可能，也可以通过关注行业预测、参加行业协会和相关交易会等方式来进一步搜寻合作对象。同时企业也要对潜在伙伴进行理性的分析和评估，包括衡量潜在对象是否能为企业国际市场拓展提供相关资源和能力，是否能辅助其他能力实现协同效应，这种资源和能力是否是竞争对手很难复制的，以及企业能否对潜在对象的资源和能力有适度的控制力。在构建的各种关系联结中，企业还要实施组合管理，组合管理视角强调企业有效管理多样网络关系的能力，这与各关系联结在网络中所处的位置和所充当的角色紧密相关。在关系组合管理中企业面临的最大挑战就是去评估潜在网络伙伴的未来价值，并且根据这种价值来调整自身

---

① Moller, K., Halinen, A. Business Relationships and Networks: Managerial Challenge of Network Era [J]. *Industrial Marketing Management*, 1999, 28 (5): 413-427.

对于关系的投资。企业需要不断去构建新的有用的联结,同时要尽量减少或者终止冗余的联结,企业的网络构建能力越有效率、冗余联结越少,则企业越能腾出更多的资源去搜寻新的、更有价值的关系联结,避免网络负效应。

3. 网络关系管理能力

关系管理能力在本质上属于组织的关系治理范畴,它是组织的一种防范网络伙伴机会主义行为和维持组织间良好合作关系的重要机制。这种能力强调基于信任和合作的伙伴关系管理,通过双方间的信息知识共享、沟通交流深化、协同商议决策和风险利益共担等行为,关系管理能力使网络伙伴间能够依靠信任来防范很多与市场交易本身紧密相连的交易方机会主义行为风险,弥补正式合同中的不足、提高双方间的协调、降低交易成本,改善交易绩效。同时,组织间简单的交易对于企业间的关系管理仍然是不足的,网络中双方涉及企业需要尽可能同步它们的互动行为以使双方的经营活动相契合。这种关系协调包含正式角色和规程的设立以及建设性冲突解决机制的妥善使用,随着双方间合作关系的发展和深入,相互间的矛盾、分歧和冲突也是在所难免的,因此,对于网络关系中出现问题的应对,尤其是如何妥善而又建设性地管理好伙伴间的矛盾和冲突必然是关系管理能力中的一个十分重要的组成部分。另外,在关系管理中,除了正式的组织间商业关系之外,企业成员间的人际关系也是正式组织间关系的必要补充,甚至在某种程度上人际关系可以被视为组织间商业关系的"生命线"[1]。也有很多学者指出许多企业间的正式联盟关系没有达到预先的期望值往往是因为企业不够注重去培育相互间的紧密工作伙伴关系和成员间的私人友谊交情,因为这些对能够牢牢团结网络合作伙伴至关重要。

4. 网络占位能力

天生全球企业通过网络能力的运作,尽量去占据和保持在网络中趋于中央性或者拥有更多结构洞的位置。在企业间关系网络中占据到接近中央位置的企业能够比较便利地掌控其他企业在网络中的占位情况,以及他们信息流动的方向和渠道等方面的第一手信息。占据网络中央性位置的企业

---

[1] Gulati, R. Network Location and Learning: The Influence of Network Resources and Firm Capabilities on Alliance Formation [J]. *Strategic Management Journal*, 1999, 20 (5): 397-420.

还可以充分利用自身位置优势成功地去筛选满足自身要求的潜在合作伙伴。同时，中央性的网络位置能够进一步夯实企业作为具备良好知识和技能的网络成员美誉，从而使其在网络的其他伙伴评估和选择中变得更有吸引力。方刚2011年认为，运用这种占位能力，企业可以获得更多信息和了解技术的变化，获得互补性知识和提高信息准确性。通过占据网络的中央位置，企业还可以提高声誉和伙伴间的信任和互惠[1]。当然，企业在网络中所处位置是需要通过其对网络关系的投资来进一步发展的，另外，一个企业在网络中位置的改变也是建立在企业主体现有位置和网络中其他成员目前位置和将来意图的相互作用基础上的。

5. 网络内部交流能力

天生全球企业网络内部交流能力指的是企业能够妥善和谐地管理好组织内部活动和资源之间的相互依赖关系，从而能够有效降低组织内部互动成本、提高自身的运营效率和效果。企业内部各部门之间或部门内部常常因为资源分配、目标差异、环境不确定等原因产生紧张气氛或发生冲突，这些冲突可能会减少部门之间或部门内部的交流、合作和信任，继而导致信息流的阻隔，降低对环境的反应速度和创新能力。因此，企业必须注重培育好自身的网络内部交流能力，企业如果只是一味地注重于在外部网络关系协调中投入过多资源，那么最终会发现自身处于一个不断内部矛盾冲突的环境当中，必然无法杠杆作用自身竞争力去协同性地发展适宜的外部关系联结，获得所需的外部网络资源。即便企业顺利地从外部关系网络中获得了充足的资源，企业也很可能因为没有妥善地处理好组织内部间的沟通和交流而导致无法对外部资源进行充分合理的有效应用。因此，企业内部的协调合作能力非常重要，它就像润滑剂，能使内部网络各节点的链接正常运转，保证企业从外部获取的各种信息能被分享到内部各个节点，并促使内部及时交换信息、反馈问题和建议，达到内部的协同效应。

二 被解释变量的选取

在被解释变量的选取上，本书将天生全球企业国际创业绩效作为被解释变量。由于企业国际化经营本身的复杂性，因此在国际商务研究中对于企业国际创业绩效的测定和衡量仍然存在一些分歧和争议，缺乏一个统一

---

[1] 方刚:《网络能力结构及对企业创新绩效作用机制研究》,《科学学研究》2011年第3期。

的标准[1]。尽管如此，大部分学者在对企业国际创业绩效的测度中一般都会选择主要衡量企业的国际化财务回报状况。比如，Zhao 和 Zou 在测量企业国际经营绩效中主要测量了企业的出口密集度情况（即出口值占企业总生产值的比率或者出口值占总销售值的比率来衡量）[2]；Cavusgil 和 Zou 主要应用了出口销售量、出口市场份额以及出口利润额来衡量。[3] 尽管财务目标的实现对于企业的国际经营行为来说是非常重要的，但是国际创业绩效在本质上是一个多方位的衡量指标，它还包括除了财务绩效之外的其他维度。其中，企业国际化战略目标的实现是国际创业绩效中的一个非常重要的组成部分，这些战略目标可以包括诸如国际市场的进一步开拓、企业持续成长和在国际市场中不断提供新产品和服务，从而提升海外市场形象等。Hughes 和 Martin 等将天生全球企业绩效划分为三个纬度，分别是有效性（目标实现的程度）、效率（资源投入和绩效产出比率）以及适应性（成功应对国际市场变化的能力）。[4] Gerschewski 等在 2015 年的研究中使用财务绩效、运营绩效以及感知成功来测度天生全球化企业的经营绩效[5]。而黄胜和周劲波等将国际新创企业绩效划分为生存绩效和成长绩效两个维度[6]。

因此，在综合考虑天生全球企业国际创业绩效的多维度性后，本书对

---

[1] Sousa, C. M. P., and F. Bradley. Effects of Export Assistance and Distributor Support on the Performance of SMEs: The Case of Portuguese Export Ventures [J]. *International Small Business Journal*, 2009, 27 (6): 681-701.

[2] Zhao, H. and Zou, S. The Impact of Industry Concentration and Firm Location on Export Propensity and Intensity: An Empirical Analysis of Chinese Manufacturing Firms [J]. *Journal of International Marketing*, 2002, 10 (1): 52-71.

[3] Cavusgil, S. T. and Zou, S. Marketing Strategy–performance Relationship: An Investigation of the Empirical Link in Export Market Ventures [J]. Journal of Marketing, （期刊斜体）, 1994, 58 (1): 1-21

[4] Mathew Hughes, S. L. Martin, Robert E. Morgan and M. J. Robson. Realizing Product–Market Advantage in High-Technology International New Ventures: The Mediating Role of Ambidextrous Innovation [J]. Journal of International Marketing, （期刊斜体）, 2010, 18 (4): 1-21.

[5] Gerschewski, S., Rose, E. L., Lindsay, V. J. Understanding the Drivers of International Performance for Born Global Firms: An Integrated Perspective [J]. *Journal of World Business*, 2015 (50): 558-575.

[6] 黄胜、周劲波、丁振阔：《国际创业能力的形成、演变及其对绩效的影响》，《科学学研究》2015 年第 1 期。

天生全球企业的国际创业绩效的衡量主要依据 Hult 等关于企业国际经营绩效所做的非常有影响力的研究成果总结而来[①]。把天生全球企业国际创业绩效主要划分为三个维度进行衡量：(1) 国际化财务绩效（如：企业的国际销售额、企业国际销售增长率、企业国际盈利额、企业国际市场投资回报率等），在 Knight、Cavusgil 对天生全球企业的国际经营绩效的测量中就应用了上述的测量条款[②]。(2) 国际市场运营绩效（如：企业在国际市场所占的市场份额、企业进入不同国家市场的数量、国际市场顾客满意度的情况、企业在国际市场中引入新产品和新服务的速度，新产品和新服务在国际市场中的成功度等）。Crick、Kuivalaine 等[③][④]在对天生全球企业国际经营绩效的测度中就应用了上述的测量条款。(3) 国际化战略绩效，在 Venkatraman 等学者的表达中将其描述为组织效果绩效，因为这种绩效更多指的是天生全球企业在国际市场上长期的战略成效，因此本书对该维度的原始表达进行了适当调整，将其称为国际化战略绩效（测量条款包括：企业整体国际市场经营的成功度；企业整体国际竞争力；企业通过国际市场获得知识和能力的提高），在 Jantunen 等对天生全球企业的国际经营绩效测量中就应用了以上的测量条款[⑤]。

在对以上维度进行测量中，使用主观测量指标从多个原因来分析是更为可行的。首先，主观测量方法和客观测量方法本身就是正向相关的。其实，在实际测量中，大部分学者发现企业十分不情愿透露和提供自身的客观数据，尤其是财务方面的数据。因此，在实证研究中，想要获得第一手的企业客观财务数据用以检测分析的实际操作难度非常大。其次，在很多

[①] Hult, G. T. M., Ketchen, D. J., Griffith, D. A. Data Equivalence in Cross-cultural International Business Research: Assessment and Guidelines [J]. *Journal of International Business Studies*, 2008, 39 (6): 1027-1044.

[②] Knight, G. A. and Cavusgil, S. T. Innovation, Organizational Capabilities, and the Born Global Firm [J]. *Journal of International Business Studies*, 2004, 35 (2): 124-141.

[③] Crick, D. and Jones, M. V. Small High-technology Firms and International High-technology Markets [J]. *Journal of International Marketing*, 2002, 8 (2): 63-85.

[④] Kuivalainen, O., Sundqvist, S. and Servais, P. Firms' Degree of Born-globalness, International Entrepreneurial Orientation and Export Performance [J]. *Journal of World Business*, 2007, (42) 3: 253-267.

[⑤] Jantunen, A., Nummela, N., Puumalaninen, K. and Saarenketo, S. Strategic Orientations of Born Globals. Do They Really Matter? [J]. *Journal of World Business*, 2008, 43 (2): 158-170.

情况下，正因为客观数据无法从公开渠道有效获得，所以这对所提供客观数据的真实性测量也是一个不可控的因素。最后，从被调查者角度分析，管理者们更倾向于从他们对于企业绩效的感知满意度而非单纯的依赖客观绩效评定等级来进行衡量。

从总体来看，在国际创业绩效的测量上虽然没有一个绝对的为各方完全接受的衡量方法，但是学者们普遍认同对企业国际创业绩效的测量和判断绝对不能局限于单一维度，而是必须从各个不同角度出发综合考虑多方维度，只有这样才能比较全面和客观地把握国际创业绩效测量的标准和方法。

三　中介变量的选取

1. 国际机会的识别

机会识别研究中一个非常重要的部分就是如何测量机会以及后续的实证检验。以往关于机会识别的实证研究大都关注识别机会的数量和多样性。Hills 和 Shrader 将机会识别的测定方法阐述为：在过去的五年里，企业所识别到的新的主要商业机会数目或者是对现有商业进行的新的拓展的数目[1]。而 Singh 等以创业者所识别的创意数量和商业机会数量的总和来测度机会识别[2]。因此，目前研究文献中关于对机会识别的测度大多都聚焦于所识别的机会数目而不是在机会识别过程中所涉及的动态能力。而事实上，尽管组成机会的某个单独因素或一些因素能够被偶然发现，机会主要还是由创业者和企业中的其他人通过创造性的投入而构造出来的，而这个机会构造过程中也必然涉及动态能力。

因此，本书认为天生全球企业的国际机会识别就是一种组织层面上的动态能力，通过这种能力识别合意并切实可行的国际商业机会，进而企业可以利用其资源柔性进行机会开发。所谓的资源柔性换言之即战略柔性，也是企业的一种动态能力[3]。它更注重灵活运用资源来应对动态竞争环境

---

[1] Hills, G. E. and Shrader, R. C. Successful Entrepreneurs' Insights Into Opportunity Recognition [J]. *Frontiers of Entrepreneurship Research*, 1998: 30-43.

[2] Singh, R. P. A Comment on Developing the Field of Entrepreneurship Through the Study of Opportunity Recognition and Exploitation [J]. *Academy of Management Review*, 2001, 26 (1): 10-12.

[3] Rice, J., T. Liao, P. Galvin, and N. Martin. A Configuration-based Approach to Integrating Dynamic Capabilities and Market Transformation in Small and Medium Sized Enterprises to Achieve Firm Performance [J]. *International Small Business Journal*, 2015, 33 (3): 231-253.

的各种需求。资源柔性使企业能够对潜在的商业机会做出迅速的响应，而这正是一个早期快速开展国际化经营的企业所迫切需要的。并且，可行性和合意性是创业机会的两大中心性属性。因此，一个商业创意是否真正能演化为商业机会必须考虑这两个中心属性。合意性指创业者对潜在机会所感知到的效价和吸引力（如能为企业带来高盈利），而可行性指的是创业者对潜在机会所感知到的实际可操作性或者困难程度（如在国际市场中所面临竞争对手较弱的企业比所面临强劲竞争对手的企业有更好的机会可行性）[1]。因此，本章用如下的几个测量条款来测度国际机会的识别：

（1）在过去的三年中贵企业识别了多少国际商业创意[2][3]？

（2）在过去的三年中贵企业识别了多少国际商业机会[4][5]？

（3）贵企业将商业创意发展为商业机会需要进行多大程度的转变[6][7]？

（4）在贵企业中有多少创新性的国际商业创意可以被视为合意并且切实可行？[8]

---

[1] Tumasjan, Andranik, Isabell Welpe, and Matthias Spörrle. Easy Now, Desirable Later: The Moderating Role of Temporal Distance in Opportunity Evaluation and Exploitation [J]. *Entrepreneurship Theory and Practice*, 2013, 37 (4): 859-888.

[2] Gordon, S. R. Interpersonal Trust, Vigilance and Social Networks Roles in the Process of Entrepreneurial Opportunity Recognition [J]. *International Journal of Entrepreneurship and Small Business*, 2007, 4 (5): 564-585.

[3] Singh, R. P. A Comment on Developing the Field of Entrepreneurship Through the Study of Opportunity Recognition and Exploitation [J]. *Academy of Management Review*, 2001, 26 (1): 10-12.

[4] Arenius, P. The Psychic Distance Postulate Revisited: From Market Selection to Speed of Market Penetration [J]. *Journal of International Entrepreneurship*, 2005, 3: 115-131.

[5] Ko, S., and J. E. Butler. Prior Knowledge, Bisociative Mode of Thinking and Entrepreneurial Opportunity Identification [J]. *International Journal of Entrepreneurship and Small Business*, 2006, 3 (1): 3-16.

[6] Singh, R. P. A Comment on Developing the Field of Entrepreneurship Through the Study of Opportunity Recognition and Exploitation [J]. *Academy of Management Review*, 2001, 26 (1): 10-12.

[7] Gordon, S. R. Interpersonal Trust, Vigilance and Social Networks Roles in the Process of Entrepreneurial Opportunity Recognition [J]. *International Journal of Entrepreneurship and Small Business*, 2007, 4 (5): 564-585.

[8] Ko, S., and J. E. Butler. Prior Knowledge, Bisociative Mode of Thinking and Entrepreneurial Opportunity Identification [J]. *International Journal of Entrepreneurship and Small Business*, 2006, 3 (1): 3-16.

这4项测量条款中的最后一项反映了国际机会识别能力动态属性中的最重要的一个方面：资源的战略柔性。问卷回答者对每项问题从很不同意到很同意进行李克特5级打分。这4项问题主要来自于创业学研究文献，并对它们进行了适当调整，从而更有针对性地指向国际机会识别而非泛泛的机会识别。

2. 国际机会开发

动态的国际机会开发能力被视为企业的一种对潜在外部变化做出迅速响应和调整，并对机会进行开发利用的能力。在现今动态和快速发展变化的全球环境中，时间选择是开发利用机会的关键因素。假设一个领先企业如果不够积极主动地做出灵敏反应，其他企业将会迅速抓住潜在商机，那么机会就会流向其他新兴的企业中。因此，动态能力中的两个最重要因素——快速响应性和高适配性是企业应对外部环境变化及时开发机会的关键。在对国际机会开发的测量中，我们除了测量所开发的机会，还需要测量机会的创新性程度。Shepherd 等坚持在对机会的研究中必须包含创新性成分，从而在机会的多样性和数量之外涵盖机会的价值性[1]。因此，本章拟用如下的三个测量条款来测量国际机会的开发。

（1）在过去三年中，贵企业开发和利用了多少国际商业机会[2][3]？
（2）公司是否有足够的能力调配组织资源来开发国际业务机会[4]？
（3）贵企业能以多快速度对国际市场的外部变化和国际商业机会做出迅速反应和适配？

其中，最后的一个测量问题反映了机会开发能力动态性质的两个重要属性：响应力和适配性。

---

[1] Shepherd, D. A. and De Tienne, D. R. Prior Knowledge, Potential Financial Reward, and Opportunity Identification [J]. *Entrepreneurship Theory and Practice*, 2005, 29 (1): 91–112.

[2] Singh, R. P. A Comment on Developing the Field of Entrepreneurship Through the Study of Opportunity Recognition and Exploitation [J]. *Academy of Management Review*, 2001, 26 (1): 10–12.

[3] Gordon, S. R. Interpersonal Trust, Vigilance and Social Networks Roles in the Process of Entrepreneurial Opportunity Recognition [J]. *International Journal of Entrepreneurship and Small Business*, 2007, 4 (5): 564–585.

[4] Ucbasaran, Deniz, Paul Westhead, and Mike Wright. The Extent and Nature of Opportunity Identification by Experienced Entrepreneurs [J]. *Journal of Business Venturing*, 2009, 24 (2): 99–115.

四 控制变量的选取

企业绩效影响因素研究实际上是一个多因素研究问题。在实际研究过程中，对于多因素的问题，一般都需要采用先控制其他影响因素的办法，这样就能把多因素问题转变成多个单因素问题。有学者将这一思想引入统计数据分析中，这便是统计研究中控制变量的由来。在天生全球企业的成长过程中，企业绩效受到来自企业内外部诸多因素的共同影响，因此在研究网络能力对企业国际创业绩效的影响时，需要加入一些控制变量来控制其他的影响因素，这样就把这个问题转化为了单因素研究问题，以便能够更准确地分析某一个特定因素（网络能力）对企业绩效的影响。Sousa 等认为在许多关于天生全球企业国际创业绩效的实证研究中并没有把控制变量纳入其中协同考虑[1]，这仍然是现有研究中存在的一些不足，因此在本书的研究中，必须将几个重要的相关控制变量纳入进去综合考量。这些控制变量包含：企业规模、企业成立年限、企业性质和国际化程度等内容。这些变量在先前的部分研究中也常常被作为控制变量或者调节变量来加强实证检测的客观性。同时，这些控制变量也反映出了与关系网络和创业行为概念上相关的组织特征与海外市场特征，因此融入这些控制变量能够更有效地检测上文所提出的理论概念模型，并能更客观地检测天生全球企业的国际化财务绩效、国际化市场运营绩效和国际化战略绩效。

第二节 天生全球企业网络能力对企业国际创业绩效的影响

一 天生全球企业网络能力对国际机会识别的影响分析

机会识别一直被认为是创业过程中的核心环节，并且也是新企业创立进程中最初始和最为关键的一步，只有从机会识别开始，新企业创立中的其他阶段才能依序展开。在以往研究中，学者们从多个不同视角对机会识

---

[1] Sousa, C. M. P., and F. Bradley. Effects of Export Assistance and Distributor Support on the Performance of SMEs: The Case of Portuguese Export Ventures [J]. *International Small Business Journal*, 2009, 27 (6): 681-701.

别进行了探讨。比如，有些学者强调创业者的积极搜索以及影响积极搜寻的因素在机会识别中所发挥的重要作用[1]。相反，也有学者聚焦于政治、经济和技术因素方面的持续变化从而引发新的机会。尽管研究的视角不尽相同，但学者们普遍认同知识和信息在机会的识别过程中起着关键的作用。新企业的创立需要建立在创业者不断收集、分析和应用特定行业、技术、市场、政府政策和其他因素相关信息的基础上。Eckhardt 和 Shane 就认为相关信息的接近在机会识别中发挥着显著作用[2]。类似的，其他一些学者也认为某些特定人群能够发现机会是因为他们能够比其他人更高效地收集和处理信息。那么既然信息和知识对于创业者识别机会如此重要，这些知识和信息从何而来呢？先前的研究也提供了多种解释。其中有一种非常重要的信息潜在来源渠道就是企业从关系网络中获得了大量相关信息用以识别机会，这些信息不仅在初始的机会识别阶段发挥重要作用，同时也在后续对所识别机会进行开发的阶段效果显著。Singh 认为应该关注关系网络在机会识别中的重要作用，很多实证研究也表明创业者的关系网络规模越大，则越能识别更多的机会[3]。

众多研究已经肯定了关系网络能够为企业提供不同类型的知识资源和市场信息，有助于创业者识别市场机会。机会实际上就是社会互动的结果，并且发现了在关系网络中识别机会的两种方式：一种是在创业者关系网络的互动中创造产生；一种是直接从创业者关系网络中识别客观存在的机会。也就是说，一些人为什么能够获得新信息来发现创业机会，其原因在于他们嵌入了不同的关系网络。而企业网络能力作为一种构建、管理和维护好企业的关系网络的重要战略能力，也就意味着企业的关系网络的好坏在根本上是该企业网络能力的强弱所决定的，即一个努力培育自身较强网络能力的企业更有可能获得较好的关系网络。反之，疏于经营和管理自身网络能力的企业则会大大降低获取符合期望值关系网络的可能性。因此，企业所嵌入的关系网络能够促进其识别创业机会的命题研究，实际上

---

[1] Gaglio, C. M. and Katz, J. The Psychological Basis of Opportunity Identification: Entrepreneurial Alertness [J]. *Journal of Small Business Economics*, 2001, 12 (2): 95-111.

[2] Eckhardt, J. T. and Shane, S. A. Opportunities and Entrepreneurship [J]. *Journal of Management*, 2003, 29 (3): 333-349.

[3] Singh, R. P. A Comment on Developing the Field of Entrepreneurship Through the Study of Opportunity Recognition and Exploitation [J]. *Academy of Management Review*, 2001, 26 (1): 10-12.

更深层次地演化为企业网络能力的培育是否有益于创业机会识别的命题，具备较强网络能力的企业能够依据自身状况勾勒出较为合理的网络结构、网络内容、关系质量以及在网络中所处位置，从而凭借优化后的关系网络吸收和获取海外市场知识和信息，提升企业的国际机会识别能力。

1. 网络愿景能力与国际机会识别

天生全球企业网络愿景能力首先包含了企业对自身整体关系网络嵌入的发展蓝图规划，涉及企业对关系网络形成怎样的理解，网络中哪些成员与自身密切相关，企业如何与这些成员建立联结，并以怎样差异性的方式与不同网络伙伴构建联结等全局规划性的认识和远见。具备较强网络愿景能力的企业能够更好地在战略层面上谋划和梳理自身所嵌入关系网络的结构、内容、流程和发展演变趋势。在网络愿景能力中也特别强调企业需要关注和预测关系网络的变化，并为此制订相应的权变计划。同时，网络愿景能力也要求企业不断加强自身对海外市场的外部感知能力，从可见和明晰的网络环境中谋划与网络伙伴的关系联结，同时也要积极培育企业从不明朗和模糊的网络环境中感知和摸索潜在网络伙伴的联结可能。因此，天生全球企业网络愿景能力的增强，能够提升企业对自身所嵌入的网络在整体战略层面上的把握和掌控，为企业选择合适的网络伙伴，明确与网络伙伴构建的联结方式以及进入关系网络的路径选择提供计划层面上的指导，从而推进后续企业与网络伙伴开展互动交流，从关系网络伙伴中获得和吸收海外市场知识和信息，从而有助于企业识别海外市场中客观存在的商业机会。同时，网络愿景能力促使企业关注网络演化发展变化，不断培育企业与网络伙伴动态联结的主观意识，加强彼此的合作与交流，更好地整合跨组织边界知识，采用创造性的思维过程、重新组合或尝试不同的思维序列对这些信息进行分析，从而创造出国际机会。因此，天生全球企业的网络愿景能力与其国际机会识别正相关。

2. 网络构建能力与国际机会识别

天生全球企业通过自身网络构建能力的培育，在操作层面上首先积极主动地利用各种渠道（通过现有合作伙伴、行业协会、贸易展览会等）搜索网络潜在伙伴的信息，对有可能构建关系联结的合作对象进行分析和评估，对合适的潜在网络伙伴主动做出关系联结的发起行为，如：拜访有可能的合作伙伴，并向其透露企业自身的信息。通过这些行为，天生全球企业大大提高了与关系网络内其他成员的联结可能性，其网络联结的成员规模、范围和多样性都逐步得到了扩大。由于不同的网络成员本身在所掌握的海外市场知识上就不尽相同,比如有些网络成员可能对于某个特定东道国市场信息,诸如东道国市场发展行情、消费者需求及偏好拥有丰富的知识。有些网络成员对于某特定东道国的制度知识,如东道国政府对外商投资的政策措施导向、法律法规管制等有提前的获知和把握能力。还有些网络成员对于开展国际化经营具有较为丰富的运营管理经验等。因此,天生全球企业通过网络构建能力的增强,企业不仅能够与更多网络成员构建起理性而有效的联结,还存在与直接网络成员的间接对象产生联系的可能,从而扩大自身所嵌入网络的规模、范围和多样性。根据 Singh 的研究认为,网络关系连接的数量与识别到的创业机会和所开发的机会正相关[1]。朱秀梅和李明芳在 2011 年的研究中也认为随着创业者将自身嵌入于规模更大、多样性更强的关系网络中,他们从网络中所能触及的知识存量和丰富度均显著提升,这就能促进机会的识别[2]。同时,网络构建能力也要求企业对自身的关系网络进行灵活的组合管理,动态调整关系联结对象的组成,一方面积极构建新的、有潜在价值的关系联结,另一方面及时回缩甚至终止无效的冗余关系,确保自身所嵌入的关系网络保持较大规模的持续有效性和丰富性,接近和获得各种对企业有价值并且有较强互补效应的海外市场知识和信息,从而大大提高企业识别海外市场中国际机会的可能性。

因此,本书认为,天生全球企业的网络构建能力与国际机会识别呈正相关关系。

3. 网络关系管理能力与国际机会识别

天生全球企业通过网络关系管理能力的培育,使其在关系网络构建能力基础上与网络伙伴所联结的具体二元关系获得针对性的分析与优化,虽然网络构建能力帮助企业尽可能地与更大范围和更具差异性的网络伙伴建立起规模更大、多样性更强的关系联结,但是要让这些构建起来的关系真正发挥作用,企业就必须将整体关系网络组合进行分解,最终落实到每一

---

[1] Singh, R. P. A Comment on Developing the Field of Entrepreneurship Through the Study of Opportunity Recognition and Exploitation [J]. *Academy of Management Review*, 2001, 26 (1): 10–12.

[2] 朱秀梅、李明芳:《创业网络特征对资源获取的动态影响——基于中国转型经济的证据》,《管理世界》2011 年第 6 期。

组二元关系的具体管理工作中。在企业的网络关系管理工作中，总体的努力方向是要加深和优化每一组对企业来说有着重要作用和价值的二元关系，体现为企业与网络成员能够建立起长期、稳定、互惠和相互信任的合作关系，在日常联络工作中，企业需要为每组国际合作关系指定专门的负责人，并划拨相应的业务经费，企业也需要同合作伙伴定期开展沟通和交流，讨论如何相互支持。另外，企业必须注重要能够建设性地处理和解决与网络伙伴合作中出现的冲突和矛盾，由于双方在组织治理、管理方式和企业文化上存在天然的差异性，随着合作的深入进行，双方之间就某些问题和内容存在分歧和不一致的观点是在所难免的，重要的是企业必须预设一种有效的且能为双方接受的冲突解决机制，通过协商和沟通建设性地处理和破解出现的矛盾。通过关系管理能力，企业能够将由网络构建能力所形成的与网络成员间的弱关系进行筛选分析，将其中一些有发展潜力和前景的关系逐步深化为强连接关系。关系强度实际上是对网络伙伴间沟通、互动的频率以及情感密度和关系亲近度的一种衡量。强连接关系借助于伙伴间的频繁互动、共同经历和密切信任能够促进伙伴间信息的密集交换，同时网络参与成员更有可能向合作伙伴转移隐秘性知识，自身付诸探索性学习的意愿也更强烈。因此，这种强连接相较弱连接在帮助企业与合作伙伴间架设更高质量的信息流通和转换渠道上有着明显的优势，特别是能够促进隐性和复杂知识的转移[1]。另外，Rong 等学者从跨文化差异上比较了在不同文化背景下强关系和弱关系在帮助企业获取信息从而识别机会中的作用。他们认为在西方个体主义文化中，弱关系连接使企业嵌入于更大规模和更高多样性的关系网络，获取更多的有价值和异质性的信息，而在中国集体主义文化中，仅仅靠弱关系则无法保证企业从关系网络伙伴处获取能够识别机会的信息和知识，因为在集体主义文化环境中，人们总是倾向于只与"圈内人"共享重要和有价值的信息，往往不愿将这种信息共享延伸至"圈外"的弱连接对象[2]。

基于以上分析，天生全球企业网络关系管理能力的增强能促进各二元

---

[1] 吴晓波、韦影：《制药企业技术创新战略网络中的关系性嵌入》，《科学学研究》2005 年第 4 期。

[2] Rong Ma, Yen-Chin, H., Shenkar, O. Social Networks and Opportunity Recognition: A Cultural Comparison between Taiwan and the United States [J]. *Strategic Management Journal*, 2011 (11): 1183-1205.

网络关系的深入优化，增强合作伙伴互相间的信任度和密切度，这不仅有利于伙伴间显性知识的便捷流通，更为隐性知识的交换、整合和创新提供了平台，从而有利于国际机会的识别。因此，天生全球企业的网络关系管理能力与其国际机会识别正相关。

4. 网络占位能力与国际机会识别

天生全球企业网络占位能力主要指的是企业尽量去占据自身所嵌入关系网络中较好位置的能力和意识。这种较好的位置在网络中主要体现为网络中央性或者靠近网络中央的位置和拥有较多结构洞的位置。在先前的研究中也有很多学者注意到占据网络中较为优越的位置对于企业获得竞争优势的重要作用[1]，他们发现与未占据优势位置的企业相比，拥有更好占位的企业能够更快地从网络中获取资源、更灵敏地接收到关于其他网络成员质量高低的信息。同时，占据了网络中央性位置的企业，往往成为其他成员进行信息交换的渠道和"中转站"，成为网络内信息流和知识流的汇聚点，具有得天独厚的获得最新信息的能力。而且，企业可以分析对比多渠道获得的信息，提高其掌握信息的准确性。因此，无论从获得信息的数量和质量来看，网络占位能力都改善了企业的知识转移绩效的水平。此外，占据网络中央的企业有助于吸引更多的组织与之建立合作关系，有利于企业获得重要的信息。因为知识和信息部分产生于网络成员相互间的沟通和交流，所以拥有较多结构洞的企业可以充分发挥自身在网络不同结构洞之间的桥梁和纽带作用，将此前无法直接获得连接的网络伙伴通过自身的中介作用实现连接，从而在此过程中开发出新的理解和认识，特别是关于市场中潜在的机遇和威胁的崭新认识。同时，中心性程度高的企业往往具有较高的威望，在网络中能拥有较高的地位和权力，当企业在进行跨组织知识整合时，可以利用自身的威望、地位和权力，要求网络中的其他主体进行配合，促使他们提供优质的知识或者共同参与到新知识的创造之中[2]。拥有丰富结构洞的企业能够从关系网络中与自身相隔较远距离的网络伙伴中获得新颖的异质性信息，从而识别和开发其中所潜藏的商业机会。

因此，本书认为，天生全球企业的网络占位能力与国际机会识别正

---

[1] Gulati, R. Network Location and Learning: The Influence of Network Resources and Firm Capabilities on Alliance Formation [J]. *Strategic Management Journal*, 1999, 20 (5): 397–420.

[2] 李纲：《企业网络结构与知识获取的关系模型》，《技术经济与管理研究》2010 年第 1 期。

相关。

5. 网络内部交流能力与国际机会识别

天生全球企业的网络内部交流能力主要关注组织内部各部门和成员之间的有效沟通和交流。虽然企业通过网络愿景能力、构建能力在战略层面和实际操作层面上与更大规模和更高异质性的网络伙伴建立了联结，并且通过网络关系管理能力将其中有价值的二元关系发展成持续稳定、互惠信任的合作关系，同时也通过网络占位能力尽可能占据网络中靠近中央或者拥有更多结构洞的位置。这些能力和有意识的行动使企业从外部关系网络联结中获得了一定存量的高质信息和知识，其中也不乏复杂及隐性的知识。但是企业仍然需要通过积极培育网络内部交流能力才能将从外部关系网络中获得的知识和信息有效地在组织内部进行扩散、分享和吸收。如果没有这种内部协调能力，企业则存在由于内部各部门之间沟通不畅，相互间配合和默契度不足导致外部信息无法及时在组织内部传播和流通，组织成员不能共享和吸收有效知识，从而耽误和错失其中潜藏的商机。更严重的是，如果组织内部各部门之间相互对立，矛盾丛生，那么不仅外部信息无法传播和流通，甚至会陷入停顿和混乱。因此，任胜钢等认为，企业通过网络内部交流能力的培育能够在很大程度上化解内部沟通协调不畅的潜在风险，提升组织内部的内聚力及和谐性，加快外部信息被组织内部成员高效吸收、利用以及创新整合[①]，从而增大企业发现和识别国际机会的可能性。

因此，本书认为天生全球企业的网络内部交流能力与国际机会识别正相关。

基于此，我们提出了如下假设：

H1：天生全球企业网络能力对其国际机会识别的提升具有显著的正向影响。

H1a：天生全球企业网络愿景能力对其国际机会识别的提升具有显著的正向影响。

H1b：天生全球企业网络构建能力对其国际机会识别的提升具有显著的正向影响。

---

① 任胜钢：《企业网络能力结构的测评及其对企业创新绩效的影响机制研究》，《南开管理评论》2010年第1期。

H1c：天生全球企业网络关系管理能力对其国际机会识别的提升具有显著的正向影响。

H1d：天生全球企业网络占位能力对其国际机会识别的提升具有显著的正向影响。

H1e：天生全球企业网络内部交流能力对其国际机会识别的提升具有显著的正向影响。

二 天生全球企业网络能力对国际机会开发的影响分析

正如前文所述，天生全球企业网络能力主要是企业的一种发起、处理、应用和有效开发各种非正式的社会关系联结和正式的商业关系联结的综合能力。企业通过对这种能力的积极培育，能够有效提升自身在整体关系网络嵌入中所处的地位，从而能够使企业从网络伙伴中获取所需的互补资源。企业凭借外部网络资源的接近和获取会对中小企业的绩效有显著的正向作用。特别是对于新创类型的企业，由于其先天的资源局限性，它们更需要借助网络能力来构建和妥善应用与网络伙伴的关系联结获取资源从而确保新创立的企业能够在市场中站稳脚跟并谋求发展。在 Mort 等的研究中也表明，网络能力能够促进企业对所识别的国际创业机会进行切实的有效开发，从而对天生全球企业的国际创业绩效有正向推动作用[①]。

天生全球企业通过网络愿景能力的培育和加强，能够从战略计划层面上梳理清楚自身组织内部已掌握和能够调动的资源，评估和衡量对所识别的国际机会进行开发所需的资源情况及尚存的差距，从而形成比较清晰地从网络伙伴联结中获取何种外部网络资源，以及需要获取多大量的外部资源的计划和主观意识。这更有针对性地为开发国际机会而选择性地与特定的网络成员发起关系提供计划指导。同时，由于海外市场环境的快速发展变化，网络愿景能力通过对企业外部网络关系演化的前摄性判断和预测，从而为天生全球企业动态性地开发国际市场机会做好规划和准备。因此，本书认为，天生全球企业网络愿景能力与其国际机会开发正相关。

通过网络构建能力天生全球企业可以尽可能多地和各种类型的国际市

---

① Mort, G. S. and Weerawardena, J. Networking Capability and International Entrepreneurship: How Networks Functions in Australian Born Global Firms [J]. *International Marketing Review*, 2006, 23 (5): 549-572.

场合作伙伴搭建合作关系，通过网络构建能力的培育，企业所嵌入的关系网络会趋向于在规模和范围上横向扩张，在多样性和差异性程度上纵向加深。这样，天生全球企业就可以从所嵌入的关系网络中获取更多、差异性更高的网络资源，包括：财务资源、国际化人力资源、海外市场销售渠道、产品和服务相关技术资源等。同时，网络构建能力还强调企业应该保持理性的关系联结组合。这种关系组合主要体现为企业持续保持并且加深与现有有价值的网络伙伴的合作，但同时在全面动态评估的基础上也逐步回缩，甚至结束一些失去价值并且对企业来说已是冗余的关系联结，从而可以有效避免网络的刻板锁定效应，释放和节省出本用来维持这些冗余关系的财力、物力和人力，将其重新用于新的国际市场的机会开发。因此，根据以上分析，本书认为，天生全球企业的网络构建能力与其国际机会的开发正相关。

对机会的开发主要涉及如何组织和调动资源去开发所识别的机会。在机会开发阶段，关系网络的强度要比关系网络的规模和范围对于获取有价值的外部资源用以机会的开发更为关键。天生全球企业通过网络关系管理能力能够加强与其合作伙伴联系的密切程度，培养相互间合作的信任和默契，从而将相互间的关系发展成强连接关系[1]。当天生全球企业与其他网络成员之间的关系是一种密切的强关系，那么企业从关系网络中能够获得的信息质量会更高，而可感知和预见的风险以及不确定则会进一步降低，特别是相互信任、亲密合作的强关系能够进一步降低依靠外部关系获得关键资源的不确定性，因为在这种强关系下，企业可以确定在更加有利的条件下获得关键资源，或者至少可以确定比较有保障地从网络伙伴中获得关键资源。同时，通过网络关系管理能力所形成的强关系可以使企业从网络伙伴的运营中接触到海外市场第一手信息，从而接触到其中所潜藏的可以用于开发的国际机会。另外，与网络伙伴所形成的强关系还能增强企业在海外市场中的合法性和地位[2]，特别是企业和有着较好声誉的网络伙伴之间的良好关系更能提升企业在其他利益相关方中的吸引力。总之，企业通

---

[1] Bouncken, R. B., Muench, M. and Kraus, S. Born Globals: Investigating the Influence of Their Business Models on Rapid Internationalization [J]. *The International Business & Economics Research Journal*, 2015, 14（2）: 247-255.

[2] Lechner, C., M. Dowling, and I. Welpe. Firm Networks and Firm Development: The Role of the Relational Mix [J]. *Journal of Business Venturing*, 2006, 21（4）: 514-540.

过网络关系管理能力与网络伙伴所形成的亲密和信任强关系能够为企业带来巨大的战略价值和利益，促进企业对国际机会的开发。因此，本书认为，天生全球企业的网络关系管理能力与其国际机会开发正相关。

天生全球企业的网络占位能力的强弱会影响企业在网络中的位置，即是否能占到网络关系信息流通的重要桥梁或中心位置，而这也在很大程度上会左右企业从关系网络中获得资源数量和质量的容易程度。即占据网络中趋向于中央性位置或者拥有更多结构洞的企业因为处于不同网络成员相互沟通和往来的桥梁要道上，这种特殊性的网络占位必然使主体企业能够比较容易地从其他未能直接发生联系的网络成员处了解到它们的各自需求信息和差异化的资源掌握情况，从而能够先于未占据中央性或较多结构洞位置的企业接触和获取到很多可用于国际机会开发的关键信息和资源，领先竞争对手，及时将所识别的国际机会用以开发和利用。因此，本书认为，天生全球企业的网络占位能力与其国际机会开发正相关。

天生全球企业的内部交流能力对于企业来说是非常重要的，网络内部交流能力促进企业从外部网络中获得的资源和信息在组织内部顺畅流通，使重要信息能够传达到组织内部的每一位成员，这样就能确保信息在企业的各个层次上实现传播，增进组织内部不同部门和成员间积极有效的协同合作，有效营造出知识共享的企业氛围，提升组织内部部门和员工间的归属感、凝聚力和执行力。天生全球企业对所识别的机会的开发不仅要建立在从外部关系网络中获取各种互补资源，同样重要的是，企业自身也需要通过内部交流能力实现无障碍地从组织内部调动、划拨和支配各种资源与外部资源协同发挥作用，只有这样才能真正有效地对所识别的国际机会进行有效的开发。因此，具有良好内部协作能力的企业可以及时、有效地化解内部冲突问题。采取有效的激励措施加强核心成员间的密切交流与合作，进而提高团队内部的凝聚力来促进对国际市场机会的有效开发和利用。

因此，本书认为，天生全球企业的网络内部交流能力与其国际机会开发正相关。基于此，我们提出了如下假设：

H2：天生全球企业网络能力对其国际机会开发的提升具有显著的正向影响。

H2a：天生全球企业网络愿景能力对其国际机会开发的提升具有显著的正向影响。

H2b：天生全球企业网络构建能力对其国际机会开发的提升具有显著的正向影响。

H2c：天生全球企业网络关系管理能力对其国际机会开发的提升具有显著的正向影响。

H2d：天生全球企业网络占位能力对其国际机会开发的提升具有显著的正向影响。

H2e：天生全球企业网络内部交流能力对其国际机会开发的提升具有显著的正向影响。

三 国际机会识别对天生全球企业国际创业绩效的影响分析

在天生全球企业国际化经营中，国际机会识别在大部分情况下指的是出现在海外市场中任何由于市场非均衡性而出现的客观存在机会的识别，和企业打破现有的市场均衡，创造性地发现全新的海外市场机会。这种机会往往表现为尚未被满足的海外市场顾客需求，或者通过成本领先战略和差异化战略能更好满足的顾客需求。因此，天生全球企业如果能够对国际机会进行识别，则表示企业已经清晰地发现了海外市场中存在，但尚未被竞争对手发现的商机，以及由于政治、经济、技术等因素的改变而崭新出现的商机。在此基础上，天生全球企业通过理性分析和评估继而做出海外东道国市场进入的国家选择、模式选择和时间选择。因此，这种国际机会识别在本质上是企业进军海外市场、扩展企业海外市场占有率和覆盖范围的决定性因素。海外目标市场的确定实际上是天生全球企业在国际市场上不断发现客观存在的创业机会和创造性地构造出新兴机会的过程[①]。在这个过程中，国际机会识别发挥了至关重要的作用。

通过国际机会识别，天生全球企业一方面能够发现自身与东道国在生产因素上的差异，如企业可以利用母国劳动力成本优势和规模经济优势为海外市场目标客户提供性价比更高的产品和服务，继而选择合适的海外市场进入模式和时间，做出合理的海外市场投资承诺。可以预见的是，天生全球企业国际机会识别能力越强，企业敢于做出海外市场投资承诺的范围就越广，一些在同行或竞争对手看来"无利可图"的特定东道国市场，

---

① Hajizadeh, A. and Zali, M. Prior Knowledge, Cognitive Characteristics and Opportunity Recognition [J]. *International Journal of Entrepreneurial Behavior & Research*, 2016, 22 (1): 63-83.

在具有较强机会识别能力的企业看来实际上是蕴藏潜在的财务营利机会和市场运营机会的。另外，有着更强国际机会识别能力的天生全球企业也会降低创业团队对海外市场风险的感知和体会，在海外市场投资承诺的方式上倾向于往更为高端的方向发展，如：不满足仅仅停留在出口这种相对低层次的承诺方式上来开拓海外市场，企业表现出强烈的敢于尝试许可经营、合资企业，甚至海外全资子公司等高承诺方式来进入海外市场，努力往拥有更高附加值的产业链高端环节攀升，而这种更高级的海外市场创业和进入模式从长期来看有利于天生全球企业国际市场运营绩效和战略绩效的提升。

基于此，我们提出了如下假设：

H3：天生全球企业国际机会识别正向作用于企业的国际创业绩效。

四　国际机会开发对天生全球企业国际创业绩效的影响分析

国际机会的开发是天生全球企业国际市场进入方式的重要驱动因素。在识别国际机会后，天生全球企业就要非常明确地及时调动组织内部资源将其与从外部获得的网络资源有效匹配，及时对海外市场做出投资承诺，切实开发国际机会。

一方面，天生全球企业通过对与其心理距离较近的海外市场和心理距离较远的海外市场中出现的商业机会以相对低层次的创业模式和进入方式加以开发和利用，从而获得风险较小和收益相对有保障的国际化财务绩效。另一方面，资源的缺乏并不一定就限制了天生全球企业的进入方式的选择[1]，因为天生全球企业可以利用网络能力来获取以高投入方式进入特定外国市场所需的各种资源。在对所识别的国际机会拥有充分信心的情况下，天生全球企业也可以大胆开展高承诺方式的国际市场机会开发。比如：在心理距离比较近的海外市场与东道国企业成立制造型的合资企业，甚至在投资政策允许下单独设立全资子公司，将母国以成本领先战略为特征、具备规模经济优势的过剩生产制造能力转移至东道国，充分利用东道国更具成本优势的各种生产因素，实现东道国当地制造和当地销售，进一步扩大企业在当地市场的比重和份额。另一方面，

---

[1] Gleason, K C., Wiggenhorn, J. Born Globals, the Choice of Globalization Strategy, and the Market's Perception of Performance [J]. *Journal of World Business*, 2007, 42 (3): 322-335.

企业也可以尝试在与自身心理距离较远的东道国市场设立研发中心、合资企业和全资子公司等方式将企业嵌入于东道国高端价值链环节中去，寻求在差异化战略中不断提升企业产品和服务的市场形象和附加值。因此，天生全球企业国际机会开发能力强，企业可以一方面通过转移规模经济优势的生产能力至成本优势更明显的东道国市场来确保和进一步增加其国际化财务绩效和市场运营绩效。同时，天生全球企业也可以大胆地在全球价值链更高端环节上进行机会开发和利用，进一步提升自身产品和服务的差异化优势，而这从长期时间跨度来看，必然有利于企业市场运营绩效和国际化战略绩效的提升。

基于此，我们提出了如下假设：

H4：天生全球企业国际机会开发正向作用于企业的国际创业绩效。

五 天生全球企业网络能力对企业国际创业绩效的影响分析

李卫宁和绉俐爱认为，根据 Coviello 所做的研究中指出的关系网络对于加速式开展国际化经营的中小企业来说发挥着十分重要的作用，既然天生全球企业可以通过关系网络使自身有效克服固有的资源局限和束缚，实现较好的国际市场绩效[1]。那么作为发起、管理、维护和发展这些关系网络的企业网络能力在逻辑上应该能在根源上正向产出天生全球企业更佳的国际创业绩效。通常，天生全球企业存在新进入者缺陷，即难以具备构建竞争优势的有形资源。网络能力不但根植于组织并且难以模仿，因此是新创企业构建竞争优势的主要来源。Mort 等的研究表明，网络能力是天生全球企业国际创业成功的关键因素。网络能力可以帮助新创企业在母国和客国获得必要资源，两类资源对国际创业的开展都非常重要[2]。掌握东道国知识是中小企业国际创业成功的关键资源，虽然这些资源可通过"干中学"的方式逐步积累，但无疑会耗时费力，并可能导致失败。网络能力则可帮助天生全球企业快速从网络中汲取东道国知识，降低错误决策的可能。另外，网络能力也可以帮助天生全球企业在母国获得国外创业所需要

---

[1] 李卫宁、邹俐爱：《天生国际企业创业导向与国际绩效的关系研究》，《管理学报》2010年第6期。

[2] Mort, G. S. and Weerawardena, J. Networking Capability and International Entrepreneurship: How Networks Functions in Australian Born Global Firms [J]. *International Marketing Review*, 2006, 23 (5): 549-572.

的资源。Johanson等发现天生全球企业与在母国的东道国企业形成伙伴关系，可以获得有关东道国商业活动方面的政治、社会和文化等方面的独特知识[1]。这些间接知识往往与从东道国当地企业获得的知识一样有益于降低天生全球企业在东道国发展的外来缺陷，提高其在东道国的竞争优势并获得更高利润。此外，网络能力有利于天生全球企业在东道国市场建立合法性，获得网络中其他成员的信任。来自转型经济国家的新创企业缺少品牌方面的优势，因此往往难以获得东道国利益相关者的充分信任。通过网络能力，新创企业可以更好地融入东道国的商业环境，获得网络成员信任。因此，网络能力本身也被视为天生全球企业开拓海外市场、提高企业国际创业绩效的一种非常关键的战略资源和能力。

网络能力能够直接帮助天生全球企业更好地与海外市场顾客产生良好的互动和合作，第一手了解海外特定东道国消费者的潜在需求和差异偏好，根据这种需求，企业可以搜寻和开发出相应的产品和服务来满足海外顾客的需求，为天生全球企业赢得海外订单，同时有着更好网络能力的企业也能更好地管理好与海外市场渠道分销商的关系，借助这些渠道分销商的作用扩大海外销售额。因此，企业网络能力的增强实际上在很多情况下都可直接提升海外市场盈利。网络能力的增强会非常明显地提升天生全球企业国际化财务绩效和国际化市场运营绩效。同时，网络能力使天生全球企业直接提高了对外部国际市场动态变化的感知和意识，为企业提供外部市场变化的及时更新信息，利用这些信息，企业可以更精准地预测海外顾客需求和偏好的变化，针对性地提供相应的服务和产品，从而正向提升企业的国际创业绩效。

第一，在网络能力中，企业通过网络愿景能力的增强，能够进一步事先做好发起和管理关系网络的战略层面规划和准备，根据外界环境变化，动态性地指导企业与网络伙伴的关系联结发展和更替，使企业能够应用资源杠杆来充分利用创业者可控能力之外的资源，这为国际市场开拓和海外订单的获得做好了战略准备和环境分析，从而能够促进天生全球企业国际创业绩效的提升。第二，网络构建能力能够帮助天生全球企业与资源规模

---

[1] Johanson, J. and J. E. Vahlne. The Internationalization Process of the Firm: A Model of Knowledge Development and Increasing Foreign Market Commitments [J]. *Journal of International Business Studies*, 1977, 8 (Spring/Summer): 22-32.

更大和异质性更高的国际合作伙伴建立关系，开展合作。通过这种网络构建能力，天生全球企业能够直接获得海外市场订单，销售渠道的来源和范围也大大增加，从而能够促进企业的国际创业绩效。第三，天生全球企业网络关系管理能力的增强能够优化企业关系组合中每一对有价值的二元关系，使它们朝着更加密切交流、相互信任、互惠互助的方向发展，培养关系的亲密度和持久度，因此增加网络内关系伙伴转移和提供重要商业信息、客户资源和销售渠道的可能性，从而有助于企业国际创业绩效的提升。第四，天生全球企业通过网络占位能力尽量去接近和占据网络中较有利的位置，成为网络中信息和资源流通和汇聚的重要桥梁节点，从而更为容易和便捷地获取有利于国际机会识别和开发的各种信息和资源，提升天生全球企业的国际创业绩效。第五，企业的内部交流能加强成员之间的互相学习，吸收和分享最新消息和资源；同时，通过内部交流，企业能避免多余的程序和错误信息的传递，提升内部行动的凝聚力和执行力，进而提升企业的国际创业绩效。

基于此，本书提出如下假设：

H5：天生全球企业网络能力对其国际创业绩效的提升具有显著正向影响。

H5a：天生全球企业网络愿景能力对其国际创业绩效的提升具有显著正向影响。

H5b：天生全球企业网络构建能力对其国际创业绩效的提升具有显著正向影响。

H5c：天生全球企业网络关系管理能力对其国际创业绩效的提升具有显著正向影响。

H5d：天生全球企业网络占位能力对其国际创业绩效的提升具有显著正向影响。

H5e：天生全球企业网络内部交流能力对其国际创业绩效的提升具有显著正向影响。

综合上面的变量选取和假设关系，我们可以总结出天生全球企业网络能力对企业国际创业绩效的影响分析模型，从中可以清晰地看到各影响路径和各种假设关系，具体如图4-1所示。

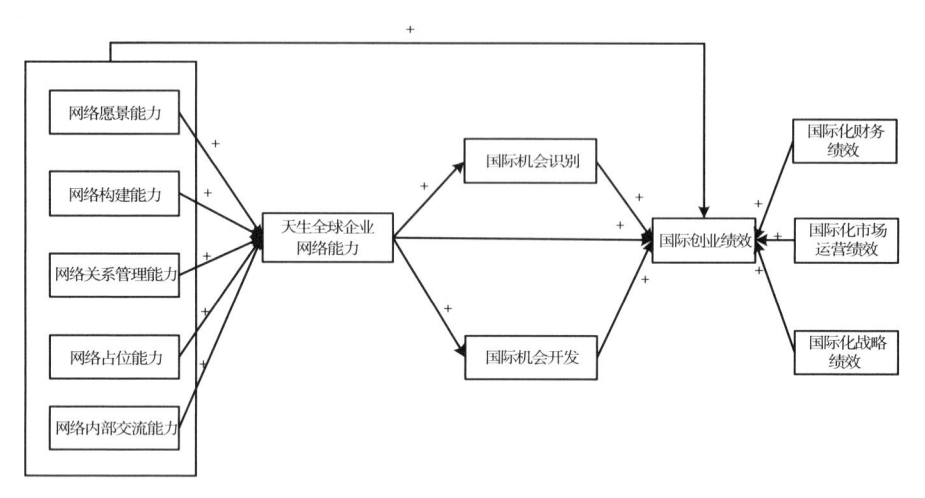

图 4-1　天生全球企业网络能力对国际创业绩效的影响分析模型

第三节　本章小结

本章在第三章提出理论框架的基础上，根据相关文献的研究，就网络能力（解释变量）、国际创业绩效（被解释变量）、国际机会的识别和开发（中介变量）和控制变量的维度选择进行解释，并在此基础上，通过理论推导和演绎，分析各变量之间的关系，提出共 17 条假设关系，进而构建天生全球企业网络能力对国际创业绩效影响的分析模型，为下文的实证检验奠定理论基础。

第五章

数据搜集与实证过程设计

为了有效检验上一章所构建的天生全球企业国际创业绩效影响的模型，相关研究方法的设计及使用将尤为重要，而其中如何通过一套科学、合理的调查问卷获取数据又是实证研究的基础。因此，本章首先就具体问卷设计、对象选择、变量度量、回收数据情况等各个方面进行翔实说明。其次，对通过问卷所获取的各方面数据进行描述性统计分析，以期对研究对象有较为具体的认知。最后，就实证部分拟采用的研究方法，包括效度和信度检验、验证性因子分析和结构方程等进行解释。

第一节 研究对象的选择

本章选择浙江省的企业为主要的研究对象。浙江省地处我国东南沿海，长三角南翼，下辖11个地级市，被认为是中国经济最为发达的省份之一。浙江省2019年全省生产总值（GDP）达42886亿元，比上年增加7.5%，人均GDP达83538元，位于全国前列。在浙江经济平稳强势运行的背后，对外贸易被认为发挥了巨大的推动作用。由于地处东南沿海，海运交通较为便捷，因此，浙江省是一个较早发展外向型经济的省份，并逐步取得显著成效。无论是从开放型经济发展的速度还是开放型经济发展的广度来衡量，浙江都已成为居全国前列的开放型经济大省，主要表现在以下三点：

1. 进出口贸易规模快速发展，出口额居全国第三。

浙江出口额从2005年768.03亿美元增长到2020年的3631.09亿美元，出口规模居广东、江苏之后。（见图5-1）

2. 进出口贸易依存度稳中有降，但仍高于全国平均水平。

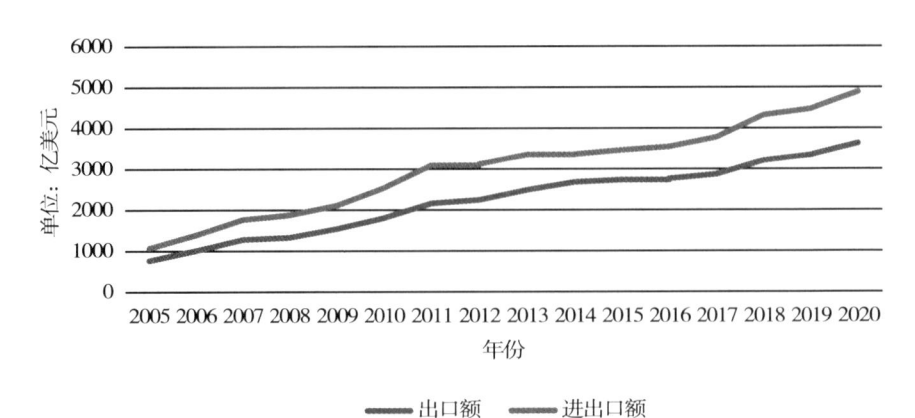

图 5-1 2005—2020 年浙江省进出口额①

外贸依存度通常用来反映一个地区对贸易的依赖程度，该指数越高，代表其对外开放程度越高，一般用对外贸易额在国内生产总值或者国民生产总值的比重来表示（见图 5-2）。

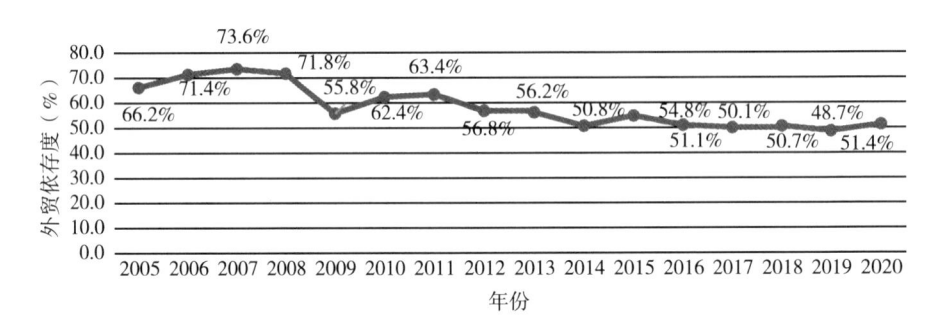

图 5-2 2005—2020 年浙江外贸依存度

资料来源：数据根据历年浙江省统计年鉴计算，其中 GDP 数值根据当年中美平均汇率换算而得。

由外贸依存度这个指标可看出，浙江经济的外向型特征十分鲜明。但是，2008 年以后，受金融危机的影响，沿海主要开放经济大省的进出口贸易依存度都有所下降，浙江的出口贸易依存度也呈下降趋势，但仍高于同期全国平均水平。

3. 出口贸易方式稳定，以一般贸易为主。

与传统贸易大省广东不同，广东省更加偏重于加工贸易，而浙江省的

---

① 数据来源于浙江省统计年鉴。

对外贸易以一般贸易为主，一般贸易的比重长期维持在80%左右（见表5-1）。通常认为，与加工贸易相比，一般贸易的企业往往拥有独立的国际市场营销网络，可以获取更多价值增值环节的利益，因此，这类企业会具有更强的国际化驱动力。

表5-1　　　2005—2020年浙江外向型企业贸易方式构成　　　单位：亿美元

时间	一般贸易	占出口百分比	加工贸易	占出口的百分比
2005	602.5	78.63	165.6	21.11
2006	773.1	76.63	235.8	22.43
2007	993.6	77.46	289.1	21.29
2008	1218.5	79.78	324.2	20.00
2009	1066.4	80.78	263.7	19.82
2010	1450.1	80.35	306.4	18.29
2011	1764.8	81.57	335.0	16.66
2012	1796.8	80.03	322.4	15.45
2013	2487.4	78.91	299.9	12.96
2014	2167.7	79.30	305.6	11.20
2015	2151.1	77.80	272.2	9.90
2016	2247.8	78.89	251.89	8.84
2017	2500.3	79.75	274.27	8.75
2018	2737.4	80.10	280.85	8.22
2019	2943.7	79.09	260.37	7.01
2020	3202.2	79.32	265.20	8.97

资料来源：浙江统计年鉴。

而在浙江外向型经济发展的大背景下，浙江省以民营经济为主体的中小微企业无疑扮演了重要角色。《浙江中小企业发展报告（2017）》显示：截至2016年年底，浙江省全省规上[1]工业企业共计40128家，其中中小型企业共39532家，大型企业596家，中小企业占所有规上企业的98.51%。从工业总产值来看，2016年浙江中小企业的工业总产值为68953.40亿元，占全省规模的76.01%。而在出口创汇方面，中小企业更

---

[1]　自2011年起，国家统计局将规上工业企业统计标准从年主营收入500万元提高到2000万元作为统计的起点，所以2000万元规模以下的所有企业不再计入统计范围。

是发挥了主力军角色。据统计数据显示，2016年浙江省规上企业的出口交货值达11540.13亿元，其中中小企业的出口交货值为8477.50亿元，占全部出口交货值的73.46%，具体比重情况见表5-2。

表5-2　　　　2016年浙江省不同规模企业出口比重情况　　　　单位：亿元

企业类型	出口交货值	比重
全部规上企业	11540.13	100%
大型企业	3062.63	26.54%
规上中型企业	3840.87	33.28%
规上大型企业	4636.63	40.18%
规上中小微型企业	8477.50	73.46%

资料来源：2017年浙江省中小企业发展报告。

从这些数据可以看出，浙江企业数量众多且普遍规模不大，这一特征具有天然的缺陷，企业的市场势力会较弱且资源会相对匮乏，但优势在于，企业较为灵活，能迅速适应环境，对市场的信息及环境的变化较为敏感。因此，浙江企业身上较全国其他省份更多地体现出了国外学者所总结的加速式国际化中小企业所具有的主要特征。因此，业界普遍认为，浙江企业在国际化发展方面走在了全国的前列。

本书的研究对象是天生全球企业，企业的国际化经营是最为重要的筛选指标。综上分析可得，无论是浙江的总体经济发展特色还是其企业的国际化经营路径，浙江省无疑都具有较强的参考研究价值。

第二节　问卷设计及数据获取

一　问卷设计及优化

由于本书研究所需数据为非上市的企业层面数据，无法从公开数据中获取，因此，通过问卷调查获取相应数据成为主要的方法。为保证调查问卷的科学性和合理性，本书在大量相关文献的基础上，形成初始问卷，并通过多次讨论、咨询及小样本测算等步骤对问卷进行修正，直至形成最终的问卷，具体步骤如下：

1. 文献阅读：根据本书的研究目的，翻阅了与本书研究主题相近的各类问卷设计,就网络能力、机会识别和开发及国际创业绩效等几个主要指标进行对比分析,在此基础上形成初始测度量表。

2. 征求相关人士意见:整体问卷的修改进行了三轮。第一轮是在研究所内的修改,与相关企业管理方向的老师就问卷进行了探讨。探讨的重点在于问卷设计的逻辑是否合理,以及问卷数据的获取是否有助于本书的研究。第二轮修改邀请了商务局的相关管理人员对问卷提出修改意见。因工作关系,笔者与当地商务局有较为密切的业务往来。商务局主管有涉外业务的各类企业,对企业的国际化经营情况有着全面的掌控和了解,因此在正式问卷调查前请商务局相关管理人员帮助评估和修改问卷,能够使问卷更加合理和有针对性。同时,在此次的修改中也对问卷中的题项做出了一些增删,特别是一些涉及较为敏感的数据,有可能引发调查者反感和抵触的部分题项进行了调整和删除。第三轮是邀请了笔者较为熟悉的几位企业相关人士对问卷进行了探讨和修改。讨论的重点在于量表中题项的可理解程度和表述上的清晰易懂程度,尤其是在措辞上,是否存在模棱两可的表述或者易引发误解的导向。经过此三轮的探讨和修改后,问卷在整体的逻辑和表述上都较之前更为清晰和合理。

3. 问卷预测试:问卷预测试的目的在于通过此环节对问卷调查进行小规模的预演,观察调查者的真实反应,并避免可能存在的潜在问题。Malhotra 等指出有效的问卷预测试应该采取当面发放和回收的方法,避免使用电子邮件或电话等形式[①]。虽然后者在正式发放问卷时时常采用,但当面进行问卷填写可以直接观测到被调查者的真实反应,增强预测试的意义。因此,笔者在对东华大学 MBA 班从事相关国际业务工作的在职企业人士发放了 15 份问卷,进行当面的问卷填写,并根据问卷的回收及被调查者的意见进行了相应的修改。

通过以上三个环节的设计,形成了最终问卷调查的量表(见附件1)。整体问卷分成两部分。首先开宗明义,交代问卷的研究目的,并非商业用途,而是进行相应的学术研究,所问及内容也不会涉及商业机密,降低被调查者的戒备心。然后进入问卷正文部分。第一部分为企业的基本资料。

---

① Malhotra, N. K., Kim, S. S. and Patil, A. Common Method Variance in IS Research: A Comparison of Alternative Approaches and a Reanalysis of Past Research [J]. *Management Science*, 2006, 52: 1865-1883.

主要包括企业名称、创立年限、企业属性、主营业务、所处行业的技术、企业员工数、首次开展国际化业务的时间和方式以及海外国家数目。这部分的关键选项是企业有无国际业务、企业成立至今时间以及初次开展国际化业务的时间。按照本书对天生全球企业定义的关键条件，成立时间在3年内的，且至少有25%的营业额来自海外市场的企业为天生全球企业，如果不同时符合这两个条件，则该问卷失效。

第二部分为问卷作答。本问卷量表使用了李克特5分量表形式。李克特是美国的社会心理学家，他于1932年提出的量表在此后的问卷调研中被广泛使用。量表通常由一组陈述组成，并要求被调查者判断其对这组陈述的认同程度，从完全同意到完全不同意的五种回答，分别记为5、4、3、2、1分。(也可以按照需求分成7分或者9分来设计)。李克特量表目前已成为社会调查研究中使用最为广泛的量表，其主要优点在于：(1) 对于研究者而言，易于根据其研究目的进行相应的陈述构建。(2) 对于被调查者而言，李克特量表易于理解，能进行相应的选择。本问卷根据研究对象和目的选择使用了5分的量表形式，希望问卷填写者根据问卷中所描述的情况，选择相应的分值以体现自身企业对照问卷所描述情况的符合程度。其中，1表示"很低"，2表示"略低"，3表示"一般"，4表示"略高"，5表示"很高"。

由于本问卷调查基本上由同一人完成，因此，可能存在"共同方法偏差"（Common Method Bias）。所谓"共同方法偏差"是指由于同样的数据来源或者评分者、测量环境、项目语境所造成的解释变量与被解释变量之间的人为共变，其主要原因在于一致性动机，即人在反应过程中试图对类似的问题保持回答的一致性或按一致性的意愿来组织信息，从而导致系统性误差[①]。避免共同方法偏差可采用程序上的控制，最直接的做法通常是对测量进行时间上和空间上的分离，尤其是注意隔离被解释变量和解释变量的题项，以避免被调查者出现一致性动机，这种做法称为程序控制。除此之外，学术界也设计出相应的统计方法来测量是否存在共同方法偏差，较为常用的是Podsakoff所推荐的哈曼单因素检验（Harman's One-factor

---

[①] Podsakoff, P. M., MacKenzie, S. B., Lee, J. and Podsakoff, N. P. Common Methods Biases in Behavioral Research: A Critical Review of the Literature and Recommended Remedies [J]. *Journal of Applied Psychology*, 2003, 88: 879-903.

Test by Principal Component Analysis，PCA)[①]。这一方法的原理是将所有变量放到同一个探索性因素分析中，检查未旋转的因子分析结果，若出现某一单一因子或者一个综合因子能解释大部分变量的方差，则证明存在较大的共同方法偏差。根据这一操作思路，本书将涉及网络能力、国际机会的开发和识别、国际创业绩效等全部潜变量的测量题项一起通过 SPSS Statistics 19.0 进行探索性因子分析。发现在未进行方差旋转化处理时，单个因子的最大方差解释量为 23.12%，意味着未出现单一因子，解释了所有变量的大部分协方差的情况，从而说明本研究中的共同方法偏差并不会造成显著影响。

二 数据的收集

本书的研究对象主要集中于浙江省的相关企业，鉴于浙江省的经济发展情况，问卷发放主要选择了几个重要区域，包括杭州市、宁波市、温州市、绍兴市、嘉兴市、湖州市和金华市等。这几个城市的经济总体运行状况良好，对外合作频繁，其中宁波市和温州市还带有浓郁的侨乡背景。因此，以这几个区域进行问卷投放，提高了问卷回收的质量。问卷发放的形式主要分成两种手段：(1) 通过当地商务局进行电子版问卷的投放。因工作业务往来，笔者与商务局系统来往较为熟悉。本次问卷具有一定的学术性，与普通问卷相比，在易读性和趣味性方面，会相对薄弱，若只是通过个人邮件系统进行投放，较难引起相关企业的兴趣和重视。因此，笔者在商务局相关人士的建议下，选择相关联企业，利用商务局相关企业群，发放了电子版问卷。(2) 实地调研发放问卷。鉴于天生全球企业的特征，笔者重点走访调研了各地的高新技术园区、孵化园区、创业园区和海外高层次人才创新园区，同时也积极利用浙江省内举办的大型交易博览会，如：浙交会、浙洽会、跨境交易采购会等机会，在会议现场直接联系到浙江本土有国际业务的各方企业相关负责经理。调研对象主要选择企业的高级主管，尤其是主要负责海外经营业务的经理人士。笔者曾有海外留学背景，为所在工作单位的侨留联理事，借此背景所搭建的关系网络也方便了

[①] Podsakoff, P. M., MacKenzie, S. B., Lee, J. and Podsakoff, N. P. Common Methods Biases in Behavioral Research: A Critical Review of the Literature and Recommended Remedies [J]. *Journal of Applied Psychology*, 2003, 88: 879-903.

笔者的调研，提高了问卷调查的准确性和可靠性。

通过电子邮件和实地调研形式，共发放问卷 662 份，回收问卷 497 份，并对以下几种情况的问卷进行筛除：（1）成立时间三年内没有进行国际化业务。（2）公司创立的前三年，其海外业务营业额占比低于 25%。（3）问卷关键数据填写缺漏，或者填答极端化、自相矛盾等情况。以此为标准对回收问卷进行整理，最后得到实际有效问卷共 219 份，具体情况如表 5-3 所示。

表 5-3　　　　　　　　　　问卷发放和回收情况

发放和回收形式	发放数量	回收数量	有效样本数量	有效问卷率
实地走访	157	126	73	46.50%
电子邮件发放	505	371	146	28.91%
合计	662	497	219	33.08%

关于结构方程的样本数量，不同学者的观点存在一定差异。总体而言，结构方程模型的基本原理是协方差分析，因此，样本数量越多，各指标的适配性也越好。但另一方面，样本数量越大，绝对拟合指数卡方值就越大，意味着模型的零假设越容易被拒绝，导致拒绝实际为真的错误。因此，结构方程样本数量的选择在学术界并没有达成统一认识。部分学者认为，100 以上的样本数量是必需的（Lomax 1989[①]；Mueller 1997[②]）。另有部分学者认为，除了绝对数量之外，变量的分布也需要考虑。黄芳铭[③] 2005 年提出，如果变量的分布符合正态或者椭圆情况，则每个变量达到 5 个样本以上即可，若是其他分布，则应达到 10 个以上。总体而言，目前大部分学者认同结构方程的样本数量若介于 200—500 之间是比较合理的，据此而得的参数估计结果也较为可靠。因此，本次研究的样本数量为 219 份，符合结构方程对样本数量的基本要求。

[①] Lomax, R.. Covariance Structure Analysis: Extensions and Development [J]. *Advance in Social Science Methodology*, 1989（1）：171-204.

[②] Mueller R. O., Structural equation modeling: back to basics [J]. *Structural equation modeling*, 1997（4）：353-369

[③] 黄芳铭：《结构方程模式理论与应用》，中国税务出版社 2005 年版。

三 样本基本情况及描述性统计分析

以下将对本研究中的219份有效样本的基本情况，包括企业性质、企业规模、所处行业、国际化经营情况等内容进行基本的描述，并做简要分析，以增加对天生全球企业的直观认识。

1. 样本企业规模及性质

将样本企业按照产权性质进行分类，如表5-4所示。其中，国有及国有控股企业23家，占总数的10.50%；集体企业8家，占总数的3.66%；民营企业185家，占总数的84.47%；中外合资企业3家，占总数的1.37%。

从人员数量上看，人数在100人以下的企业有44家，占总数的20.09%；人数在100—500人的企业有147家，占总数的67.12%；人数在500—1000人的企业有23家，占总数的10.50%；人数在1000—2000人的企业有3家，占总数的1.37%；人数在2000人以上的企业有2家，占总数的0.91%。

表5-4　　　　　　　　　　样本企业规模及性质

企业产权	样本数	所占百分比
国有及控股	23	10.50%
集体	8	3.66%
民营	185	84.47%
中外合资	3	1.37%
企业员工总数	样本数	所占百分比
100人以下	44	20.09%
100—500人	147	67.12%
500—1000人	23	10.50%
1000—2000人	3	1.37%
2000人以上	2	0.91%

2. 样本企业所处行业

将样本企业按照所属行业进行分类，如表5-5所示。其中，制造业企业152家，占总数的69.40%；信息产业9家，占总数的4.11%；服务业13家，占总数的5.93%；批发零售7家，占总数的3.20%；化工医药17家，占总数的7.76%；中介服务15家，占总数的6.85%；其他共6家，占总数的2.74%。

表 5-5　　　　　　　　　　样本企业所处行业

所处行业	样本数	所占百分比
制造业	152	69.40
信息产业	9	4.11
服务业	13	5.93
批发零售	7	3.20
化工医药	17	7.76
中介服务	15	6.85
其他	6	2.74

3. 国际化经营情况

针对样本企业的国际化经营情况，问卷中主要涉及了两类问题，首次国际业务经营方式和首次国际业务的海外国家数，具体情况见表5-6。

表 5-6　　　　　　　　样本企业国际化经营情况

首次国际业务的经营方式	样本数	所占百分比
出口公司	183	83.56
授权公司	6	2.74
建立合资公司	12	5.48
建立全资子公司	15	6.85
其他	3	1.37
首次国际业务的海外国家数	样本数	所占百分比
1—3 个国家	58	26.48
4—6 个国家	131	59.82
7—9 个国家	23	10.50
9—11 个国家	5	2.28
11 个以上国家	2	0.91

第三节　变量的测量

学术界通常认为，Ritter 等在 2002 年所发表的论文中所提出的网络能力量表对网络能力的测量具有较大的影响[1]。后期的学者在此基础上根据自身的研究对象对网络能力的量表进行了相应的调整和进一步的开发。根据

---

[1] Ritter, T., Wilkinson, I. F. and Johnston, W. J. Measuring Network Competence: Some International Evidence [J]. *Journal for Business and Industrial Marketing*, 2002, 17 (2/3): 119-138.

第四章的分析，本书将解释变量——网络能力分成五个维度：（1）网络愿景能力；（2）网络构建能力；（3）网络关系管理能力；（4）网络占位能力；（5）网络内部交流能力，并设置了20个题项进行测量；中介变量——国际机会的识别和国际机会的开发共设置了7个题项；被解释变量——国际创业绩效则是三个维度：（1）国际化财务绩效；（2）国际市场运营绩效；（3）国际化战略绩效，共设置了9个题项。以下就各个维度题项的研究设想及具体构成进行详细分析。

一 解释变量——网络能力

1. 网络愿景能力

网络愿景能力是指企业根据关系网络的演化趋势和企业自身的发展，从战略角度对关系网络所进行的规划。其主要特征是预测关系网络结构及其范围的变动程度和方向，从而发现嵌入关系网络中的具有价值的创新机会。网络愿景能力体现了企业对其所处网络的认识和理解，企业的网络愿景能力越强，企业越能更好地感知环境中的战略机会，从而制定相应的战略规划。根据网络愿景能力的界定，本书将网络愿景能力的初始测量条款设置如下：

表 5-7　　　　　　　　　网络愿景能力初始测量条款

题项	具体内容
A1	企业在发展规划和战略上非常重视关系网络在国际市场开拓中的作用
A2	企业能够有效辨识国际合作伙伴的价值与潜在商机
A3	企业具有很强的发现、评估并选择国际合作伙伴的主观意识
A4	企业能够在一定程度上预测国际合作关系的演化趋势

资料来源：Powell 等[1]；Salman，Savies[2]。

---

[1] Powell, W. W., K. Koput, and L. Smith-Doerr. Interorganizational Collaboration and the Locus of Innovation: Networks of Learning in Biotechnology [J]. *Administrative Science Quarterly*, 1996, 41: 116-145.

[2] Salman, N. and Saives, A. L. Indirect Networks: An Intangible Resource for Biotechnology Innovation [J]. *R&D Management*, 2005, 35: 203-215.

2. 网络构建能力

大部分网络关系的建立都不是天然形成的，相反，在企业识别到相应的网络价值后，它需要选择一种适当的方式与策略去构建这一网络关系。企业尤其要善于判断自己合作伙伴的优势，有些可能能提供独特或互补资源，有些可能具有良好的合作声誉或丰富的行业经验。同时，鉴于网络形态的丰富性，企业还因根据不同的合作情形和合作需要，谨慎考虑以何种联结形式去构建关系网络，产权纽带、契约纽带抑或是信息纽带。根据这一网络构建能力的界定，本书将网络构建能力的初始测量条款设置如下：

表 5-8　　　　　　　　网络构建能力初始测量条款

题项	具体内容
B1	企业尽可能通过各种途径搜集潜在国际合作伙伴的信息
B2	企业能根据发展变化动态地调整优化关系网络
B3	企业向潜在国际合作伙伴主动透露自身的相关信息
B4	企业依靠自身积极接触潜在国际合作伙伴，构建合作关系

资料来源：Powell 等[1]；Salman, Savies[2]；马鸿佳等[3]

3. 网络关系管理能力

由于环境的变化或其他不可预测的因素，企业与关系伙伴所构建的关系网络并不稳定，这意味着企业需要协调和优化这一关系网络。在整个网络关系的管理过程中，企业需要制定并合理运用合作规范，密切关注合作关系的改善和发展方向，以达到投入与产出的理性组合。同时，当合作企业面临冲突状况时，企业又能及时妥善地进行干预和矛盾解决，以确保合作活动的顺利进展。根据网络关系管理能力的界定，本书将网络关系管理能力的初始测量条款设置如下：

---

[1] Powell, W. W., K. Koput, and L. Smith-Doerr. Interorganizational Collaboration and the Locus of Innovation: Networks of Learning in Biotechnology [J]. *Administrative Science Quarterly*, 1996, 41: 116-145.

[2] Salman, N. and Saives, A. L. Indirect Networks: An Intangible Resource for Biotechnology Innovation [J]. *R&D Management*, 2005, 35: 203-215.

[3] 马鸿佳、董保宝、常冠群：《网络能力与创业能力——基于东北地区新创企业的实证研究》，《科学学研究》2010 年第 8 期。

表 5-9　　　　　　　　网络关系管理能力初始测量条款

题项	具体内容
C1	企业为每组国际合作关系指定负责人，并划拨联络经费
C2	企业与国际合作伙伴定期沟通讨论如何互相支持
C3	企业能有效评估每组国际合作关系实际与期望绩效的差异
C4	企业与国际合作伙伴中的相关人员保持良好的私人交情
C5	企业与国际合作伙伴坦诚交流，建设性地解决双方存在的分歧和冲突

资料来源：Powell 等[1]；Salman，Savies[2]；简兆权等[3]

4. 网络占位能力

鉴于关系网络的复杂性和动态性，企业在整体关系网络中处于何种位置将发挥不同的效果。通常认为占位能力强的企业能在网络中占据有利（中心）位置，能得到更多接触和获取新知识的机会，并由此占据知识传播和成果扩散的主导地位，并获取隐性知识[4]。更重要的是，有利（中心）位置的占取能帮助企业成为网络运行规则的制定者，推动网络朝自己期望的方向发展。根据网络占位能力的界定，本书将网络占位能力的初始测量条款设置如下：

表 5-10　　　　　　　　网络占位能力初始测量条款

题项	具体内容
D1	企业具有很强地占据合作关系网络中心位置的能力
D2	企业经常成为其他合作伙伴间的沟通桥梁

---

[1] Powell, W. W., K. Koput, and L. Smith-Doerr. Interorganizational Collaboration and the Locus of Innovation: Networks of Learning in Biotechnology [J]. *Administrative Science Quarterly*, 1996, 41: 116-145.

[2] Salman, N. and Saives, A. L. Indirect Networks: An Intangible Resource for Biotechnology Innovation [J]. *R&D Management*, 2005, 35: 203-215.

[3] 简兆权、陈键宏、郑雪云：《网络能力、关系学习对服务创新绩效的影响研究》，《管理工程学报》2014 年第 3 期。

[4] Burt, Ronald, S. Structural Holes and Good Ideas [J]. *American Journal of Sociology*, 2004, 110: 349-99.

续表

题项	具体内容
D3	企业总是能非常快速地与其他合作伙伴沟通而不用依赖第三方来传递信息

资料来源：Burt①　Tiwana②　Koka & Precott③

5. 网络内部交流能力

相关研究表明，内部交流使得企业各部门之间对信息呈现一种开放的态度，有利于部门之间的信息交流与学习。从关系角度来讲，Sivadas 和 Dwyer 也认为内部交流是一体化的合作能力④，这种能力能够调动员工参与网络关系管理的积极性，而员工的参与会增强企业的内源学习和外源学习，从而促进信息资源的外部获取和内部积累。据网络内部交流能力的界定，本书将网络内部交流能力的初始测量条款设置如下：

表 5-11　　　　　　　网络内部交流能力初始测量条款

题项	具体内容
E1	公司内部经常举行会议传达信息、加强内部信息流通
E2	在公司内部员工间经常进行非正式的联系和交流
E3	在公司内部管理层与员工间经常进行反馈和交流
E4	企业经常安排一些非正式活动来增加各部门人员之间的沟通

资料来源：Powell 等⑤；Salman, Savies⑥

---

① Burt, Ronald, S. Structural Holes and Good Ideas [J]. *American Journal of Sociology*, 2004, 110: 349-99.

② Tiwana, A. Do Bridging Ties Complement Strong Ties? An Empirical Examination of Alliance Ambidexterity [J]. *Strategic Management Journal*, 2008, 29: 251-272.

③ Koka, B. R. and Prescott, J. E. Designing Alliance Networks: The Influence of Network Position, Environmental Change, and Strategy on Firm Performance [J]. *Strategic Management Journal*, 2008, 29: 639-661.

④ Sivadas, E. and Dwyer, F. R. An Examination of Organizational Factors Influencing New Product Success in Internal and Alliance-based Processes [J]. *Journal of Marketing*, 2000, 64 (1): 31-49.

⑤ Powell, W. W., K. Koput, and L. Smith-Doerr. Interorganizational Collaboration and the Locus of Innovation: Networks of Learning in Biotechnology [J]. *Administrative Science Quarterly*, 1996, 41: 116-145.

⑥ Salman, N. and Saives, A. L. Indirect Networks: An Intangible Resource for Biotechnology Innovation [J]. *R&D Management*, 2005, 35: 203-215.

二 中介变量——国际机会的识别与开发

1. 国际机会的识别

国际机会识别研究中一个重要的部分就是如何测量机会以及后续的实证检验[1]。以往关于机会识别的实证研究大都关注于识别机会的多样性和质量。Hills & Shrader 1998 年[2]将机会识别界定为：在过去的五年，企业所挖掘的新的机会数目或者是对现有商业进行的新的拓展数目。Singh 等 1999 年[3]认为机会识别包含新的商业创意的数目和新的商业机会的数目。所谓商业机会是建立在商业创意基础之上的。也有学者通过企业在过去三年商业机会识别的数量及识别的成功率来进行测试。总体而言，已有文献基本上都认同对机会识别的测量重点不在于衡量在这个过程所体现的动态能力，而在于测算所识别的具体机会数目，包括新业务创意的发现和围绕创意进行的关于市场和技术方面的信息收集。

本书认为国际机会的识别体现了企业层面的动态能力，企业如何识别可行性的国际商业计划，并将柔性资源与其配套使得机会得以发展。资源柔性是指企业能快速对外界变化所尝试的各式需求做出相应的资源配置。资源柔性赋予企业对萌发的商业机会的快速反应能力，这正是早期企业国际化得以成功的重要原因。因此，部分学者认为，将商业创意转换为商业计划时，机会的可行性和价值性是两个需要重点考虑的主要维度[4]。价值性是指人们对商业机会的感知价值或者可以表述为机会的吸引力（可以用潜在的收益率来衡量），而可行性则是指机会的实际可操作性（比如通常

---

[1] Shepherd, D. A. and De Tienne, D. R. Prior Knowledge, Potential Financial Reward, and Opportunity Identification [J]. *Entrepreneurship Theory and Practice*, 2005, 29 (1): 91–112.

[2] Hills, Gerald, E., and Rodney C. Shrader, Successful Entrepreneurs' Insights Into Opportunity Recognition [J]. *Frontier of entrepreneurship research*, 1998 (18): 30–43.

[3] Singh, Robert, P., Gerald E. Hills, R. C. Hybels, and G. Thomas Lumpkin, Opportunity Recognition Through Social Network Characteristics of Entrepreneurs [J]. *Frontiers of Entrepreneurship Research*, 1999: 228–241.

[4] Mitchell, J. Robert, and Dean A. Shepherd. To Thine Own Self Be True: Images of Self, Images of Opportunity, and Entrepreneurial Action [J]. *Journal of Business Venturing*, 2010, 25 (1): 138–154.

认为在较强竞争国际市场中的机会的可行性会弱于较少竞争性市场中的机会[1]）。基于上述研究文献，本书将国际机会识别的初始测量条款设置如下：

表5-12　　　　　　　　国际机会识别的初始测量条款

题项	具体内容
F1	企业在过去三年内识别了很多能开拓国际业务的创意
F2	企业在过去三年内识别了很多能拓展国际业务的机会
F3	企业能够将创意进行运作使其转化为国际业务机会
F4	公司有很多新颖的国际创意切实可开发并且值得去开发

资料来源：Gordon[2]；Singh 等[3]；任胜钢等[4]。

2. 国际商业机会的开发

对于很多企业经营者而言，发现商业机会并不难，难在如何将商业机会进行成功开发，这并使得商业机会的开发成为一个研究重点。机会开发过程是描述个体或者公司如何将感知到的机会转化为"目标—结果"的框架[5]。在当今快速变化的国际市场背景下，时机的选择在机会开发环节中占有重要的位置。如果现有企业发现机会但并没有采取主动行为，其他的竞争对手就会快速截取机会。因此，在衡量机会开发时，有两个能力需要体现，一个是反应能力，另一个是适应能力。

由于机会开发的过程是一个"目标—结果"框架，因此，机会开发的最终结果往往体现为创新性的成果。根据创新成果的不同，大部分文献将

---

[1] Tumasjan, Andranik, Isabell Welpe, and Matthias Spörrle. Easy Now, Desirable Later: The Moderating Role of Temporal Distance in Opportunity Evaluation and Exploitation [J]. *Entrepreneurship Theory and Practice*, 2013, 37 (4): 859-888.

[2] Gordon, S. R. Interpersonal Trust, Vigilance and Social Networks Roles in the Process of Entrepreneurial Opportunity Recognition [J]. *International Journal of Entrepreneurship and Small Business*, 2007, 4 (5): 564-585.

[3] Singh, R. P. A Comment on Developing the Field of Entrepreneurship Through the Study of Opportunity Recognition and Exploitation [J]. *Academy of Management Review*, 2001, 26 (1): 10-12.

[4] 任胜钢、舒睿：《创业者网络能力与创业机会：网络位置和网络跨度的作用机制》，《南开管理评论》2014年第1期。

[5] Eckhardt, J. T. and Shane, S. A. Opportunities and Entrepreneurship [J]. *Journal of Management*, 2003, 29 (3): 333-349.

机会开发的测度按照其创新成果的不同进行分类，即机会的探索性创新和机会的改进性创新。机会的探索性创新常常伴随着一系列异质性的产品创新和工艺创新，并可能引起一段时间内的产业结构的变化。而改进性的创新则体现为对现有产品所做的功能上的扩展和技术上的改进，是一个渐进、连续的过程。基于上述研究文献，本书将国际机会开发的初始测量条款设置如下：

表 5-13　　　　　　　　国际机会开发的初始测量条款

题项	具体内容
G1	企业过去三年内成功地将很多国际业务机会真正进行了开发
G2	企业有足够的能力调配组织资源去开发新兴的国际业务机会
G3	企业能非常快速地对海外市场中出现的机会做出响应

资料来源：Gordon[1]；Singh 等[2]；Fuentes 等[3]

三　被解释变量——国际创业绩效

本书的被解释变量为国际创业绩效。鉴于国际创业绩效的复杂性，这一领域的研究相对较少有学者涉及，就其概念界定以及如何评价组织绩效等方面也尚未形成较为统一的观点[4]。但是学者普遍认为，测量过程中采用主观指标将会更有效，其原因有三：（1）企业通常对提供客观绩效，尤其是客观财务数据存在较强的抗拒性。（2）除了上市公司外，大部分企业的客观数据并不公开，从而导致较难对企业提供的客观数据的准确性

---

[1] Gordon, S. R. Interpersonal Trust, Vigilance and Social Networks Roles in the Process of Entrepreneurial Opportunity Recognition [J]. International Journal of Entrepreneurship and Small Business, 2007, 4 (5): 564-585.

[2] Singh, R. P. A Comment on Developing the Field of Entrepreneurship Through the Study of Opportunity Recognition and Exploitation [J]. Academy of Management Review, 2001, 26 (1): 10-12.

[3] Fuentes, M., Ruiz, M., Bojica, A. and Fernandez, V. Prior Knowledge and Social Networks in the Exploitation of Entrepreneurial Opportunities [J]. International Entrepreneurship and Management Journal, 2010, 6 (4): 481-501.

[4] Sousa, C. M. P., and F. Bradley. Effects of Export Assistance and Distributor Support on the Performance of SMEs: The Case of Portuguese Export Ventures [J]. International Small Business Journal, 2009, 27 (6): 681-701.

进行验证。同时，由于会计标准和各个企业统计口径上的不同，不同国家、不同行业的客观数据较难进行直接的比较。(3) 很多经营者在进行决策时往往依赖于自身对绩效的感知而非客观绩效的数值。鉴于上述原因，本书采用主观评价法来衡量企业的国际创业绩效，将国际创业绩效分为三个维度：国际化财务绩效、国际市场运营绩效和国际化战略绩效。

1. 国际化财务绩效

财务绩效是衡量企业国际创业绩效最重要的一个维度。Zhao & Zou 2002年[1]测算了出口强度（即出口占整体销售额之比）；Morgan 等 2004年[2]使用了海外销售量、海外市场份额和海外市场利润等指标。根据相关文献，本书将国际化财务绩效的初始测量条款设置如下：

表 5-14 国际化财务绩效初始测量条款

题项	具体内容
H1	近三年公司的国际销售额明显增长
H2	近三年公司的国际销售增长率显著提高
H3	近三年公司的国际销售盈利明显增长

资料来源：Autio 等[3]；Knight&Cavusgil[4]；王国顺等[5]

2. 国际市场运营绩效

Sullivan 等提出企业国际经营绩效并不仅仅局限于财务指标，还应该关注除企业财务之外，企业在海外市场中运营情况等指标。根据相关文献，本书将国际市场运营绩效的初始测量条款设置如下：

---

[1] Zhao, H., and Zou, S. The Impact of Industry Concentration and Firm Location on Export Propensity and Intensity: An Empirical Analysis of Chinese Manufacturing Firms [J]. *Journal of International Marketing*, 2002, 10 (1): 52-71.

[2] Morgan, Neil A, Anna Kaleka, and C. S. Katsikeas., Antecedents of Export Venture Performance: A Theoretical Model and Empirical Assessment [J]. *Journal of Marketing*, 2004, 68 (1): 90-108.

[3] Autio, E., Sapienza, H. and Almeida, J. Effects of Age at Entry, Knowledge Intensity, and Imitability on International Growth [J]. *Academy of Management Journal*, 2000, 43 (5): 909-924.

[4] Knight, G. A. and Cavusgil, S. T. Innovation, Organizational Capabilities, and the Born Global Firm [J]. *Journal of International Business Studies*, 2004, 35 (2): 124-141.

[5] 王国顺、杨帆：《创业导向、网络能力对国际化绩效的影响研究》，《科研管理》2011年第10期。

表 5-15　　　　　　　　国际市场运营绩效初始测量条款

题项	具体内容
I1	近三年公司的国际市场份额明显增长
I2	近三年公司的国际市场增长率显著提高
I3	近三年公司的国际市场顾客满意率显著提高

资料来源：Crick 等①；Kuivalainen 等②；Vorhies 等③

3. 国际化战略绩效

对企业而言，纵然良好的财务成绩是企业国际化经营的重要成果，但国际创业绩效更是一个多维体。其中一个方面就是其战略方面的绩效，比如海外市场的扩张、企业成长（Nguyen & Ng, 2007）④；或企业向国际市场提供了新的产品或者服务（Katsikeas, 2000）⑤。根据相关文献，本书将国际化战略绩效的初始测量条款设置如下：

表 5-16　　　　　　　　国际化战略绩效初始测量条款

题项	具体内容
J1	近三年公司整体国际市场经营的成功度显著增强
J2	近三年企业通过国际市场获得的知识和能力显著提高

---

① Crick, D., Spence, M. The Internationalization of High Performing UK High-tech SMEs: A Study of Planned and Unplanned Strategies [J]. *International Business Review*, 2005, 14 (2): 167-185.

② Kuivalainen, O., Sundqvist, S. and Servais, P. Firms' Degree of Born-globalness, International Entrepreneurial Orientation and Export Performance [J]. *Journal of World Business*, 2007, (42) 3: 253-267.

③ Vorhies, D. W., Harker, M. and Rao, C. P. The Capabilities and Performance Advantages of Market-driven Firms [J]. *European Journal of Marketing*, 1999, 33 (11/12): 1171-1202.

④ Keh, H. T., T. T. M. Nguyen, and H. P. Ng., The Effects of Entrepreneurial Orientation and Marketing Information on the Performance of SMEs [J]. *Journal of Business Venturing*, 2007, 22 (4): 592-611.

⑤ Katsikeas, C. S., L. C. Leonidou, and N. A. Morgan, Firm-level Export Performance Assessment: Review, Evaluation, and Development [J]. *Journal of the Academy of Marketing Science*, 2000, 28 (4): 493-511.

续表

题项	具体内容
J3	近三年企业整体国际竞争力显著提高

资料来源：Jantunen 等[①]；Gerschewski 等[②]。

四 控制变量

Sousa 等学者在 2008 年的研究中得出，控制变量在相关研究中不可或缺。天生全球企业的国际创业绩效是一个多因素共同作用的结果，在研究特定因素对企业国际创业绩效影响时还需要对其他变量进行一定的控制[③]。因此，本书将企业规模、企业年龄、企业性质、国际化程度这 4 个因素作为控制变量。这些变量能够反映企业的公司属性和国际市场特性，并与企业的网络能力及创业行为息息相关。

1. 企业规模：研究证明，企业规模会影响其国际创业绩效，往往企业规模越大，能调配的资源越丰富，其国际化成长也越快。衡量企业规模常用的指标是员工数量或者年销售额，虽然这两个指标的构成完全不一样，但是存在较强的相关性。本书以企业员工数目来代表企业规模，并进行对数处理，以消除多重共线性的影响。

2. 企业年龄：学者普遍认同企业年龄会影响企业相关经验的积累和资源的利用。因此，成立时间越久的企业，通常越容易与合作伙伴等建立关系网络，并获得更多的嵌入性利益。本问卷对企业年龄这一控制变量的衡量采取从企业成立到 2016 年的时间跨度来进行计算。

3. 企业性质：通常认为，企业的性质不同，其拥有的资源会存在较大差异。一般国有企业由于天然的优势，无论是在相关政策的支持

---

① Jantunen, A., Nummela, N., Puumalanimen, K. and Saarenketo, S. Strategic Orientations of Born Globals. Do They Really Matter? [J]. *Journal of World Business*, 2008, 43（2）: 158-170.

② Gerschewski, S., Rose, E. L., Lindsay, V. J. Understanding the Drivers of International Performance for Born Global Firms: An Integrated Perspective [J]. *Journal of World Business*, 2015（50）: 558-575.

③ Sousa, C. M. P., and F. Bradley. Effects of Export Assistance and Distributor Support on the Performance of SMEs: The Case of Portuguese Export Ventures [J]. *International Small Business Journal*, 2009, 27（6）: 681-701.

上，还是在资源获得的便利性上都具有较大的优势。本书的问卷设计中将企业性质分成国有企业、集体企业、民营企业、中外合资企业4种。鉴于国有有企业的特殊性，实证研究中主要分成两个大类，国有企业和非国有企业，具体度量上，国有企业设置为0，非国有企业设置为1。

4. 国际化程度：企业的国际化程度可以表现为多种形式，如海外市场营业额占总营业额的比重、海外雇员数占总员工数的比重、企业开始海外经营的时间等。一般国际化程度越高的企业所拥有的海外经验会越丰富，其国际创业绩效也会越高。本书以企业开始海外经营的时间来度量国际化程度，具体设置为自企业开始国际化经营的年份到2016年为止所经历的年数。

第四节　实证方法的选择

一　信度和效度分析

数据分析结果准确性的前提是样本数据应该是可信及有效的。因此，统计学界的通常观点是，一般通过测量工具所获得的结果，比如本章所使用的问卷调查方式所获取的数据，往往需要进行相应的信度（Reliability）和效度（Validity）分析。

1. 信度分析

学者们认为，当试图检验测度数据是否具有一致性（Consistency）和稳定性（Stability）时，可借助信度分析，其意义在于使研究者了解问卷本身设计是否合理。一致性考察的是问卷中各题项之间的关系，若问卷中的几个不同问题是对同一内容进行了测量，其测度结果会显示较强的正相关性，则可认定该问卷设计体现了较强的一致性。而稳定性则是将相同的调查对象置于不同的环境下进行测度，合理的问卷设计所呈现的结果差异会较小。基于这些理念，学者用不同的方法对信度指标进行了设计，目前主要方法包括复本相关法、再测信度法、折半法和内部一致性法等。其中，内部一致性法是最为常用的，以克伦巴赫 α 系数来表示（Cronbach's α），这种方法尤其适用于意见式问卷和态度式问卷的信度分析，其具体测算公式是：

$$\alpha = \frac{k}{k-1}\left(1 - \frac{\sum S_i^2}{S_x^2}\right)$$

其中 S_i^2 为所有受访者第 i 问项答案的方差，S_x^2 为所有受访者、所有题项总得分的方差；k 是量表中的问题项目总数。表 5-17 列出了 Cronbach's α 系数与信度之间的关系。Cronbach's α 系数介于 0 与 1 之间，Cronbach's α 系数越接近 1，则表明信度越可靠。相反，Cronbach's α 越小，尤其当 Cronbach's α 小于 0.5 时，则一般被认为量表的内容一致性太差，研究者应该对问卷量表进行重新调整（Nunnally，1978）[①]。

表 5-17　　　　Cronbach's α 系数与信度高低的关系

Cronbach's α 系数	可信度
Cronbach's α <0.5	不可信
0.5 = Cronbach's α <0.7	比较可信
0.7 = Cronbach's α <0.9	很可信
0.9 = Cronbach's α	十分可信

2. 效度分析

效度分析意在评估问卷的有效性，问卷量表是否能准确测度研究者的构想；同一量表中各个子项目是否在考察同一变量；不同变量之间又是否存在显著性的差异，这些内容都可以通过不同的效度指标来反映，如内容效度、标志关联效度或建构效度等。由于本书的量表是基于众多学者相关研究上的构建，相对较为成熟，从而在内容效度上有一定程度的保证。因此，在效度分析这一环节，本书将重点分析建构效度，建构效度又可分为聚合效度和区别效度，其意义在于说明实际评估体系的结构能够在多大程度上阐释期望评估体系的结构。聚合效度旨在考察同一主题下多个题项之间的聚合或关联程度；区别效度则用于判断不同主题中多个问题之间的聚合或关联程度。本书对建构效度判定所使用的方法为因子分析（包括探索性因子分析和验证性因子分析）。首先利用 KMO 值检验和 Bartlett 球体检验对样本进行充分性检验，即考察各维度是否适合进行因子分析。通常的判断依据是，KMO 值在 0.7 以上，Bartlett

---

[①] Nunnally, J. C., *Psychometric Theory*, 2nd ed. N. Y： MC Graw-Hill, 1978.

球体检验显著异于0。再根据特征值大于1的标准提取主因子,并通过观察因子旋转后的公共因子载荷情况来判断效度指标。验证性因子分析主要用于检测变量与潜变量之前的关系,通过事先假设两者之间存在关系,再运用相关指标进行检验。

二 结构方程模型

1. 基本概念

在社会科学的研究领域,常常需要用定量的方式以研究变量之间的因果关系。某些变量可以被直接观察到,称为显变量;某些变量无法被直接观察或测度,称为潜变量。传统的统计方法无法有效处理潜变量或者同时研究多个原因、多个结果之间的关系,而结构方程则能很好地解决这一问题,因而称为"统计的改革"。所谓结构方程(Structure Equation Model,简称 SEM)是通过分析相关变量的协方差矩阵以估算、验证其因果关系的线性统计建模分析方法,包括测量方程和结构方程两个部分。

结构方法模型之所以在社会科学,尤其是经济、管理等学科受到众多学者的青睐,主要有三个原因[1][2]:

(1)社会科学感兴趣的是测量及测量方法,并以测量所得数据来代替构想。结构方程假定显变量受潜变量影响,显变量与潜变量之间呈现线性关系,并用测量方程直接显示显变量对潜变量的测度,称为验证性因素分析(Confirmatory Factor Analysis,CFA),比起传统的探索性因素分析(Exploratory Factor Analysis,EFA)更为有效。

(2)传统的多元回归分析无法处理多个变量之间的关系,更不能在多个模型之间进行比较,而这些问题结构方程都能克服。SEM 能涵盖分析多个变量的情形,无论是变量之间的相关性,还是整体模型的拟合程度,都能较好地进行分析和预测。

(3)SEM 允许自变量包含测量误差,通过加入残差项来代表此项误差,使得模型整体的适应性加强,更能贴合实际经济状况。

---

[1] Kelloway, E. K. *Using LISREL for Structural Equation Modeling: A Researcher's Guide* [M]. Thousand Oaks, CA: Sage, 1998.

[2] 周子敬:《结构方程模式(SEM)——精通 LISREL》,全华图书公司 2006 年版。

2. 应用条件

（1）理论基础：结构方程的有效结论首先依赖于各变量之间关系的建立，即使用正确理论来搭建测量方程部分的模型，包括指标的选择、变量关系的假设、参数的设定等，每一个步骤需要有清晰的理论界定和缜密的逻辑推理。本书所提出的研究假设和机理是基于前人研究的理论成果所形成的，覆盖了目标研究主题下拟考察的关键变量，具有扎实的理论基础。

（2）样本分布：结构方程可使用多种方法来估计模型参数以求解模型。例如，最大似然法（Maximum Likelihood，ML）、偏最小二乘法等的。这些估计方法通常需要样本满足多元正态分布，以免 T 值产生偏差。因此，当分析数据为非正态分布时，可事先将其正态化。

（3）样本容量：由于结构方程模型的基本原理是协方差分析，因此，样本数量越多，各指标的适配性也就越好。尽管如此，关于大样本数量的具体标准却存在较大的争议。一些学者认为 100—150 是结构方程模型分析的最低样本数目；对于不同的研究对象而言，大样本数目存在差异；还有一些学者将最低样本容量同参数数目、模型变量结合在一起。对于 2—4 个因子的测量模型，研究者至少要搜集 100 个样本，200 个则更好[1]；或者样本数目至少应为模型变量的 10 倍。总体而言，要想得到合理稳定的结构方程模型，200 以下的样本数量是不鼓励的。

3. 基本步骤

结构方程模型建模共需要 5 个步骤：

第一步：模型构建。根据研究对象及相应的理论基础，构建能反映变量之间相关关系的理论模型，并利用路径图来指明各变量之间的相关关系。

第二步：模型识别与评估。若模型无法被识别，则无法得到系统参数的估计值。在识别的基础上，选择合适的方法对模型参数进行估计。结构方程追求的是样本的方差、协方差与模型估计的方差、协方差之间差异的最小化。

第三步：模型检验。表 5-18 列出了结构方程模型的几个重要拟合指

---

[1] Loehlin, J. C. *Latent Variable Models: An Introduction to Factor, Path, and Structural Analysis* (3rd ed.), Lawrence Erlbaum Associates, Inc., Mahwah, N. J., 1998.

标及其判别标准。

表 5-18　　　　　　　　结构方程的拟合指标及判别标准

拟合指标	判别标准
卡方检验值（χ^2）	越小越好①
自由度（df）	越大越好②
χ^2/df	小于等于5，但小于3最佳③
拟合优度指数（GFI）	大于0.8接受，大于0.9较好④
调整拟合优度指数（AGFI）	大于0.8接受，大于0.9较好⑤
比较拟合优度指数（CFI）	大于0.8接受，大于0.9较好⑥
规范拟合指数（NFI）	大于0.8接受，大于0.9较好⑦
增值适配指数（IFI）	大于0.8接受，大于0.9较好⑧
近似误差均方根估计（RMSEA）	小于0.1可以接受，小于0.05为较好的拟合⑨

第四步：模型修正。如果模型的拟合指数没有达到表5-18所设的标准，则需要对初始模型进行修正。修正的方法包括重新构建模型、修改或删除路径、模型扩展、限制操作等一系列方法。上述步骤可重复进行，直

---

① Bagozzi, R. P. and Yi, Y. On the Evaluation of Structural Equation Models [J]. *Journal of the Academy of Marketing Science*, 1988, 16: 74-94.
② Bagozzi, R. P. and Yi, Y. On the Evaluation of Structural Equation Models [J]. *Journal of the Academy of Marketing Science*, 1988, 16: 74-94.
③ Bagozzi, R. P. and Yi, Y. On the Evaluation of Structural Equation Models [J]. *Journal of the Academy of Marketing Science*, 1988, 16: 74-94.
④ Bagozzi, R. P. and Yi, Y. On the Evaluation of Structural Equation Models [J]. *Journal of the Academy of Marketing Science*, 1988, 16: 74-94.
⑤ Bagozzi, R. P. and Yi, Y. On the Evaluation of Structural Equation Models [J]. *Journal of the Academy of Marketing Science*, 1988, 16: 74-94.
⑥ Bagozzi, R. P. and Yi, Y. On the Evaluation of Structural Equation Models [J]. *Journal of the Academy of Marketing Science*, 1988, 16: 74-94.
⑦ Bagozzi, R. P. and Yi, Y. On the Evaluation of Structural Equation Models [J]. *Journal of the Academy of Marketing Science*, 1988, 16: 74-94.
⑧ Bagozzi, R. P. and Yi, Y. On the Evaluation of Structural Equation Models [J]. *Journal of the Academy of Marketing Science*, 1988, 16: 74-94.
⑨ Bagozzi, R. P. and Yi, Y. On the Evaluation of Structural Equation Models [J]. *Journal of the Academy of Marketing Science*, 1988, 16: 74-94.

至拟合指标达到要求为止。

第五步：模型解释。将模型最后的拟合结果比照现实情况进行对比分析，进而将模型的路径、指标具体化，得到相应的结论。

4. 分析工具

结构方程目前较为流行的分析包括 AMOS、LISREL 和 EQS 等。本书选用的结构方程模型构建工具为 AMOS 软件。AMOS 的主要优点在于功能强大且直观清晰，操作灵活简便。在 AMOS 的图形环境下，无论是显变量还是潜变量，都可直接赋值建模，通过清晰路径图的构建进行评估测算，并得到丰富的综合性结果。同时，该软件还具有强大的扩展功能，可用于回归分析、因子分析等其他情况。

第五节　本章小结

数据的获取是定量研究的基础。本书实证研究的数据主要来自调查问卷，因此本章首先就调查对象的选择、问卷的设计和问卷的发放与回收做了相应分析，并对回收的数据进行了描述性统计。其次，就问卷中涉及的变量，本章解释了解释变量、中介变量、被解释变量和控制变量的具体测量条款和相应的研究目的。最后，本章就实证研究中所用到的分析方法，包括信度与效度分析、结构方程模型等方法做了解释。

第六章

模型检验与结果

通过问卷回收完成数据收集后，还需要对数据进行信度检验和效度检验以确保问卷数据的可信性和有效性。在此基础上通过结构方程对模型进行拟合与修正，以此来完成对前述假设的检验。本章将分别对量表的信度检验、效度检验和关系假设的验证等方面进行具体分析。

第一节 量表的信度和效度检验

根据第五章研究方法所分析的，研究者可借助信度和效度分析以检测数据是否具有一致性和稳定性。本书对信度的检验主要采取较为通行的内部一致法，即用 Cronbach's α 系数来加以判定。而在效度分析这一环节，则重点分析建构效度，主要通过探索性因子分析和验证性因子分析这两个工具来完成。

一 网络能力的信度和效度检验

在具体使用因子分析前，KMO 适当性检验和 Barlett's 球度检验是必要的一个环节，以判断样本数据是否合适做因子分析。KMO 是通过比较各变量间相关系数与偏相关系数的大小来进行判断的，取值介于 0 到 1 之间。通常认为，KMO 值大于 0.9 是非常适合做因子分析；0.7 以上尚可；0.5 以下则不适合做因子分析。Barlett's 球度检验则从变量的相关系数矩阵出发，将相关矩阵为单位阵设为零假设。若在给定的显著性水平下拒绝零假设，则判定样本的相关系数矩阵显著差异于单位阵，则样本适合做因子分析。

根据 Kaiser[①]、马庆国[②]提出的判定标准，当 KMO 统计值大于 0.7，Bartlett's 球度检验的显著性统计值小于 0.001 时，则可认为样本数据是适合作因子分析的。表 6-1 显示了网络能力的 KMO 值为 0.805，大于 0.7；且 Bartlett 统计值显著异于 0，说明样本数据符合因子分析的标准。

表 6-1　　　　　　　网络能力 KMO 和 Barlett's test

Kaiser-Meyer-Olkin Measure of Sampling Adequacy		0.805
Barlett's Test of Sphericity	Approx. Chi-Square	732.149
	df	81
	sig.	0.000

1. 网络能力的信度检验

本书以 0.7 为 Cronbach's α 系数的阀值，若 Cronbach's α 系数大于 0.7，则认为该样本数据具有内部一致性。表 6-2 显示了网络能力的 5 个维度所对应的 Cronbach's α 系数。经验证，五个维度的 Cronbach's α 均大于 0.7，表明该量表具有较好的信度，满足研究的要求。

表 6-2　　　　　　　网络能力的内部一致性检验

变量	条款	Cronbach's α	变量	条款	Cronbach's α
网络愿景能力	A1—A4	0.745	网络占位能力	D1—D3	0.842
网络构建能力	B1—B4	0.723	网络内部沟通能力	E1—E4	0.763
网络关系管理能力	C1—C5	0.816			

2. 网络能力的效度检验

（1）网络能力的探索性因子分析

当研究项目中涉及较多变量时，研究者往往基于某些标准将这些变量进行分类。而这些变量之间常常存在某种相关性，这一相关性通常隐藏在变量之后，共同探索性因子分析（Exploratory Factor Analysis）正是基于这

[①] Kaiser, H. F. *An Index of Factorial Simplicity* [M]. Psychometrika, 1974, 39: 401-415.
[②] 马庆国：《管理统计：数据获取、统计原理、SPSS 工具与应用研究》，科学出版社 2002 年版。

一思维而开发的,其目的在于利用因子分析来确定因子的维数。探索性因子分析时事先不需要确定用到几个因子或者因子之间存在何种关系。对于研究者而言,最终希望是能够通过最少的因子尝试解释最多的方差。提取因子的方法使用较多的是主成分分析法,在此基础上通过因子旋转得到一个因子载荷阵。通过对因子载荷阵的分析可以解释因子结构,确定公共因子及其解释力情况。

根据前面所述的探索性因子的原理,先对样本数据采用主成分分析法,通过方差最大正交进行因子选择进而提取特征值大于1的公因子,发现共有5个因子的特征值大于1,符合上文理论部分所涉及的框架,即将网络能力分成5个维度。同时,根据张世琪[1]的做法对测量条款进行净化:(1) 删除自成一个因子的单一测量条款;(2) 删除在两个公因子上负荷均小于0.5的条款;(3) 删除在两个公因子上负荷均大于0.5的条款。基于上述判断标准,原问卷中的C3和E4不符合标准,予以删除,保留符合条件的测量网络能力的共18个条款,经方差最大正交旋转后的结果如表6-3所示。因子1代表网络愿景能力、因子2代表网络构建能力、因子3代表网络关系管理能力、因子4代表网络占位能力、因子5代表网络内部交流能力。表6-3显示各测量条款在其对应的公共因子上的载荷都大于0.5,且不会同时在两个以上的公共因子中出现载荷大于0.5的情况,说明当前所构建的网络能力量表具有较好的区别效度。同时,5个公因子对方差的累积贡献率达到了75.985%,高于50%的要求标准,说明本书所构建的网络能力的5个维度能较好地解释企业的网络能力情况。

表6-3　　　　　　网络能力的探索性因子分析结果

题项	因子载荷				
	因子1	因子2	因子3	因子4	因子5
A1	0.702	0.203	0.119	0.097	0.107
A2	0.635	0.105	0.214	0.279	0.051
A3	0.697	0.178	0.109	0.251	0.205
A4	0.741	0.126	0.148	0.225	0.102

---

[1] 张世琪:《文化距离、顾客感知冲突与服务绩效的关系研究——以饭店外籍顾客为视角》,博士学位论文,浙江大学,2012年。

续表

题项	因子载荷					
	因子1	因子2	因子3	因子4	因子5
B1	0.122	0.663	0.175	0.169	0.106
B2	0.147	0.710	0.220	0.097	0.131
B3	0.068	0.718	0.149	0.065	0.214
B4	0.231	0.593	0.061	0.204	0.109
C1	0.175	0.226	0.609	0.045	0.171
C2	0.116	0.145	0.712	0.201	0.075
C4	0.103	0.162	0.633	0.128	0.114
C5	0.192	0.093	0.641	0.146	0.067
D1	0.090	0.135	0.029	0.584	0.086
D2	0.063	0.152	0.149	0.725	0.084
D3	0.137	0.128	0.082	0.648	0.195
E1	0.066	0.105	0.117	0.150	0.651
E2	0.121	0.143	0.075	0.093	0.639
E3	0.175	0.130	0.103	0.252	0.590
方差解释率%	19.341%	16.710%	15.377%	11.205%	13.352%

(2) 网络能力的验证性因子分析

通过验证性因子分析量表建构效度的主要思路是：验证性因子检验能提供一个平均变异抽取量（AVE），AVE用于反映聚合效度，其临界值通常设定为0.5，若AVE小于0.5，意味着误差对总变异的解释程度超过测量项目对总变异的解释程度，这种情况下的效度是不符合要求的。另外，在做验证性因子分析时，还可通过观察两个变量之间的相关系数以判断区别效度情况，若两个变量之间的相关系数小于两者之间的AVE的平方根，则表明观测对象具有良好的区别效度。

按照第四章的机理分析构建关于网络能力的相关路径关系并进行验证性因子分析，具体模型拟合结果如图6-1和表6-4所示。

本书将网络能力分成五个维度，根据表6-4所示的整体拟合指数来看，网络能力的χ^2/df为2.247，小于临界值5；GFI值为0.932，AGFI值为0.918，NFI值为0.937，CFI值为0.981，IFI值为0.934均大于临界值0.9；同时，RSMEA为0.040，小于0.05的临界值，各个指标数据都符合本书所拟定的检验标准，因此，模型整体拟合状况较好。

根据图6-1所示，网络能力五个维度之间的相关系数较高，各维度的因子载荷均大于0.7，表明网络能力各维度因子之间具有较强的聚合关系，也间接表明了二阶因子的可行性。同时，五个维度，从网络愿景能力、网络构建能力、网络关系管理能力、网络占位能力和网络内部交流能力的标准化系数来看，均大于最低要求0.5。同时，各个维度的平均方差抽取量（AVE）值分别为分别为0.581、0.527、0.562和0.525，均大于最低要求0.5。其中网络占位能力的平均方差抽取量为0.496，约等于0.5。从以上指标基本可判定网络能力量表具有较好的聚合效度。

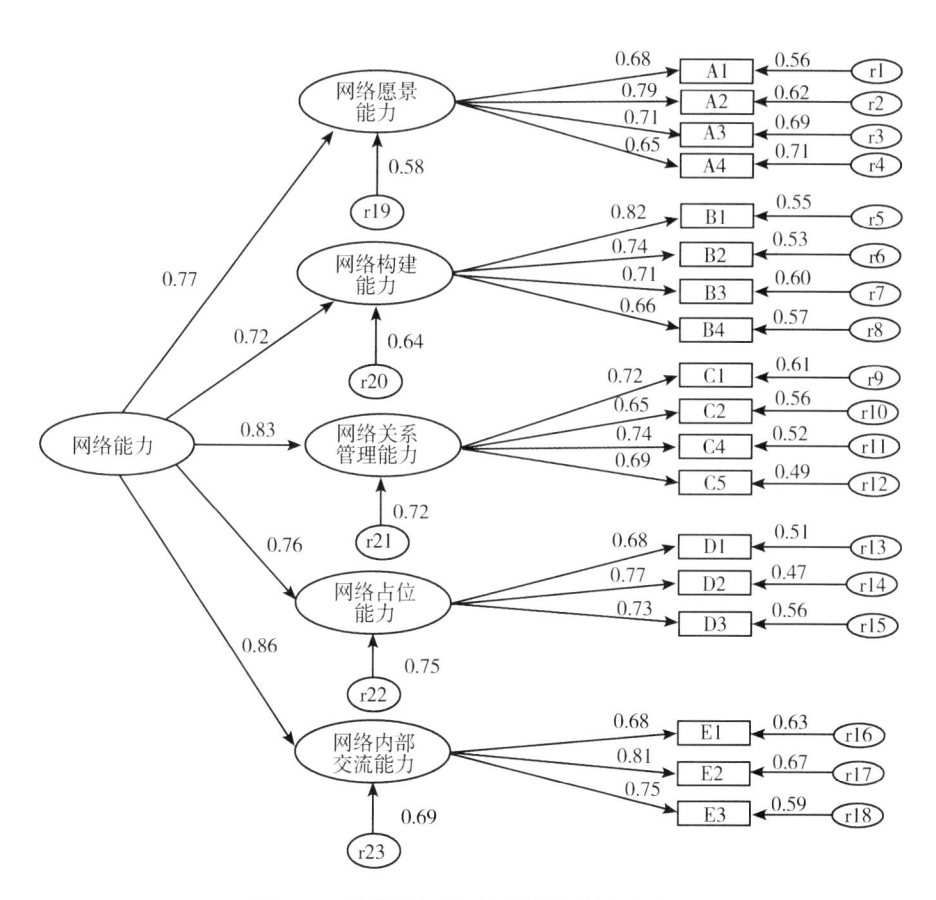

图6-1 网络能力的验证性因子结果分析

表 6-4　　　　　　　　　网络能力量表测量参数估计

潜变量	测量题项	标准化系数	T值	标准化误差	组合信度	AVE
网络愿景能力	A1	0.682	—	0.316	0.816	0.581
	A2	0.790	12.150	0.327		
	A3	0.708	12.651	0.335		
	A4	0.653	11.863	0.402		
网络构建能力	B1	0.824	—	0.321	0.837	0.527
	B2	0.741	11.643	0.308		
	B3	0.712	10.852	0.412		
	B4	0.658	10.775	0.332		
网络关系管理能力	C1	0.724	—	0.427	0.858	0.562
	C2	0.651	12.247	0.405		
	C4	0.736	11.762	0.363		
	C5	0.694	11.539	0.347		
网络占位能力	D1	0.677	—	0.329	0.852	0.496
	D2	0.768	10.780	0.428		
	D3	0.731	11.236	0.395		
网络内部交流能力	E1	0.681	—	0.374	0.872	0.525
	E2	0.809	11.351	0.359		
	E3	0.752	10.755	0.418		
拟合优度指标						
χ^2/df	GFI	AGFI	NFI	CFI	RMSEA	IFI
2.247	0.932	0.918	0.937	0.981	0.040	0.934

另外，根据验证性因子分析的思路，研究中还需比较两个变量之间的相关系数是否小于相应的 AVE 值的平方根，借此检验研究对象的区别效度。表 6-5 显示了各维度之间的相关系数，而五个维度的 AVE 值的平方根为分别为 0.762、0.725、0.749、0.704 和 0.724。因此，比较各维度之间的相关系数与各自的 AVE 值的平方根发现，各维度的相关系数都小于 AVE 值的平方根，由此可得，网络能力的测量量表具有较好的区别效度。

表 6-5　　　　　网络能力各维度均值、标准差、相关系数

	Mean	Sed.	1	2	3	4	5
网络愿景能力	3.235	0.688	1				
网络构建能力	3.127	0.620	0.590***	1			
网络关系管理能力	3.426	0.593	0.602***	0.583***	1		
网络占位能力	3.439	0.569	0.613***	0.545***	0.617***	1	
网络内部交流能力	3.763	0.637	0.592***	0.601***	0.611***	0.592***	

注：*** 代表 $P<0.001$，** 代表 $P<0.01$，* 代表 $P<0.05$。

二　国际机会识别和开发的信度和效度检验

表 6-6 显示了国际机会识别和开发的 KMO 值为 0.892，大于 0.7；且 Bartlett 统计值显著异于 0，说明样本数据符合因子分析的标准。

表 6-6　　　　国际机会识别和开发 KMO 和 Barlett's test

Kaiser-Meyer-Olkin Measure of Sampling Adequacy		0.892
Barlett's Test of Sphericity	Approx. Chi-Square	510.617
	df	49
	sig.	0.000

1. 国际机会识别与开发的信度检验

以 0.7 为 Cronbach's α 系数的阈值，若 Cronbach's α 系数大于 0.7，则认为该样本数据具有内部一致性。表 6-7 显示了国际机会识别与开发的两个维度所对应的 Cronbach's α 系数。经验证，两个维度的 Cronbach's α 均大于 0.7，表明该量表具有较好的信度，满足研究的要求。

表 6-7　　　　国际机会识别与开发的内部一致性检验

变量	条款	Cronbach's α	变量	条款	Cronbach's α
国际机会识别	F1—F4	0.825	国际机会开发	G1—G3	0.877

2. 国际机会识别与开发的效度检验

（1）国际机会识别与开发的探索性因子分析

同样对涉及国际机会识别和开发的样本数据采用主成分分析法，通过方差最大正交进行因子选择进而提取特征值大于 1 的公因子，发现共有两

个因子的特征值大于1，符合上文理论部分所建立的框架，将中介变量分成国际机会识别和国际机会开发两个维度。同时，根据上文所指定的方法进行测量条款净化，发现问卷中关于国际机会识别和开发的所有条款都符合标准，因此，测量国际机会识别和开发的条款共有七项，经方差最大正交旋转后的结果如表6-8所示。因子1代表国际机会识别、因子2代表国际机会开发。表6-8显示各测量条款在其对应的公共因子上的载荷都大于0.5，且不会同时在两个以上的公共因子中出现载荷大于0.5的情况，说明当前所构建的量表具有较好的区分效度。同时，两个公因子对方差的累积贡献率达到了89.229%，高于50%的要求标准。

表 6-8　　　国际机会识别和开发的探索性因子分析结果

题项	因子载荷	
	因子1	因子2
F1	0.802	0.319
F3	0.760	0.303
F4	0.653	0.217
F5	0.718	0.391
G1	0.137	0.879
G2	0.269	0.883
G3	0.316	0.892
方差解释率%	46.917%	42.312%

（2）国际机会识别与开发的验证性因子分析

在前面的论述中可知，国际机会识别与开发分为两个维度，其中，国际机会识别获取包含四个测量题项，国际机会开发包含三个测量题项。验证性因子分析模型如下图6-2所示。经过结构方程软件 AMOS 运算以后，其相应的参数估计值及拟合指标整理后得出表6-9。

根据表6-9所示的整体拟合指数来看，网络能力的 χ^2/df 为 2.625，小于临界值5；GFI 值为 0.951，AGFI 值为 0.932，NFI 值为 0.946，CFI 值为 0.985，IFI 值为 0.983，均大于临界值 0.9；同时，RSMEA 为 0.031，小于 0.05 的临界值，各个指标数据都符合本书所拟定的检验标准，因此，模型整体拟合状况较好。

根据图6-2所示，国际机会识别与国际机会开发之间的相关系数为

0.56，表明两者之间具有较强的聚合关系，也间接表明了二阶因子的可行性。各个维度的标准化系数也均大于最低要求 0.5。同时，各个维度的平均方差抽取量（AVE）值分别为分别为 0.536 和 0.513，均大于最低要求 0.5。从以上指标基本可判定量表具有较好的聚合效度。

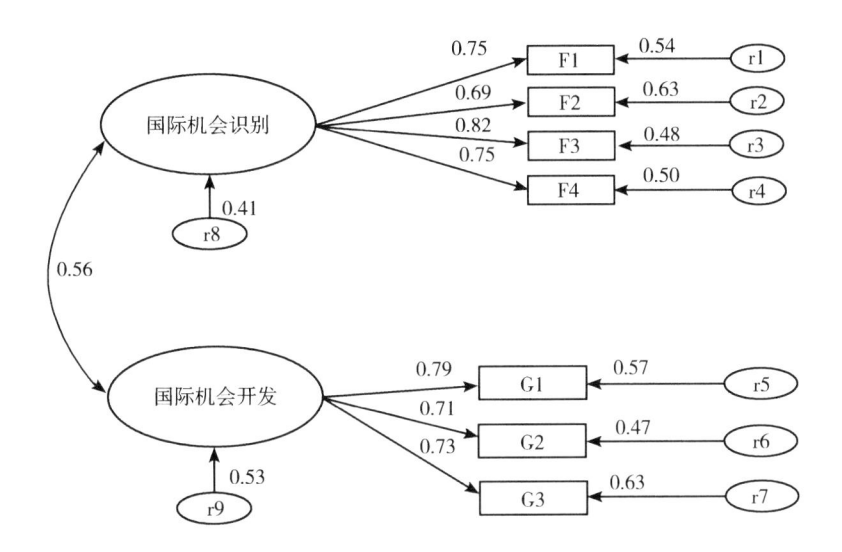

图 6-2 国际机会识别与开发的验证性因子结果分析

表 6-9　　　　　国际机会识别与开发量表测量参数估计

潜变量	测量题项	标准化系数	T 值	标准化误差	组合信度	AVE
国际机会识别	F1	0.753	—	0.432	0.871	0.536
	F2	0.691	11.120	0.480		
	F3	0.820	12.845	0.377		
	F4	0.747	12.113	0.362		
国际机会开发	G1	0.786	—	0.503	0.832	0.513
	G2	0.712	12.650	0.429		
	G3	0.728	11.983	0.316		
拟合优度指标							
χ^2/df	GFI	AGFI	NFI	CFI	RMSEA	IFI
2.625	0.951	0.932	0.946	0.985	0.031	0.983

国际机会识别、国际机会开发的 AVE 的平方根分别为 0.732、0.716。

国际机会识别、国际机会开发的相关系数为0.562，小于平均方差抽取量的平方根。因此，量表具有较好的区别效度。

三　国际创业绩效的信度和效度检验

表6-10显示国际创业绩效的KMO值为0.873，大于0.7；且Bartlett统计值显著异于0，说明样本数据符合因子分析的标准。

表6-10　　　　　　国际创业绩效量表 KMO 和 Barlett's test

Kaiser-Meyer-Olkin Measure of Sampling Adequacy		0.873
Barlett's Test of Sphericity	Approx. Chi-Square	882.891
	df	172
	sig.	0.000

1. 国际创业绩效的信度检验

表6-11显示了国际创业绩效的三个维度所对应的Cronbach's α系数。经验证，三个维度的Cronbach's α均大于0.7，表明该量表具有较好的信度，满足研究的要求。

表6-11　　　　　　国际创业绩效的内部一致性检验

变量	条款	Cronbach's α	变量	条款	Cronbach's α
国际财务绩效	H1—H3	0.810	国际市场运营绩效	I1—I3	0.802
国际战略绩效	J1—J3	0.783			

2. 国际创业绩效的效度检验

（1）国际创业绩效的探索性因子分析

对涉及国际创业绩效的样本数据采用主成分分析法，通过方差最大正交进行因子选择进而提取特征值大于1的公因子，发现共三个因子的特征值大于1，符合上文理论部分所建立的框架，将国际创业绩效分成国际化财务绩效、国际市场运营绩效和国际化战略绩效三个维度。同时，根据上文所指定的方法进行测量条款净化，发现原问卷中关于国际创业绩效的条款皆符合标准。因此，测度国际创业绩效的条款共有九项，经方差最大正交旋转后的结果如表6-12所示。因子1代表国际财务绩效、因子2代表国际市场运营绩效、因子3代表国际战略绩效。表6-12显示各测量条款在其对应的公共因子上的载荷都大于0.5,且不会同时在两个以上的公共因子中出现载荷大于0.5的情况,说明当前所构建的量表具有较好的区分度。同时,三个公因子对方差的累积贡献率达到了71.493%,高于50%的要求标准。

表6-12　　　　　　　国际创业绩效的探索性因子分析结果

题项	因子载荷		
	因子1	因子2	因子3
H1	0.892	0.137	0.316
H2	0.874	0.216	0.416
H3	0.673	0.316	0.285
I1	0.173	0.653	0.319
I2	0.332	0.775	0.237
I3	0.109	0.878	0.401
J1	0.328	0.106	0.670
J2	0.226	0.310	0.772
J3	0.331	0.262	0.704
方差解释率%	24.917%	22.312%	24.264%

(2) 国际创业绩效的验证性因子分析

验证性因子分析模型如下图6-3所示。经过软件AMOS运算以后,其相应的参数估计值及拟合指标整理后得出表6-13。

根据表6-13所示的整体拟合指数来看,网络能力的χ^2/df为2.463,小于临界值3;GFI值为0.942,AGFI值为0.937,NFI值为0.977,CFI值为0.975,IFI值为0.923,均大于临界值0.9;同时,RSMEA为0.042,小于0.05的临界值,各个指标数据都符合本书所拟定的检验标准,因此,模型整体拟合状况较好。

根据图6-3所示,国际财务绩效与国际市场运营绩效的相关系数为0.65,国际市场运营绩效与国际战略绩效的相关系数为0.59,国际财务绩效与国际战略绩效的相关系数为0.52,表明两者之间具有较强的聚合关系,也间接表明了二阶因子的可行性。各个维度的标准化系数也均大于最低要求0.5。同时,各个维度的平均方差抽取量(AVE)值分别为0.590、0.582和0.527,均大于最低要求0.5。从以上指标基本可判定国际创业绩效部分具有较好的聚合效度。

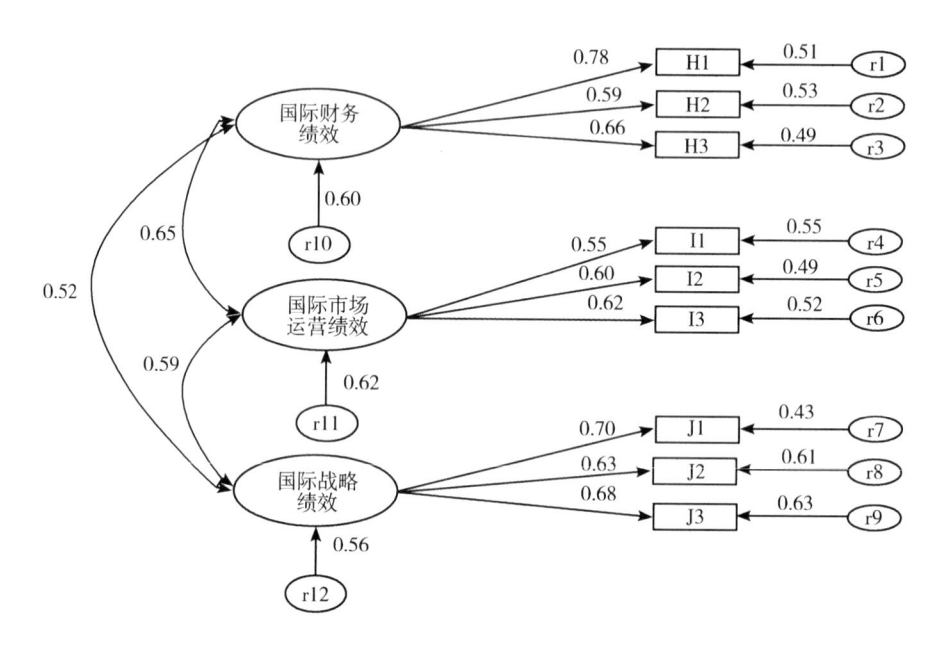

图 6-3 国际创业绩效的验证性因子结果分析

表 6-13 国际创业绩效量表测量参数估计

潜变量	测量题项	标准化系数	T 值	标准化误差	组合信度	AVE
国际财务绩效	H1	0.782		0.436	0.826	0.590
	H2	0.593	11.203	0.509		
	H3	0.661	12.117	0.526		
国际市场运营绩效	I1	0.554		0.601	0.883	0.582
	I2	0.603	10.317	0.539		
	I3	0.617	11.209	0.478		
国际战略绩效	J1	0.702	10.665	0.463	0.863	0.527
	J2	0.633	11.013	0.522		
	J3	0.679	12.027	0.537		
拟合优度指标							
χ^2/df	GFI	AGFI	NFI	CFI	RMSEA	IFI
2.463	0.942	0.937	0.977	0.975	0.042	0.923

国际化财务绩效、国际市场运营绩效和国际化战略绩效的 AVE 的平

方根分别为 0.768、0.762 和 0.725。国际创业绩效三个维度之间的相关系数均小于平均方差抽取量的平方根。因此，量表具有较好的区别效度。

第二节　假设检验

通过对研究量表的信度和效度检验，得出数据有效的结论基础上，本节将进入假设检验环节，主要是对第四章所构建的假设关系进行检验，并对拟合结果进行判断、调整和分析。具体步骤为：（1）分析自变量（天生全球企业网络能力）对中介变量（国际机会识别和开发）的影响、中介变量对因变量（国际创业绩效）的影响、自变量对因变量的影响，并分析模型的拟合参数。（2）整体模型的拟合和相应的参数估计。（3）运用 SEM 方法来对中介变量的中介效用进行分析。（4）结合上面所做的初步拟合路径和中介效应结果，对模型进行修正，得到最终拟合的模型。

一　自变量对中介变量的影响分析

运用 AMOS 软件将自变量对中介变量的影响关系进行模型拟合，结果如表 6-14 所示。χ^2/df 为 2.275，小于临界值 5；近似误差的均方根 RMSEA 为 0.037，小于最低要求 0.05；相对拟合指标 GFI、NFI、AGFI、CFI 和 IFI 都大于可接受标准 0.8，分别为 0.907、0.932、0.893、0.894 和 0.926，说明模型的整体拟合情况较好。

表 6-14　　　　　　自变量对中介变量的影响分析

假设回归路径	标准化路径系数	是否支持假设
国际机会识别←网络愿景能力	0.314***	是
国际机会识别←网络构建能力	0.267***	是
国际机会识别←网络关系管理能力	0.116***	是
国际机会识别←网络占位能力	0.335**	是
国际机会识别←网络内部交流能力	0.198**	是
国际机会开发←网络愿景能力	0.216***	是
国际机会开发←网络构建能力	0.328**	是
国际机会开发←网络关系管理能力	0.351***	是
国际机会开发←网络占位能力	0.207**	是

续表

假设回归路径	标准化路径系数	是否支持假设
国际机会开发←网络内部交流能力	0.209**	是
拟合优度指标		

χ^2/df	GFI	AGFI	NFI	CFI	RMSEA	IFI
2.275	0.907	0.893	0.932	0.894	0.037	0.926

注：*** 代表 P<0.001，** 代表 P<0.01，* d 代表 P<0.05。

同时，图 6-4 更清晰地表现了网络能力各维度对国际机会识别和开发的影响路径情况。五个维度对国际机会的识别和国际机会的开发均产生了显著的正向影响，假设全部得到了支持。

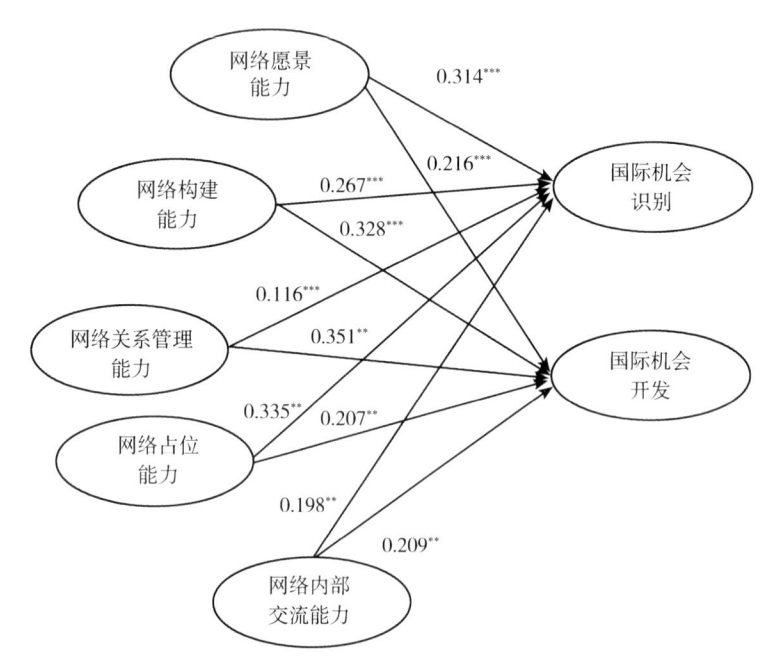

图 6-4 自变量对中介变量的影响关系模型

二 自变量对因变量的影响分析

运用 AMOS 软件将自变量对因变量的影响关系进行模型拟合，结果如表 6-15 所示。χ^2/df 为 3.012，小于临界值 5；近似误差的均方根 RMSEA 为 0.041，小于最低要求 0.05；相对拟合指标 GFI、NFI、AGFI、CFI 和 IFI 都大于可接受标准 0.8，分别为 0.912、0.925、0.901、0.897 和

0.905，说明模型的整体拟合情况较好。

表 6-15　　　　　　　　　自变量对因变量的影响分析

假设回归路径	标准化路径系数	是否支持假设
国际创业绩效←网络愿景能力	0.249**	是
国际创业绩效←网络构建能力	0.512***	是
国际创业绩效←网络关系管理能力	0.336**	是
国际创业绩效←网络占位能力	0.241**	是
国际创业绩效←网络内部交流能力	0.317***	是

拟合优度指标

χ^2/df	GFI	AGFI	NFI	CFI	RMSEA	IFI
3.012	0.912	0.901	0.925	0.897	0.041	0.905

注：*** 代表 $P<0.001$，** 代表 $P<0.01$，*d 代表 $P<0.05$。

同时，图 6-5 清晰地表现了网络能力各维度对国际创业绩效的影响路径情况。显然，五个维度对国际创业绩效均产生了显著的正向影响，假设路径全部得到了支持。

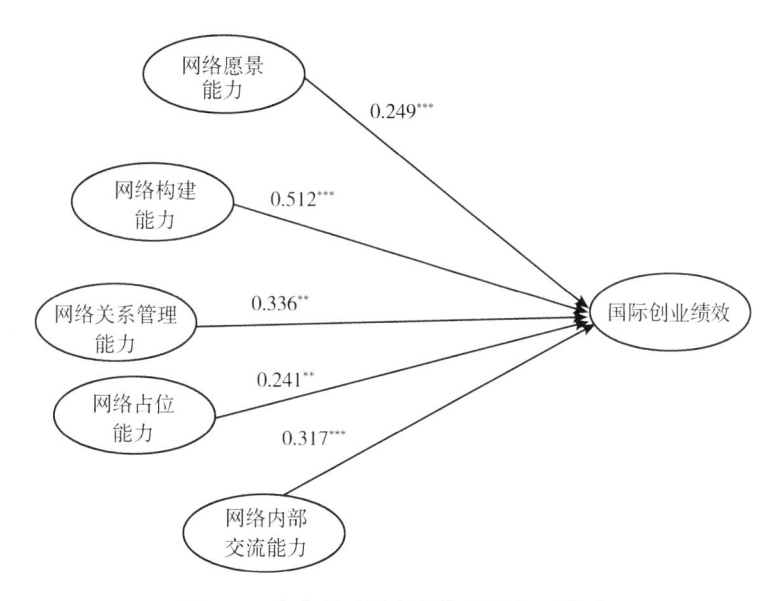

图 6-5　自变量对因变量的影响关系模型

三 中介变量对因变量的影响分析

运用 AMOS 软件将中介变量对因变量的影响关系进行模型拟合,结果如表 6-16 所示。χ^2/df 为 2.771,小于临界值 5;近似误差的均方根 RMSEA 为 0.035,小于最低要求 0.05;相对拟合指标 GFI、NFI、AGFI、CFI 和 IFI 都大于可接受最低标准 0.8,分别为 0.915、0.907、0.924、0.910 和 0.934,说明模型的整体拟合情况较好。

表 6-16　　　　　　　　中介变量对因变量的影响分析

假设回归路径	标准化路径系数	是否支持假设
国际创业绩效←国际机会识别	0.407***	是
国际创业绩效←国际机会开发	0.364***	是
拟合优度指标							

χ^2/df	GFI	AGFI	NFI	CFI	RMSEA	IFI
2.771	0.915	0.924	0.907	0.910	0.035	0.934

注:*** 代表 P<0.001,** 代表 P<0.01,* d 代表 P<0.05。

同时,图 6-6 清晰地表现了国际机会识别和国际机会开发各对国际创业绩效的影响路径情况。中介变量对国际创业绩效均产生了显著的正向影响,假设路径全部得到了支持。

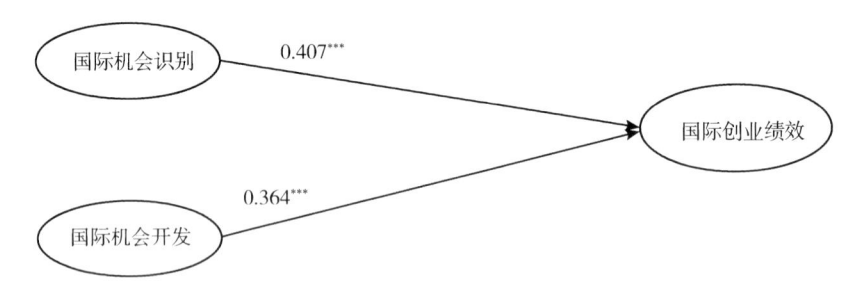

图 6-6　中介变量对因变量的影响关系模型

四 整体模型的拟合与参数估计

在上文各个变量互相关系得到验证的基础上,现将自变量、因变量和中间变量放在一起,构建网络能力—国际机会识别和开发—国际创业绩效这一综合性框架，并利用 AMOS 软件进行整体拟合。拟合结果如表 6-17 所示。模型整体拟合效果在接受的范围内，但是部分指标不够理想。相对拟合指标 GFI、AGFI、NFI 和 CFI 和 IFI 分别为 0.899、0.902、0.911、0.889 和 0.874，均高于可接受的标准 0.8，但绝对拟合指标卡方指数 χ^2/df 为 3.053，小于最低可接受标准 5，高于较好的临界指标 3；RMSEA 为 0.062，低于 0.1，但高于较好的临界值 0.05，说明模型还存在进一步修正的空间。

同时，从表 6-17 和图 6-7 所显示的拟合路径上，可以观察到更为详细的拟合结果。首先，自变量对中介变量（国际机会的识别和国际机会的开发）的影响路径大部分显著。其中，网络占位能力和国际机会识别、网络愿景能力和国际机会开发、网络占位能力和国际机会开发这三组的标准化路径系数值较小，分别为 0.015、0.026 和 0.057，且 P 值不显著，0.512、0.203 和 0.410 均大于 0.05。其次，自变量对因变量（国际创业绩效），部分存在显著的正向影响，但也存在部分的不显著，主要体现在网络愿景能力和国际创业绩效及网络占位能力和国际创业绩效这两组关系之间，其标准化路径系数较小，为 0.033 和 0.028，且 P 值为 0.201 和 0.175，均不显著。最后，中介变量的各维度对因变量均存在显著的正相关关系。

表 6-17　　　　　　　　　整体模型的初步参数估计

假设回归路径	标准化路径系数	标准误差	显著性概率
国际机会识别←网络愿景能力	0.223	0.035	0.013*
国际机会识别←网络构建能力	0.301	0.041	0.004**
国际机会识别←网络关系管理能力	0.207	0.068	0.000**
国际机会识别←网络占位能力	0.015	0.072	0.512
国际机会识别←网络内部交流能力	0.241	0.127	0.032*
国际机会开发←网络愿景能力	0.026	0.094	0.203
国际机会开发←网络构建能力	0.209	0.047	0.027*
国际机会开发←网络关系管理能力	0.235	0.214	0.003**
国际机会开发←网络占位能力	0.057	0.187	0.410
国际机会开发←网络内部交流能力	0.317	0.093	0.004**

续表

假设回归路径	标准化路径系数	标准误差	显著性概率
国际创业绩效←网络愿景能力	0.033	0.039	0.201
国际创业绩效←网络构建能力	0.224	0.121	0.003**
国际创业绩效←网络关系管理能力	0.229	0.072	0.004**
国际创业绩效←网络占位能力	0.028	0.041	0.175
国际创业绩效←网络内部交流能力	0.307	0.105	0.003**
国际创业绩效←国际机会识别	0.327	0.126	0.005**
国际创业绩效←国际机会开发	0.234	0.094	0.085*

拟合优度指标

χ^2/df	GFI	AGFI	NFI	CFI	RMSEA	IFI
3.053	0.899	0.902	0.911	0.889	0.062	0.874

注：*** 代表 P<0.001，** 代表 P<0.01，* 代表 P<0.05。

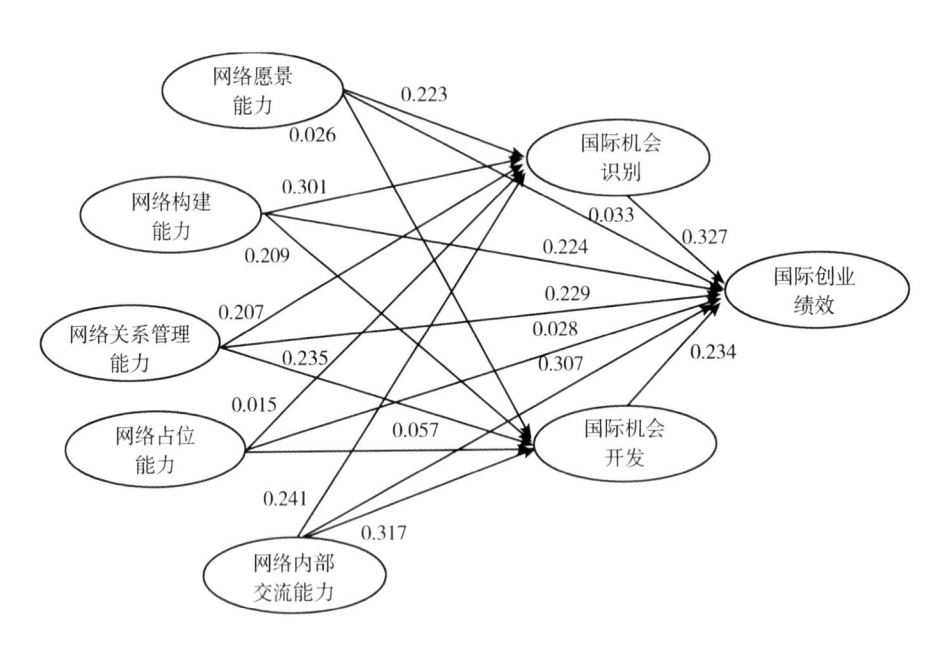

图 6-7 整体模型的初步拟合

五 中介变量的检验

根据 Baron 和 Kenny 1986 年[①]的定义，中介变量，作为联系两个变量之间的关系纽带，旨在解释自变量是如何影响因变量的具体过程。图 6-8 直观地呈现了简单的三变量中介模型。中介变量存在的前提变量 X 与变量 Y 之间存在明显的因果关系，如果能进一步证明自变量 X 是通过变量 M 对因变量 Y 产生影响，这种情况下就可以认为 M 为 X 和 Y 的中介变量。图中，自变量对因变量的作用可分为总效应（c）、直接效应（c'）和间接效应（$a×b$）。

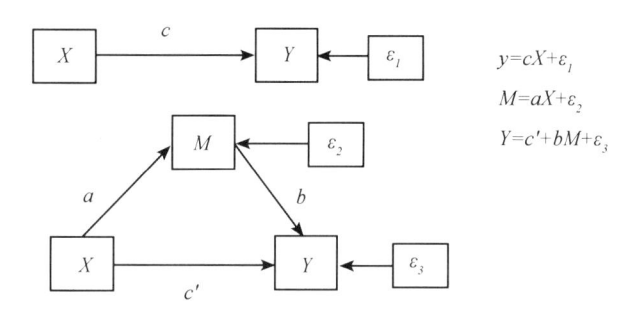

图 6-8 中介效应模型

关于中介效应的检验方法，包括因果分析法、系数相乘法、Bootstrapping 法等不同类型。其中 Baron & Kenny 1986 年所提出因果分析法是应用最为广泛的，本书正是运用这一方法对中介效应进行判断。该方法的具体公式如下，包含三个回归式：

$$Y = \beta_0 + cX + \varepsilon$$

$$M = \beta_1 + aX + \varepsilon$$

$$Y = \beta_2 + bM_e + c'X + \varepsilon$$

①第一个回归式用以检验自变量对因变量的影响，要求 c 显著不等于 0。

②第二个回归式用以检验自变量对中介变量的影响，要求 a 显著不等

[①] Baron, R. M., Kenny, D. A.. The Moderator-mediator Variable Distinction in Social Psychological Research: Conceptual, Strategic and Statistical Considerations [J]. *Journal of Personality and Social Psychology*, 1986, 51 (6): 1173-1182.

于 0。

③第三个回归式包含了中介变量 M 和因变量 X。首先要求 b 显著不等于 0，则说明中介变量对因变量存在影响。因此，$c \neq 0$、$a \neq 0$、$b \neq 0$ 可以称为判断中介效应存在的三个必要条件。其次，若 c' 等于 0，则为完全中介作用；若 c' 显著不等于 0，则为部分中介作用。

本书的中介效应检验根据上述步骤分成三步。首先，本章的前几个小节中已做了自变量、因变量和中介变量的相关性分析，表 6-14、表 6-15 和表 6-16 的结果显示，前三个必要条件都得到了满足。其次，本章建立了如下的表 6-18，表内的数据主要提取了表 6-15 和表 6-17 中的路径系数及显著性概率，将其对列进行对比。结果发现，当加入中介变量后，各个关系的影响路径系数都有所减少，从而验证了中介效应的存在。再次，对比显著性概论发现，国际机会的识别和国际机会的开发这两个中介变量在网络构建能力、网络关系管理能力和网络内部交流能力与企业国际创业绩效之间的关系中起到了部分中介作用；国际机会的识别和国际机会的开发两个中介变量在网络愿景能力、网络占位能力与国际创业绩效之间的关系中起到完全中介作用。

表 6-18　　　　　　　直接效应与中介效应模型参数比较

假设回归路径	直接效应模型 标准化路径系数	直接效应模型 显著性概率	中介效应模型 标准化路径系数	中介效应模型 显著性概率
国际创业绩效←网络愿景能力	0.249**	0.005	0.033	0.201
国际创业绩效←网络构建能力	0.512***	0.000	0.224	0.003**
国际创业绩效←网络关系管理能力	0.336**	0.003	0.229	0.004**
国际创业绩效←网络占位能力	0.241**	0.006	0.028	0.175
国际创业绩效←网络内部交流能力	0.317***	0.000	0.307	0.003**

六　结构方程模型修正检验

根据表 6-17 的结果显示，整体模型初始拟合的效果并不理想，主要体现为拟合指标并没有达到理想状态，并且部分路径出现了不显著。因此，本书拟对初始拟合的模型进行修正。具体的修正步骤分成两步：第一步，表 6-5 中显示，网络能力各维度的相关系数都比较高，说明网络能力的各维度之间存在一定的相关性。因此，重新拟合的模型拟在原始模型的基础上增加网络能力各维度之间的相关路径。第二步，对初始拟合模型中出现的不显著路径进行删除。根据上述两个修正步骤的操作，对初始模型进行进一步调整，其修正后的拟合结果见图6-9，具体拟合参数和路径系数见表6-19。

从表6-19及图6-9中可以看出，修正后的整体模型拟合效果良好，各项拟合优度指标都有了一定程度的提高。其中。绝对拟合指标卡方指数X^2/df为2.055，小于3；近似误差的均方根RMSEA为0.030，小于0.05；相对拟合指标GFI、AGFI、NFI和、CFI和IFI分别为0.924、0.933、0.941、0.936和0.951，均高于0.9。

表6-19　　　　　　　　　修正整体模型的参数估计

假设回归路径	标准化路径系数	标准误差	显著性概率
网络构建能力←网络愿景能力	0.314	0.079	0.000***
网络关系管理能力←网络愿景能力	0.425	0.066	0.003**
网络占位能力←网络愿景能力	0.373	0.034	0.009**
网络内部交流能力←网络愿景能力	0.357	0.025	0.003**
网络关系管理能力←网络构建能力	0.402	0.107	0.000***
网络占位能力←网络构建能力	0.231	0.098	0.021**
网络内部交流能力←网络构建能力	0.208	0.113	0.005**
网络占位能力←网络关系管理能力	0.314	0.201	0.009**
网络内部交流能力←网络关系管理能力	0.217	0.145	0.038**
网络内部交流能力←网络占位能力	0.305	0.019	0.002**
国际机会识别←网络愿景能力	0.327	0.026	0.000***
国际机会识别←网络构建能力	0.434	0.015	0.000***
国际机会识别←网络关系管理能力	0.379	0.033	0.000***
国际机会识别←网络内部交流能力	0.332	0.091	0.023**
国际机会开发←网络构建能力	0.308	0.102	0.006**
国际机会开发←网络关系管理能力	0.411	0.177	0.000***
国际机会开发←网络内部交流能力	0.229	0.083	0.007**
国际创业绩效←网络构建能力	0.461	0.022	0.000***
国际创业绩效←网络关系管理能力	0.291	0.019	0.000***

续表

假设回归路径	标准化路径系数	标准误差	显著性概率
国际创业绩效←网络内部交流能力	0.572	0.061	0.000 **
国际创业绩效←国际机会识别	0.504	0.037	0.000 ***
国际创业绩效←国际机会开发	0.401	0.021	0.003 **

拟合优度指标

χ^2/df	GFI	AGFI	NFI	CFI	RMSEA	IFI
2.055	0.924	0.933	0.941	0.936	0.030	0.951

注：*** 代表 P<0.001，** 代表 P<0.01，* 代表 P<0.05。

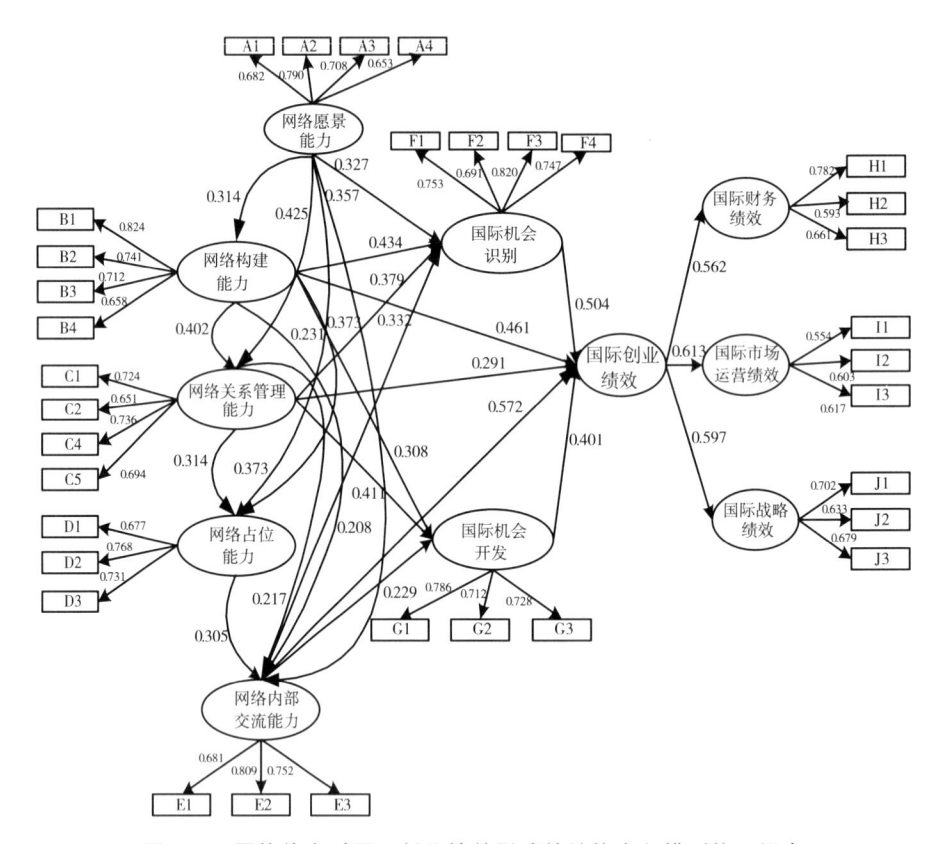

图 6-9　网络能力对国际创业绩效影响的结构方程模型修正拟合

第三节 关系假设的验证

实证部分通过对样本数据的因子分析和基于结构方程的假设检验后，对理论部分所构建的模型进行了验证，结果见表6-19。表6-19显示，原假设中所提出的17条路径，其中12条路径得到了实证检验的支持，其余的5条路径在本书的样本数据条件下不显著，无法得到验证。具体汇总如下：

1. 天生全球企业网络能力与国际机会识别之间的关系假设

H1a：天生全球企业网络愿景能力对国际机会识别具有显著的正向作用，网络愿景能力越强，能识别的国际机会越多。

H1b：天生全球企业网络构建能力对国际机会识别具有显著的正向作用，网络构建能力越强，能识别的国际机会越多。

H1c：天生全球企业网络关系管理能力对国际机会识别具有显著的正向作用，网络关系管理能力越强，能识别的国际机会越多。

H1d：天生全球企业网络占位能力对国际机会识别具有显著的正向作用，网络占位能力越强，能识别的国际机会越多。

H1e：天生全球企业网络内部交流能力对国际机会识别具有显著的正向作用，网络内部交流能力越强，能识别的国际机会越多。

从表6-17、表6-19可以看出，假设H1d，网络占位能力与国际机会识别的正向影响不显著，因此，假设H1d没有得到验证。而网络愿景能力、网络构建能力、网络关系管理能力、网络内部交流能力与国际机会识别的标准化路径系数分别为0.327、0.434、0.379和0.322，且均通过显著性水平的检验，因此，以上网络能力的四个维度均与国际机会识别正相关，即假设H1a、H1b、H1c、H1e均得到验证。

2. 天生全球企业网络能力与国际机会开发之间的关系假设

H2a：天生全球企业网络愿景能力对国际机会开发具有显著的正向作用，网络愿景能力越强，能开发的国际机会越多。

H2b：天生全球企业网络构建能力对国际机会开发具有显著的正向作用，网络构建能力越强，能开发的国际机会越多。

H2c：天生全球企业网络关系管理能力对国际机会开发具有显著的正向作用，网络关系管理能力越强，能开发的国际机会越多。

H2d：天生全球企业网络占位能力对国际机会开发具有显著的正向作用，网络占位能力越强，能开发的国际机会越多。

H2e：天生全球企业网络内部交流能力对国际机会开发具有显著的正向作用，网络内部交流能力越强，能开发的国际机会越多。

从表 6-17、表 6-19 可以看出，假设 H2a 和 H2d，网络愿景能力和网络占位能力对国际机会开发的正向影响不显著，因此，假设 H2a 和 H2d 没有得到验证。而网络构建能力、网络关系管理能力和网络内部交流能力对国际机会开发的标准化路径系数分别为 0.308、0.411 和 0.229，且均通过显著性水平的检验，因此，以上网络能力的三个维度均与国际机会开发正相关，即假设 H2b、H2c 和 H2e 得到验证。

3. 国际机会识别与国际创业绩效之间的关系假设

H3：国际机会识别对国际创业绩效具有显著的正向作用，能识别的国际机会越多，企业的国际创业绩效越好。

从表 6-19 可以看出，假设 H3，国际机会识别与国际创业绩效的标准化路径系数为 0.504，且通过显著性水平的检验。因此，国际机会识别与国际创业绩效正相关，即假设 H3 得到验证。

4. 国际机会开发与国际创业绩效之间的关系假设

H4：国际机会开发对国际创业绩效具有显著的正向作用，能开发的国际机会越多，企业的国际创业绩效越好。

从表 6-19 以看出，假设 H4，国际机会开发与国际创业绩效的标准化路径系数为 0.401，且通过显著性水平的检验。因此，国际机会开发与国际创业绩效正相关，即假设 H4 得到验证。

5. 天生全球企业网络能力与国际创业绩效之间的关系假设

H5a：天生全球企业网络愿景能力对国际创业绩效具有显著的正向作用，网络愿景能力越强，国际创业绩效越好。

H5b：天生全球企业网络构建能力对国际创业绩效识别具有显著的正向作用，网络构建能力越强，国际创业绩效越好。

H5c：天生全球企业网络关系管理能力对国际创业绩效具有显著的正向作用，网络关系管理能力越强，国际创业绩效越好。

H5d：天生全球企业网络占位能力对国际创业绩效具有显著的正向作用，网络占位能力越强，国际创业绩效越好。

H5e：天生全球企业网络内部交流能力对国际创业绩效具有显著的正

向作用，网络愿景能力越强，国际创业绩效越好。

从表 6-17、表 6-19 可以看出，假设 H5a 和 H5d，网络愿景能力和网络占位能力与国际创业绩效的正向影响不显著，因此，假设 H5a 和 H5d 没有得到验证。而网络构建能力、网络关系管理能力和网络内部交流能力与国际创业绩效的标准化路径系数分别为 0.461、0.291 和 0.572，且均通过显著性水平的检验，因此，以上网络能力的三个维度均与国际创业绩效正相关，即假设 H5b、H5c 和 H5e 均得到验证。

表 6-20　　　　　　　　　　假设检验通过情况

编号	假设内容	验证
天生全球企业网络能力对国际机会识别具有显著的正向影响：		
H1a	天生全球企业网络愿景能力对国际机会识别具有显著的正向影响	通过
H1b	天生全球企业网络构建能力对国际机会识别具有显著的正向影响	通过
H1c	天生全球企业网络关系管理能力对国际机会识别具有显著的正向影响	通过
H1d	天生全球企业网络占位能力对国际机会识别具有显著的正向影响	未通过
H1e	天生全球企业网络内部交流能力对国际机会识别具有显著的正向影响	通过
天生全球企业网络能力对国际机会开发具有显著的正向影响：		
H2a	天生全球企业网络愿景能力对国际机会开发具有显著的正向影响	未通过
H2b	天生全球企业网络构建能力对国际机会开发具有显著的正向影响	通过
H2c	天生全球企业网络关系管理能力对国际机会开发具有显著的正向影响	通过
H2d	天生全球企业网络占位能力对国际机会开发具有显著的正向影响	未通过
H2e	天生全球企业网络内部交流能力对国际机会开发具有显著的正向影响	通过
国际机会识别对国际创业绩效具有显著的正向影响：		
H3	国际机会识别对国际创业绩效具有显著的正向影响	通过
国际机会开发对国际创业绩效具有显著的正向影响：		
H4	国际机会开发对国际创业绩效具有显著的正向影响	通过
天生全球企业网络能力对国际创业绩效具有显著的正向影响：		
H5a	天生全球企业网络愿景能力对国际创业绩效具有显著的正向影响	未通过
H5b	天生全球企业网络构建能力对国际创业绩效具有显著的正向影响	通过
H5c	天生全球企业网络关系管理能力对国际创业绩效具有显著的正向影响	通过

续表

编号	假设内容	验证
H5d	天生全球企业网络占位能力对国际创业绩效具有显著的正向影响	未通过
H5e	天生全球企业网络内部交流能力对国际创业绩效具有显著的正向影响	通过

第四节　本章小结

本章主要是进行了数据的分析和假设的验证。主要分析方法是探索性因子分析、验证性因子分析和结构方程分析。本章主要从以下几个方面展开研究工作：

首先，是对整体测量以及各研究变量的信度、效度检验。整体模型及各个研究变量模型均拟合良好，有较好的信度、收敛效度和区分效度。其次，本章对主要变量进行了相关性分析，并在此基础上进行了中介效应的检验，发现国际机会识别与国际机会开发在网络能力各维度与企业国际创业绩效之间起到了完全或部分中介作用。最后，对整个模型进行假设检验，并根据初步拟合情况进行进一步修正，使最终模型的拟合结果更为理性，并根据这一结果对第四章所提出的各个假设进行验证，得到最终结论。

第七章

结论、局限与研究展望

第一节 主要研究结论与启示

一 主要研究结论

随着经济全球化和一体化的发展，企业对关系网络的重视程度日益加剧，如何积极主动地构建网络、管理网络并充分发挥关系网络的价值，进而从合作伙伴中获取信息、知识和各种资源为己所用，而无须企业耗费高昂成本去实际占有资源成为企业关系网络管理中的核心。本书以关系网络理论、资源基础理论、知识管理理论和动态能力视角为理论基础，研究了具有国际商务学、国际创业学和战略管理学学科知识交叉特点的天生全球企业的国际化经营和绩效。以企业网络能力为研究切入点，探讨其对天生全球企业国际创业绩效的直接影响作用和间接影响作用。根据这个研究命题，全书构建了理论研究概念模型，并对来自浙江省的219家天生全球企业的样本数据进行了实证研究。在实证方法上，本书使用了结构方程来检验模型的有效性，现将主要研究结论归纳如下：

1. 综合网络能力和天生全球企业研究的相关经典文献，本书将天生全球企业的网络能力划分为以下五个维度：网络愿景能力、网络构建能力、网络关系管理能力、网络占位能力和网络内部交流能力。探讨了创业理论的核心——机会，归纳出天生全球企业国际机会的含义，将天生全球企业国际机会划分为国际机会识别和国际机会开发两个主要维度。通过对样本数据的探索性分析和验证性分析，确定了网络能力、国际机会和国际创业绩效的维度划分和量表构成。

2. 根据关系网络理论、国际创业学理论、知识基础观和动态能力观，提出天生全球企业网络能力中的大部分维度对国际机会识别呈显著的正向影响。但其中网络占位能力对国际机会识别的正向作用不显著。具体表现在以下几个方面:

(1) 网络愿景能力对国际机会识别具有显著的正向影响。网络愿景能力侧重于对参与网络和网络发展的整体思考和规划,指导企业选择网络伙伴和进入网络的方式,便于企业找到进行知识整合的对象和合理方式。通过明确企业的合作对象和合作目标,在主观意识层面上积极促使企业参与网络活动并与网络伙伴进行密切交流,有利于企业将跨组织边界的知识进行整合。因此,网络愿景能力不仅有利于天生全球企业发现国际市场上客观存在的商业机会,而且也有利于企业采用创造性的思维过程、重新组合思维过程或尝试不同的思维过程序列对外部网络信息进行分析、提炼和整合,从而创造出崭新的国际机会。

(2) 网络构建能力对国际机会识别具有显著的正向影响。这一验证结果表明天生全球企业可以通过提高网络构建能力,对企业外部网络关系进行选择和评估,尽可能构建起规模更大、异质性更高的网络合作关系组成。创业者所嵌入的网络规模越大,越有助于其接触到更大量、更丰富的信息,从而更有可能识别创业机会。多样化的网络构成可以为他们提供异质性的信息和知识指导,扩大他们差异化的知识存储,提高识别机会的能力。同时,创业者的交往范围越广,交往对象越趋于多元化,特别是与更多母国和东道国拥有国际业务经验的企业构建联结关系,企业可以从中获取到更丰富的海外市场知识、海外业务知识和国际化知识,从而增加企业识别出国际机会的可能性。

(3) 网络关系管理能力对国际机会识别具有显著正向影响关系。这一结果说明天生全球企业通过网络关系管理能力进一步与合作伙伴建立和加深了相互间的信任和密切合作关系,信任可以帮助改善或创造一系列与知识交流相关的必要条件,从而影响知识的互换、共享和整合。另外,网络关系管理能力也影响了企业维持与外部组织之间合作时间的持续性,企业之间合作关系时间越长,双方越容易达成一致的目标,降低冲突的频率和强度,增加互相间承担的义务,有助于提高跨组织知识整合的效率和效果,而这都会促进天生全球企业识别和创造性地构造出海外市场拓展的机会。

(4) 网络占位能力对国际机会识别的正向影响不显著。本书假设认为，天生全球企业通过网络占位能力能够接近和占据网络中的中心地位，可有效地掌握和控制更多的信息和稀缺性资源。但调查样本的实证研究发现，这种网络占位能力对天生全球企业的国际机会识别的正向影响作用并不显著，原因可能是天生全球企业很多都是创办时间很短的新创企业，存在着凸显的新创者劣势、小型化劣势和圈外人劣势。而网络有利位置的占据需要企业耗费大量的时间和资源，同时由于已经处于有利位置的网络成员对自身优势位置的强力保护和排他性干扰，因此在实际操作上，企业很难通过网络占位能力迅速接近和占据到关系网络内中央性位置或者拥有大量结构洞的桥梁节点和汇聚点。

（5）网络内部交流能力对国际机会识别具有显著正向影响。这证明了具有良好网络内部交流能力的天生全球企业，企业内部上下级、各部门和各成员之间能够互相交换知识和信息，彼此了解知识需求，企业提高了对外知识获取的效率和范围，增强了组织内部对从网络外部所获取知识的吸收、消化和整合，从而能够帮助企业更好地识别和创造性地构造出国际机会。

3. 根据关系网络理论、国际创业学理论、资源基础观和动态能力观，提出天生全球企业网络能力中的大部分维度对国际机会开发呈显著的正向影响作用。但其中网络愿景能力和占位能力对国际机会开发的正向作用不显著。具体表现在以下几个方面：

（1）网络愿景能力对国际机会开发的正向影响不显著。原因可能是国际机会开发是一个比较复杂的过程，受组织内部结构、组织关系和组织资源配置能力等多种因素的综合作用影响，尤其强调组织要有较强的时效执行力和能动性，而不能仅仅停留在计划和愿景层面上的谋划和思考。因此，网络愿景能力虽然可以帮助企业在战略层面上规划网络伙伴的组成和构造，从计划层面上助推企业识别出国际商业机会，但对机会开发所需要的企业资源配置和调动的时效性和执行力方面无法产生直接的正向影响作用，所以对国际机会开发的正向作用效应并不显著。

（2）网络构建能力对国际机会开发具有显著的正向影响。这一验证结果表明网络构建能力的确有助于企业建立一个足够规模和多样化伙伴的异质性关系网络，企业可以从更广泛的网络主体中获得所需要的资源（如：财务资源、技术资源、人力资源、市场拓展渠道等）。网络多样性有利于企业从不同类型主体获得多样的显性信息、隐性信息和异质性的资源。因此，网络中具有不同资源的企业数量越多，网络中蕴藏的有利于企业成长的资源就越丰富，从而有助于企业及时和灵活地开发国际市场的商业机会。另外网络构建能力为寻求更加合理的关系组合也收缩和终止了许多失去价值的冗余关系联结，从而为企业节省了不小的成本付出，对这些沉没资源的重新盘活也有助于国际机会的开发。

（3）网络关系管理能力对国际机会开发具有显著的正向影响。这一结果说明网络关系管理能力的确会通过增加与其网络内合作伙伴关系的亲密度和持久度从而增进彼此间的信任和默契，进而在机会开发阶段能够比较及时和灵活地从网络伙伴处获得开发国际机会所需的各种资金、技术、人力资源和市场渠道，最终及时有效地开发国际市场上的商业机会。

（4）网络占位能力对国际机会开发具有正向影响作用不显著。虽然在理论推导上认为天生全球企业通过网络占位能力接近和占据网络中的中心地位，能够更为便捷和高效地掌握更多的信息和稀缺性资源，从而有助于国际机会的开发。但对于这类新创企业来说，在实际经营操作上很难通过网络占位能力迅速接近和占据关系网络内拥有大量结构洞的桥梁节点和"中转站"。已占据优势位置的网络成员会采取排他性和防卫性的措施干扰甚至阻断新来者占据有利位置，而新创企业为占据有利位置所耗费的大量时间和资源最终可能负向影响其本来用于开发机会的资源灵活性和及时配置力。

（5）网络内部交流能力对国际机会开发具有显著正向影响。天生全球企业内部交流能力表现为部门内部经常就国际机会开发举行会议讨论，各部门之间经常进行沟通，员工之间存在比较密集的非正式联系和交流，上下级之间经常进行交流和反馈，这保证了企业内部能进行有效的协商和意见交换，共同分享和整合他们有关国际市场机会开发的经验和知识，从而有助于企业及时灵活地调动和配置组织内外部资源去开发国际市场中的商业机会。

4. 根据资源基础观、知识基础观、动态能力观和国际创业理论，本研究提出国际机会的识别和开发对天生全球企业的国际创业绩效有显著的正向影响，具体表现在以下两个方面：

（1）国际机会识别对天生全球企业国际创业绩效有显著的正向影响关系。由此可见，天生全球企业通过对国际市场上商业机会的识别不仅能够清晰地将与自身心理距离较小的东道国作为企业海外经营拓展的市场，同时也尝试将心理距离较远的东道国确定为自己的海外目标市场，从而能够扩大企业的海外市场经营范围和占有率，为企业增加海外销售额拓展了空间，有效提升了企业的国际化财务绩效和市场运营绩效。另外天生全球企业还通过创造性思维对识别到的国际市场机会加以深层次的解读和分析，识别出东道国存在的更高质量的创业机会。在理性分析和评估的基础上，天生全球企业创业团队对海外市场风险的感知会大大降低，企业能够充满信心地采用更高承诺的国际创业模式，如：合资、并购或新建海外全资子公司等方式进入海外目标市场。而这种更高承诺的海外市场进入模式将会在更长远的时间跨度上有利于天生全球企业的国际市场运营绩效和战略绩效的提升。

（2）国际机会开发对天生全球企业国际创业绩效有显著的正向影响关系。实证研究结果表明国际机会开发对企业国际创业绩效的正向作用关系是成立的。在识别有价值和可行的国际市场机会后，天生全球企业创业团队就可以迅速、灵活地调配、整合自身内部和外部网络中获取的各项异质资源，并大胆地将资源投入特定的外国市场，切实开发国际机会，从而能够获得先动优势、特色优势和规模优势。一方面，天生全球企业通过对与其心理距离较近的海外市场和心理距离较远的海外市场中出现的商机以相对低承诺的进入方式加以稳妥性地开发和利用，从而牢牢俘获风险较小和收益相对有保障的国际化财务绩效。另一方面，国际机会开发能力越强，天生全球企业越偏好于采用高资源承诺的海外市场进入方式，努力往全球价值链的高端附加值方向攀升，而不仅仅满足于出口方式等低附加值获得。这能够在长期范围内提升天生全球企业的国际市场运营绩效和战略绩效。

5. 天生全球企业网络能力各维度对企业国际创业绩效的直接影响存在差异，国际机会识别和开发在天生全球企业网络能力与国际创业绩效之间起到重要的中介作用。

从网络能力的五个维度对企业国际创业绩效直接影响的实证结果来看，不同的维度对天生全球企业的国际创业绩效影响存在一定程度的差异。其中，网络构建能力、网络关系管理能力和网络内部交流能力对天生全球企业国际创业绩效的直接正向影响显著，而网络愿景能力和网络占位能力对天生全球企业国际创业绩效的直接影响不显著。国际机会识别和开发在天生全球企业网络能力与国际创业绩效之间的中介作用得到了验证。

（1）实证研究表明，网络愿景能力与企业国际创业绩效的正向作用关系不显著，国际机会识别和国际机会开发起到完全中介作用。网络愿景能力本质上是一种企业战略规划层面上的重要能力，如果缺乏这种能力，企业将在主观层面上无法预判和感知从关系网络嵌入价值配置行为中衍生出来的各种商业机会。同时，愿景能力使企业在操作层面上运用从关系网络中获取的资源，为国际市场开拓和海外订单的获得做好战略规划准备和动态预测分析，但这种属于计划和战略分析层面的网络能力无法直接作用于天生全球企业的国际创业绩效提升，它更多地表现为通过帮助企业尽可能多地识别有价值和高质量的国际机会，在间接作用上帮助提高企业国际创业绩效。

（2）实证研究表明，网络构建能力与企业国际创业绩效的直接正向作用关系显著。网络构建能力能够帮助天生全球企业构建起资源规模更大和异质性更高的关系网络联结，与数量更多、差异性更广的国内外网络成员开展合作，通过这种网络构建能力，天生全球企业从网络联系伙伴方，特别是从海外采购商和客户处直接获得海外市场订单和销售渠道的可能性大大增加，从而能够提升企业的国际创业绩效。

（3）实证研究表明，网络关系管理能力与企业国际创业绩效的直接正向作用关系显著。网络关系管理能力主要聚焦于企业与合作对象的二元关系的优化与深入，体现为企业与网络伙伴的沟通交流能力、外向型接触能力、冲突和矛盾的管理能力、自我反省力等方面。这种能力有助于培养与合作伙伴关系的亲密度和持久度，必然能够增加网络内商业伙伴转移和提供重要海外商业信息、海外市场客户资源和销售渠道的可能性，降低合作伙伴严守对企业海外市场拓展有重要价值商业机密的倾向，从而能够帮助企业提升其国际创业绩效。

（4）实证研究表明，网络占位能力与企业国际创业绩效的直接正向作用关系不显著，国际机会识别和国际机会开发起到完全中介作用。在理论上天生全球企业通过网络占位能力尽量接近和占据网络中央性的位置，成为网络中信息和资源流通与汇聚的重要桥梁节点，使企业较竞争对手更有把握和更为迅速地俘获海外市场订单和销售渠道等第一手资讯，直接帮助企业提升国际创业绩效。但通过实证研究，本书发现网络占位能力对于企业国际创业绩效的直接影响作用并不显著。原因可能在于天生全球企业由于受到自身小规模劣势、新创者劣势和圈外人劣势的束缚，事实上很难在关系网络内占据到中心位置或者拥有很多结构洞的有利位置,而企业为了能够占据中心位置往往需要耗费极长的时间和极高的成本,这就意味着网络占位能力在理论层面上的积极作用在实际操作上存在很大的现实难度和时间滞后性,而这种占位能力对企业国际创业绩效的正向作用也只能通过对国际机会识别和开发的中介作用影响才能进一步地体现。

(5)实证研究表明,网络内部交流能力与企业国际创业绩效的直接正向作用关系显著。天生全球企业网络内部交流能力对企业国际创业绩效的提升有直接正向影响作用,由于组织内部本身也是一个内部关系网络,其伙伴成员也拥有异质性的信息和资源,通过内部交流能力,组织内部成员间的沟通和交流得以加强,实现彼此信息和资源分享,互通有无,因此也能为组织提供海外市场拓展渠道和销售订单,同时内部交流能力的加强有助于企业提高内部运营的团队凝聚力和执行力,形成良好的协同效应,帮助企业提升国际创业绩效。

二 管理启示

在经济日益全球化的今天,任何企业的经营活动都或多或少地嵌入于国际竞争中。关系网络和社会资本对新创型企业的加速式国际化经营来说尤其重要,因为这些企业经常承受着小型化劣势、新创者劣势和圈外人劣势。关系网络和社会资本是他们通往成功所需的资源和知识的重要来源。企业可以通过有效地构建、管理和维护有价值的网络联结而获得海外市场相关信息和资源,借此有效地识别和开发国际市场上的商业机会,从而极大地提高其国际创业绩效。因此,社会学者和管理学者越来越多地使用网络理论和国际创业理论分析和验证新创企业的国际化经营问题。在天生全球企业的国际创业绩效研究中,越来越多的学者注意到将国际商务理论、关系网络理论和国际创业理论进行交叉融合,是一种更全面和更深入地探究天生全球企业国际化发展内在机理的有效尝试。

本书通过较为系统的理论分析和一定样本的实证研究,揭示了天生全球企业网络能力、国际机会识别和开发和国际创业绩效之间的内在作用机理,得到以下几个方面的管理启示:

1. 企业需要积极主动地构建关系网络

全球化加剧了国际商业间和产业间的竞争,促成了全球一体化市场的产生,提高了组织、企业、行业乃至国家间的相互依赖。为了应对这种挑战，企业越发需要通过在互相间合作与联盟关系中获得竞争优势来辅助传统上仅依靠组织内部为来源培育竞争力。特别是对于天生全球企业来说，由于受到其有限的规模、资源、技术和竞争力束缚，更需要依赖外部关系网络来推动企业国际化发展。研究表明，中小企业可以极大地从国际关系网络中受益，因此，它们更应该注重关系网络的发展。与合作伙伴的网络联结对于企业的国际化来说是非常关键的组织行为，它在很大程度上能够直接决定企业是否能够促成和开发潜藏在关系网络中的商业机会，是否能够真正实现关系网络的价值，推动企业国际化的开展。对于网络联结行为，本书认为企业应该从将其视为嵌入与其他企业的互动发展行为的一种自然辅助活动，上升为是企业的一种精心规划、设计和维护的战略管理行为，并且随着企业总体发展方向和目标不断地分析、评估和更新。即企业关系网络的建立并不是天然形成的，它需要企业的主动意识和积极的开发行为。具体体现为企业应该重视社会资本的开发和积累，创业者和管理团队需要具备主动在外部环境中连接各种有可能的网络伙伴的意愿和导向性认识，并及时灵活地调配资源在实际操作层面上进行关系发起、构建、管理、维护和调整更新。

2. 企业需要注重网络能力的培育，在动态变化中不断提高关系的质量

本书认为网络能力是天生全球企业的一种规划、管理、维护关系网络的组织层面上的能力，它也是组织的一种对关系网络结果进行控制的能力，从而使关系网络联结能够在长期战略绩效上和短期财务绩效上有利于组织。对于天生全球企业来说，无论它们要扩展自身国际运营业务的规模还是范围，提高盈利水平还是实现企业进一步成长，一个无法回避的事实是，企业必须培育和管理好自身的网络能力，尽可能地与包括顾客、供应商和其他各利益相关者在内的网络伙伴形成互惠和协同发展的良好关系。企业管理团队需要有长远眼光通过网络能力与关键网络伙伴培育稳定和深厚的合作关系，从而为彼此创造持续和深入的互惠互利。同时天生全球企业管理者要将网络能力视为自身的一种关键动态能力，保持重新界定网络视野的开放思维，及时对关系组合进行调整和优化[①]，从而在快速变化和

---

① 方刚：《基于资源观的企业网络能力与创新绩效关系研究》，博士学位论文，浙江大学，2008年。

剧烈动荡的全球市场中保持企业的竞争优势。企业的关系网络并不是静态和一成不变的，在经历了初始阶段的成功构建后，企业的关系网络上的管理工作转为如何维护及进一步提升关系网络的质量。具体体现为企业与网络伙伴的沟通交流能力、冲突和矛盾的协调能力等方面。同时，当企业在网络内部传递共享信息和资源时，还应尽量规避多余的重复过程和理解误差，从而提高网络伙伴间对于协同效应的感知。这些能力都能进一步提升企业关系网络的质量，有助于企业从中获取更大的价值。

3. 企业需要细分网络能力，有针对性地提升网络能力

企业注重网络能力的提升，既要重视战略规划层面上的能力又要重视实际操作层面上的能力。本书将网络能力分为五个维度，分别是：网络愿景能力、网络构建能力、网络关系管理能力、网络占位能力和网络内部交流能力。其中，网络愿景能力属于战略规划层面上的能力，其他的四种能力属于实际操作层面上的能力。同时，这五种能力也相互关联。通过这样的网络能力类别细分，基本涵盖了规划、构建和管理网络合作关系的基本活动，对企业的实际操作有一定的理论指导价值。在规划层面上，企业应将网络能力的培养提到战略高度，制订长远的网络能力培养计划，然后制定相应的制度规范和适当的组织结构安排确保计划的顺利实施。在具体策略上，企业需要通过各种可行渠道尽量发起与更大数量、更强差异性网络伙伴的关系连接，特别要加强对与外部网络接触频繁的部门人员沟通技巧的培养，提高人员的社交胜任力，并定期进行考核与评比。通过定期举行部门会议、开展集体活动和设置内部交流场所加强各部门人员的交流和合作[1]。总体而言，这些能力糅合性地体现在企业的关系网络中，具有较强的连通性。但是，聚焦到某一具体事项或环节时，不同网络能力价值的体现存在一定的差异。因此，企业对网络能力的培养可以更为精细化，针对自身的发展阶段和关系网络中所处位置的动态变化进行调整，形成更具针对性和有效性的发展策略。

4. 加强与合作伙伴的互动学习和资源互通有无，提升国际机会识别和开发

本书通过将网络能力与国际机会识别和开发结合进行研究，也进一步

---

[1] 陈学光：《网络能力、创新网络及创新绩效关系研究——以浙江高新技术企业为例》，博士学位论文，浙江大学，2007年。

揭示出新创中小企业事实上的确存在自创立开始就能够开展国际业务的可能性。虽然一些政府部门或咨询机构建议中小企业按照国际化过程模式采取谨慎和渐进的国际拓展方式，但如果新创企业能够充分发挥自身的网络能力，善于在国内外网络伙伴的关系联结中识别和开发潜在的国际机会，那么这些新创企业就能加速其国际化拓展步伐，提升国际创业绩效。

实证研究表明，国际机会识别和开发在网络能力和国际创业绩效之间发挥了重要的中介作用。这就提示了天生全球企业在注重培育自身网络能力的同时，还需加强对蕴藏于关系网络中国际机会的识别和开发。事实上，国际机会很少静止停留在原地被动等待被发现，相反，国际机会的识别和开发在很大程度上是建立在组织先前所掌握的知识和关系网络成员间互动合作的基础上的。这就意味着企业关系网络中的成员通过更为密切的互相支持，提供互补的知识、经验和联系对象，能够成为国际机会识别和开发的重要来源。企业依靠网络能力获得国际创业绩效的提升，主要是通过提升国际机会识别和国际机会开发的作用机制体现出来的。这个结果凸显了当前天生全球企业通过网络能力提升国际创业绩效过程中，向外部学习和获取海外市场知识、信息、资源并加以整合提炼从而提升国际机会识别和开发的重要实践意义。因此，企业应该在与国内外网络伙伴的互动合作中，加强彼此间学习，通过对海外市场知识和信息的获取、整合和提炼，不断识别可行和有价值的国际机会。另外，对于已经识别的国际机会，企业则需进一步增强自身的消化吸收能力和内部协调整合能力，以便能够及时、灵活地配置组织资源对国际机会加以开发，从而有效提高企业国际创业绩效。

第二节　理论贡献与研究局限

一　理论贡献

在经济全球化的大背景下，创业活动表现出了向国际创业发展的趋势，天生全球企业作为国际创业研究的一个重要分支，逐渐成为国内外学者关注的焦点之一。天生全球企业的发展对发达经济体和新兴经济体国家都日益重要。这类企业虽然缺乏必要的资源却能加速式地开展国际化经营成为"微型跨国公司"，这为学者们从关系网络视角出发研究国际创业提供了很好的研究素材。因此，对天生全球企业及促进它们国际创业绩效影响因素的深入研究无论是对微观层面上国际新创企业的生存和发展，还是对宏观层面上中国企业"走出去"战略的实施都有着非常重要的意义。

本书以天生全球企业为研究对象，旨在深入探究网络能力对企业国际创业绩效的作用机理，在理论方面的贡献主要体现在三个方面：

第一，关系网络与社会资本对天生全球企业的生存和发展以及国际创业绩效提高非常重要，已有的研究也表明将关系网络视角与创业学研究结合在一起对于探究国际创业型企业的成功发挥着关键作用。然而，目前鲜有研究探索在天生全球企业开拓国外市场过程中网络能力对国际机会识别和国际机会开发所发挥的作用。本研究通过聚焦于动态的网络能力而并不止步于从关系网络的静态存在来分析其对天生全球企业国际创业绩效的内在影响机理，从而进一步将分析的视角从静态的资源观上升为动态的能力观。并且认为，随着网络能力的加强，天生全球企业的国际创业绩效能够得到相应的提升。

第二，本书将"网络能力—国际机会识别和开发—国际创业绩效"整合成一个综合的研究模型，进一步打开了网络能力作用于天生全球企业国际创业绩效的"黑箱"，并且深化了对国际创业学中机会分析视角的研究。尽管在创业学、市场营销学和国际商务研究中都普遍认为机会在企业动荡变化的国际环境中能够发挥重要作用，但是现有国际创业研究中对于国际机会识别和开发的前因影响因素和后续作用结果仍然缺乏充分论证。同时，本书对创业学研究中的机会识别和开发从动态能力视角切入进行分析，将国际机会识别界定为一种组织层面的动态能力，从国际市场中尽量去识别合意的、可行的和创新性的机会，国际机会开发也是组织层面的动态能力，强调组织在机会开发中对国际市场外部变化的及时反应力和协调整合力，这种分析视角的确定能够使研究者对国际机会识别和开发在天生全球企业国际创业绩效影响机理中所产生的作用形成一个更加完整的理论概念框架。通过本书所搭建的研究框架模型有助于天生全球企业通过加深对机会识别和开发的来源、过程、结果的掌控来提升国际创业绩效。事实上，在现有国际创业的实证研究中以机会识别和开发作为中介变量，整合性地探究网络能力如何作用于国际机会的识别和开发进而转换为对企业国际创业绩效提升的影响研究仍然比较缺乏。

第三，本研究以中国天生全球企业为研究样本，探究网络能力、国际机会识别和开发、国际创业绩效三者作用影响机理和测度在转型经济体中的实际适用性和应用价值。在实践意义方面，本书为中国天生全球企业应对国际市场复杂、动态的环境变化以获得卓越国际创业绩效提供了有益的理论指导。通过将研究对象选择新兴经济体代表国家中的一个代表性区域——浙江的天生全球企业作为实证研究的数据来源，也弥补了在主流国际创业和天生全球企业研究中对发达经济体样本普遍关注而对新兴经济体研究样本关注不够的缺陷，这也能为国际创业和天生全球企业理论的跨国应用可能提供检验和证据。

二 研究局限

由于时间的有限和现有水平的不足，本研究还存在许多局限，需要在今后的研究中进一步的探讨和加以完善。

1. 本研究基于关系网络理论、知识管理理论、动态能力理论、国际创业理论等，构建了"网络能力—国际机会识别和开发—国际创业绩效"这一理论分析框架，但这种研究还只是初步的，对这一影响作用模型中是否存在其他重要中介变量和调节变量还有待进一步的深入探索和研究。

2. 由于时间和条件的限制，本书中采用的样本数据都是截面数据，相对于面板数据而言，截面数据无法反映企业在不同发展阶段过程中网络能力与国际创业绩效之间的动态关系。因此，在时间维度上的纵向研究还有待进一步深入。

3. 出于实际能够采集到的真实数据的考虑，本研究主要选取了浙江省来发放问卷，并以有国际业务的新创中小企业为研究对象，虽然样本的数量达到了统计分析的要求，理论模型也得到了较好的验证，但无法涵盖我国其他省份的企业，还需要更大范围的调研和更大样本分布量的实证研究。

第三节 未来研究展望

根据本研究的局限，对未来研究方向展望如下：

1. 现有关于网络能力的研究对网络能力的前因分析还较少涉及。Ritter[1]等基于组织内部视角提出了影响网络能力的四个因素，包括资源的可获得性、人力资源的网络导向性、企业沟通结构的整合和企业文化的开放性。Sluyts[2]等则重点关注了企业的联盟经营对网络能力的作用，指出企业参与的联盟数量越多，其网络能力的改善和提升效果越明显。总体而言，关于网络能力前因影响因素的研究还较为单薄，现有研究的结论也存在较大差异。因此，如何更好深入、系统地研究网络能力的前因影响因素，以期使相关企业更为精准有效地提高企业的网络能力，在今后的研究中存在较大的空间。

2. 天生全球企业的国际化是由国际创业机会的识别和开发过程组成的，网络能力能够对国际机会的识别和开发产生影响，国际机会识别和开发的效率与效果又决定了企业的国际创业绩效，在后续的研究中可以进一步探索这三者间的动态关联性，即随着天生全球企业从创立期逐步过渡到初始成长期和成熟期，这三者会随着企业的发展呈现出何种动态演化关系。同时还需尝试从更大范围区域获得支持性数据，进一步检测研究模型的普适性。

3. 本书只揭示了网络能力、国际机会识别和开发对天生全球企业国际创业绩效的作用机理，后续研究可以深入挖掘调节网络能力、国际机会识别和开发与国际创业绩效这三者之间关系的情境因素，比如可以在先前学者提到的企业家特质[3]、跨国创业导向[4]和制度因素[5]等方向上尝试探讨多因素的耦合调节作用等。

---

[1] Ritter, T., Gemünden, H. G.. Network Competence: Its Impact on Innovation Success and Its Antecedents [J]. *Journal of Business Research*, 2003, 56 (9): 745-755.

[2] Sluyts, K., Matthyssens, P., Martens, R., Streukens, S. Building Capabilities to Manage Strategicalliances [J]. *Industrial Marketing Management*, 2011, 40 (6): 875-886.

[3] 李巍、许晖：《企业家特质、能力升级与国际新创企业成长》，《管理学报》2016年第5期。

[4] 杜群阳、薛梦哲：《跨国创业导向对国际化绩效的作用路径——基于价值链位势视角的研究》，《国际贸易问题》2014年第5期。

[5] 周劲波、黄胜：《制度环境、创业能力对国际创业模式选择的影响》，《管理学报》2015年第3期。

附录 1

问卷调查

尊敬的先生/女士：

您好！非常感谢您在百忙之中抽出时间参与本项问卷调查！

本问卷是嘉兴学院商学院进行的一项学术研究，旨在调查企业的网络能力对新创企业国际创业绩效的影响，请根据您公司的实际情况填答问卷，以下所列问题都没有标准答案，也无所谓对错和好坏，只要您客观选择最符合您公司实际情况的选项即可。此问卷纯粹用于学术研究，内容不会涉及贵企业的商业机密问题，所获信息绝不用于任何商业目的，您所填写的信息与选项答案均会严格保密，请您放心作答。如果您对本研究的结论感兴趣，请在问卷最后注明，届时我们将会通过电子邮件发给您。

衷心感谢您的支持与帮助！

填写日期：　　　　年　　　　月　　　　日

一　企业基本情况

1. 贵企业名称为：
2. 贵企业的创立年限为：
3. 贵企业的性质属于：（　　）
   （1）国有　　　（2）集体　　　（3）民营　　　（4）中外合资
   （5）外商独资
4. 贵企业的主营业务是：（　　）
   （1）制造业　　（2）信息产业　（3）服务业　　（4）批发零售

（5）化工医药　　　　　　　　（6）采矿

（7）中介服务　　　　　　　　（8）其他（请注明）

5. 贵企业所处行业的技术为：（　　）

（1）劳动密集型程度较高　　　（2）劳动密集型程度稍高

（3）劳动与知识密集混合型　　（4）知识密集型程度稍高

（5）知识密集型程度较高

6. 贵企业员工总人数为：（　　）

（1）50—100 人　　　　　　　（2）100—500 人

（3）500—1000　　　　　　　 （4）1000—2000 人

（5）2000 人以上

7. 贵企业首次开展国际化业务是在公司成立：（　　）

（1）2 年以内　　　　　　　　（2）2—3 年内

（3）4—5 年内　　　　　　　　（4）5—6 年内

（5）6 年以上

8. 贵企业自创立的前三年时间内，海外业务的营业额占总业务营业额的比重为：（　　）

（1）25%以下　　　　　　　　（2）25%—30%

（3）30%—50%　　　　　　　 （4）50%—80%

（5）80%以上

9. 贵企业首次开展国际业务的经营方式是：（　　）

（1）外贸出口

（2）在海外与外国公司建立合资企业

（3）将本企业生产经营相关授权外国公司使用来开拓外国市场

（4）在海外建立全资子公司

（5）其他方式：（请具体说明）

10. 贵企业首次开展国际业务的海外国家数目为：（　　）

（1）1—3 个国家　　　　　　　（2）4—6 个国家

（3）7—9 个国家　　　　　　　（4）9—11 个国家

（5）更多

二　研究问卷

以下表格请根据您对企业的实际了解来判断下列陈述句与贵企业客观

情况的符合程度,并在相应的数字上打"√",1—5 表示符合程度的高低。1 表示"很低",2 表示"略低",3 表示"一般",4 表示"略高",5 表示"很高"。

序号	题目	(符合度)低→高				
网络愿景能力:						
1	企业在发展规划和战略上非常重视关系网络在国际市场开拓中的作用	1	2	3	4	5
2	企业能够有效辨识国际合作伙伴的价值与潜在商机	1	2	3	4	5
3	企业具有很强的发现、评估并选择国际合作伙伴的主观意识	1	2	3	4	5
4	企业能够在一定程度上预测国际合作关系的演化趋势	1	2	3	4	5
网络构建能力:						
1	企业尽可能通过各种途径搜集潜在国际合作伙伴的信息	1	2	3	4	5
2	企业能根据发展变化动态调整优化关系网络,包括:维持和发展有效的关系,终止无效的关系,进一步开辟新的关系	1	2	3	4	5
3	企业向潜在国际合作伙伴主动透露自身的相关信息	1	2	3	4	5
4	企业依靠自身积极接触潜在国际合作伙伴,构建合作关系	1	2	3	4	5
网络关系管理能力:						
1	企业为每组国际合作关系指定负责人,并划拨联络经费	1	2	3	4	5
2	企业与国际合作伙伴定期沟通讨论如何互相支持	1	2	3	4	5
3	企业能有效评估每组国际合作关系的实际绩效与期望绩效间的差异	1	2	3	4	5
4	企业成员与国际合作伙伴中的相关人员保持良好的私人交情	1	2	3	4	5
5	企业与国际合作伙伴坦诚交流,建设性解决双方存在的分歧与冲突	1	2	3	4	5
网络占位能力:						
1	企业具有很强地占据合作关系网络中心位置的能力	1	2	3	4	5
2	企业经常成为其他合作伙伴间的沟通桥梁	1	2	3	4	5
3	企业总能较快地与合作伙伴沟通而无须依赖第三方传递信息	1	2	3	4	5
网络内部交流能力:						
1	企业内部经常举行会议传达信息、加强内部信息流通	1	2	3	4	5
2	在企业内部员工间经常进行非正式的联系和交流	1	2	3	4	5
3	在企业内部管理层与员工间经常进行交流和反馈	1	2	3	4	5
4	企业经常安排一些非正式活动来增加各部门人员间的沟通	1	2	3	4	5
海外业务性知识:						

续表

序号	题目	（符合度）低→高				
1	企业对海外市场的顾客信息和市场细分非常了解	1	2	3	4	5
2	企业对海外市场顾客需求和偏好很明白	1	2	3	4	5
3	企业对海外市场分销渠道类型和作用很清楚	1	2	3	4	5
4	企业对海外市场竞争对手与竞争态势很了解	1	2	3	4	5

海外制度性知识：

1	企业对海外市场中的价值观和行为规范很了解	1	2	3	4	5
2	企业对海外市场文化差异的影响很有体会	1	2	3	4	5
3	企业对海外国家的政府政策与规则很了解	1	2	3	4	5
4	企业对海外市场中的法律规则很熟悉	1	2	3	4	5

国际化知识：

1	企业老板/管理者有较好的海外教育或工作、生活经历	1	2	3	4	5
2	企业涉外人员能熟练运用外语	1	2	3	4	5
3	企业拥有充分的与海外客户打交道的经验	1	2	3	4	5
4	企业拥有胜任国际经营的管理能力	1	2	3	4	5

企业国际业务机会的识别：

1	企业在过去三年内识别了很多能开拓国际业务的创意	1	2	3	4	5
2	企业在过去三年内识别了很多能开拓国际业务的机会	1	2	3	4	5
3	企业能够将创意进行运作，使其转化为国际业务机会	1	2	3	4	5
4	企业有很多新颖的国际创意切实可开发并值得去开发	1	2	3	4	5

企业国际业务机会的开发：

1	企业在过去三年内成功地将很多国际业务机会真正进行了开发	1	2	3	4	5
2	企业有足够的能力调配组织资源去开发新兴的国际业务机会	1	2	3	4	5
3	企业能快速适应海外市场变化，对外部机会的利用和开发迅速做出响应	1	2	3	4	5

企业国际化财务绩效：

1	企业的国际销售额明显增长	1	2	3	4	5
2	企业的国际销售增长率显著提高	1	2	3	4	5
3	企业的国际销售盈利明显增长	1	2	3	4	5

企业国际市场运营绩效：

1	企业的国际市场份额明显增长	1	2	3	4	5
2	企业的国际市场增长率显著提高	1	2	3	4	5
3	企业的国际市场顾客满意率显著提高	1	2	3	4	5

续表

序号	题目	(符合度) 低→高				
企业国际化战略绩效：						
1	企业整体国际市场经营的成功度显著增强	1	2	3	4	5
2	企业通过国际市场获得的知识和能力显著提高	1	2	3	4	5
3	企业整体国际竞争力显著提高	1	2	3	4	5

注：您可以将问卷结果返还给问卷发放人或直接发送到 2557206823@ qq. com。

如需获得调查总体结果，请在此填写您的联系方式。

姓名：

电话：

邮箱：

再次感谢您对本课题研究的支持与帮助！

参考文献

白彦壮、张璐、薛杨：《社会网络对社会创业机会识别与开发的作用——以格莱珉银行为例》，《技术经济》2016年第10期。

蔡莉、单标安、朱秀梅、王倩：《创业研究回顾与资源视角下的研究框架构建——基于扎根思想的编码与提炼》，《管理世界》2011年第12期。

陈怀超、范建红：《制度距离、中国跨国公司进入战略与国际化绩效：基于组织合法性视角》，《南开经济研究》2014年第2期。

陈军、张韵君：《国际创业综合驱动模型及内在机理研究》，《天津商业大学学报》2016年第5期。

陈文沛：《关系网络与创业机会识别：创业学习的多重中介效应》，《科学学研究》2016年第9期。

陈小玲：《母国网络与企业国际化绩效：来自中国的经验证据》，博士学位论文，浙江大学，2014年。

陈学光：《网络能力、创新网络及创新绩效关系研究——以浙江高新技术企业为例》，博士学位论文，浙江大学，2007年。

董保宝、周晓月：《网络导向、创业能力与新企业竞争优势——一个交互效应模型及其启示》，《南方经济》2015年第1期。

杜晶晶、丁栋虹、王晶晶：《基于扎根理论的创业机会开发研究梳理与未来展望》，《科技管理研究》2014年第21期。

杜群阳、薛梦哲：《跨国创业导向对国际化绩效的作用路径——基于价值链位势视角的研究》，《国际贸易问题》2014年第5期。

杜群阳、郑小碧：《天生全球化企业跨国创业导向与国际创业绩效——基于网络关系与学习导向动态耦合的视角》，《科研管理》2015年第3期。

范爱军、王建:《融入华商网络——我国中小企业"走出去"的一条捷径》,《国际贸易问题》2004年第1期。

范钧、王进伟:《网络能力、隐性知识获取与新创企业成长绩效》,《科学学研究》2011年第9期。

方刚:《基于资源观的企业网络能力与创新绩效关系研究》,博士学位论文,浙江大学,2008年。

方刚:《网络能力结构及对企业创新绩效作用机制研究》,《科学学研究》2011年第3期。

冯文娜:《外部网络对中小企业成长的贡献分析——来自济南中小软件企业的证据》,《山东大学学报(哲学社会科学版)》2009年第5期。

高静、贺昌政:《信息能力影响农户创业机会识别——基于456份调研问卷的分析》,《软科学》2015年第3期。

郭红东、丁高洁:《社会资本、先验知识与农民创业机会识别》,《华南农业大学学报(社会科学版)》2012年第3期。

侯旻、顾春梅:《二代浙商天生国际化企业外部网络资源对企业绩效的影响——双元能力调节效应分析》,《商业经济与管理》2016年第3期。

胡启明、王国顺:《联盟能力对企业国际化绩效影响的实证研究》,《财经理论与实践》2016年第201期。

黄胜、周劲波:《创业机会视角下的中国企业早期国际化研究》,《科学学研究》2013年第2期。

黄胜、周劲波:《国际创业研究综述》,《中国科技论坛》2011年第12期。

黄胜、周劲波:《制度环境对国际创业绩效的影响研究》,《科研管理》2013年第11期。

黄胜、周劲波、丁振阔:《国际创业能力的形成、演变及其对绩效的影响》,《科学学研究》2015年第1期。

简兆权、陈键宏、郑雪云:《网络能力、关系学习对服务创新绩效的影响研究》,《管理工程学报》2014年第3期。

李纲:《企业网络结构与知识获取的关系模型》,《技术经济与管理研究》2010年第1期。

李纲、陈静静、杨雪:《网络能力、知识获取与企业服务创新绩效的关系研究——网络规模的调节作用》,《管理评论》2017年第2期。

李巍、许晖：《企业家特质、能力升级与国际新创企业成长》，《管理学报》2016年第5期。

李卫宁、赵尚科：《创业导向与国际化绩效：基于国外市场知识的中介效应研究》，《管理学报》2010年第8期。

李卫宁、邹俐爱：《天生国际企业创业导向与国际绩效的关系研究》，《管理学报》2010年第6期。

李颖灏、吴宏：《企业国际化中关系营销导向对出口绩效影响的实证研究》，《国际贸易问题》2014年第3期。

林嵩、姜彦福、张帏：《创业机会识别：概念、过程、影响因素和分析架构》，《科学学与科学技术管理》2005年第6期。

刘娟、彭正银：《关系网络与创业企业国际市场机会识别及开发——基于中小企业国际创业的跨案例研究》，《科技进步与对策》2014年第8期。

刘娟、彭正银、王维薇：《企业家社会关系网络、创业机会识别与企业国际创业海外市场选择——基于中小型国际创业企业的实证研究》，《对外经济贸易大学学报》2014年第2期。

马鸿佳、侯美玲、宋春华、葛宝山：《网络能力与创业能力——基于东北地区新创企业的实证研究》，《科学学研究》2010年第8期。

马鸿佳、侯美玲、宋春华：《创业战略态势、国际学习与国际创业绩效的关系研究》，《科学学研究》2015年第8期。

马鸿佳、宋春华、刘艳艳、高贵富：《学习导向、国际创业能力与天生国际化企业绩效关系研究》，《南方经济》2016年第1期。

马庆国：《管理统计：数据获取，统计原理，SPSS工具与应用研究》，科学出版社2002年版。

毛蕴诗、陈玉婷：《统筹国内外两个市场的天生国际化企业持续成长研究——基于奥马电器的案例分析》，《经济与管理研究》2015年第10期。

彭伟、符正平：《基于扎根理论的海归创业行为过程研究——来自国家"千人计划"创业人才的考察》，《科学性研究》2015年第12期。

任胜钢：《企业网络能力结构的测评及其对企业创新绩效的影响机制研究》，《南开管理评论》2010年第1期。

任胜钢、舒睿：《创业者网络能力与创业机会：网络位置和网络跨度的作用机制》,《南开管理评论》2014年第1期。

苏晓艳:《社会资本结构与企业天生全球化——基于创业导向的调节效应》,《华东经济管理》2013年第5期。

田毕飞、丁巧:《中国新创企业国际创业自我效能、模式与绩效》,《科学学研究》2017年第3期。

王国顺、杨帆:《创业导向、网络能力对国际化绩效的影响研究》,《科研管理》2011年第10期。

王夏阳、陈宏辉:《基于资源基础与网络能力的中小企业国际化研究》,《外国经济与管理》2002年第6期。

王艺霖、王益民:《知识资产对国际化绩效影响的实证研究——基于国际双元视角》,《山东大学学报(哲学社会科学版)》2016年第2期。

王增涛、张宇婷、蒋敏:《关系网络、动态能力与中小企业国际化绩效研究》,《科技进步与对策》2016年第2期。

吴晓波、韦影:《制药企业技术创新战略网络中的关系性嵌入》,《科学学研究》2005年第4期。

谢觉萍、王云峰:《创业机会识别对创业绩效影响的实证研究》,《技术经济与管理研究》2017年第3期。

谢雅萍、黄美娇:《社会网络、创业学习与创业能力——基于小微企业创业者的实证研究》,《科学学研究》2014年第3期。

邢小强、仝允桓:《网络能力:概念、结构与影响因素分析》,《科学学研究》2006年第12期。

徐金发、许强、王勇:《企业的网络能力剖析》,《外国经济与管理》2001年第11期。

许晖、王琳、张阳:《国际新创企业创业知识溢出及知识整合机制研究——基于天士力国际公司海外员工成长及企业国际化案例》,《管理世界》2015年第6期。

杨忠、张骁、陈扬、廖文彦:《"天生全球化"企业持续成长驱动力研究——企业生命周期不同阶段差异性跨案例分析》,《管理世界》2007年第6期。

于晓宇:《网络能力、技术能力、制度环境与国际创业绩效》,《管理科学》2013年第2期。

张宝建:《网络能力、网络结构与创业绩效——基于中国孵化产业的实证研究》,《南开管理评论》2015年第2期。

张方华、陈劲:《基于能力的国际化战略》,《科学管理研究》2003年第1期。

张红、葛宝山:《创业机会识别研究现状述评及整合模型构建》,《外国经济与管理》2014年第4期。

张世琪:《文化距离、顾客感知冲突与服务绩效的关系研究——以饭店外籍顾客为视角》,博士学位论文,浙江大学,2012年。

郑准、王国顺:《企业国际化网络理论的起源、基本框架与实践意蕴探讨》,《外国经济与管理》2011年第10期。

周劲波、黄胜:《关系网络视角下的国际创业研究述评》,《外国经济与管理》2013年第2期。

周劲波、黄胜:《基于关系网络视角的企业国际化成长机制研究》,《科技进步与对策》2010年第3期。

周劲波、黄胜:《制度环境、创业能力对国际创业模式选择的影响》,《管理学报》2015年第3期。

周子敬:《结构方程模式(SEM)——精通LISREL》,全华图书公司2006年版。

朱吉庆:《国际新创企业成长机理研究》,博士学位论文,复旦大学,2008年。

朱秀梅、陈琛、杨隽萍:《新企业网络能力维度检验及研究框架构建》,《科学学研究》2010年第8期。

朱秀梅、李明芳:《创业网络特征对资源获取的动态影响——基于中国转型经济的证据》,《管理世界》2011年第6期。

左世翔:《新经济社会学视角的中小企业国际化绩效研究——基于社会资本、核心资源的中介效应》,《上海财经大学学报》2013年第6期。

Almor, T. Dancing as Fast as They Can: Israeli High-tech Firms and the Great Recession of 2008 [J]. *Thunderbird International Business Review*, 2011, 53: 195-208.

Alvarez, Sharon, A. and Jay B.. Barney. Epistemology, Opportunities, and Entrepreneurship [J]. *Academy of Management Review*, 2013, 38 (1): 154-157.

Andersson, S., & Evers, N. International Opportunity Recognition in International New Ventures-a Dynamic Managerial Capabilities Perspective [J]. *Journal of International Entrepreneurship*, 2015, 13 (3): 260-276.

Andersson, S., Evangelista, F. The Entrepreneur in the Born Global Firm in Australia and Sweden [J]. *Journal of Small Business and Enterprise Development*, 2006, 13 (4): 642-659.

Andersson, S., Wictor G. Innovative Internationalization in New Companies: Born Global—the Swedish Case [J]. *Journal of International Entrepreneurship*, 2003, 87 (12): 56-69.

Andersson, U., Holm, D. B. and Johanson, M. Opportunities, Relational Embeddedness and Network Structure. In P. Ghauri, A. Hadjikhani and J. Johanson (eds), *Managing Opportunity Development in Business Networks*, Basingstoke: Palgrave, 2005: 27-48.

Ardichvili, Alexander, Richard Cardozo, and Sourav Ray. A Theory of Entrepreneurial Opportunity Identification and Development [J]. *Journal of Business Venturing*, 2003, 18 (1): 105-123.

Arenius, P. The Psychic Distance Postulate Revisited: From Market Selection to Speed of Market Penetration [J]. *Journal of International Entrepreneurship*, 2005, 3: 115-131.

Arentz, J., Sautet, F. and Storr, V. Prior-knowledge and Opportunity Identification [J]. *Small Business Economics*, 2013, 41 (2): 461-478.

Autio, E., Sapienza, H. and Almeida, J. Effects of Age at Entry, Knowledge Intensity, and Imitability on International Growth [J]. *Academy of Management Journal*, 2000, 43 (5): 909-924.

Bagozzi, R. P. and Yi, Y. On the Evaluation of Structural Equation Models [J]. *Journal of the Academy of Marketing Science*, 1988, 16: 74-94.

Barney, J. Resource-based Theories of Competitive Advantage: A Tenyear Retrospective on the Resource-based View [J]. *Journal of Management*, 2001, 27: 643-650.

Baron, Robert, A., and Gideon D. Markman. Beyond Social Capital: The Role of Entrepreneurs' Social Competence in Their Financial Success [J]. *Journal of Business Venturing*, 2003, 18 (1): 41-60.

Beamish, Paul W. The Internationalization Process for Smaller Ontario

Firms: A Research Agenda. In A. Rugman, editor, *Research in Global Business Management*, *JAI Press*, 1990, 1: 77-92.

Bell, J., McNaughton, R., Young, S., et al. Towards an Integrative Model of Small Firm Internationalization [J]. *Journal of International Entrepreneurship*, 2003, 1 (4): 339-362.

Bell, J., McNaughton, R., Young, S. "Born-again Global" Firms: An Extension to the "Born Global Phenomenon" [J]. *Journal of International Management*, 2001, 7 (3): 173-189.

Berry, Leonard L. Relationship Marketing, in Emerging Perspectives of Services Marketing, Leonard L. Berry, Lynn Shostack, and G. D. Upah, eds., Chicago: *American Marketing Association*, 1983: 25-28.

Bilkey, W. J. and Tesar, G. The Export Behavior of Smaller-sized: Wisconsin Manufacturing Firms [J]. *Journal of International Business Studies*, 1977, 18: 93-98.

Boehe, D. M. Brazilian Software SME's Export Propensity: Bridging "Born Global" and Stage Approaches [J]. *Latin American Business Review*, 2009, 10: 187-216.

Bouncken, R. B., Muench, M. and Kraus, S. Born Globals: Investigating the Influence of Their Business Models on Rapid Internationalization [J]. *The International Business & Economics Research Journal*, 2015, 14 (2): 247-255.

Buckley, P. J. and Ghauri, P. N. *The Internationalization of the Firm: A Reader* [M]. 2nd edition, London: International Thomson Business Press, 1999.

Burt, Ronald, S. Structural Holes and Good Ideas [J]. *American Journal of Sociology*, 2004, 110: 349-99.

Busenitz, Lowell, W., G. Page West, Dean Shepherd, Teresa Nelson, Gaylen N. Chandler, and Andrew Zacharakis. Entrepreneurship Research in Emergence: Past Trends and Future Directions [J]. *Journal of Management*, 2003, 29 (3): 285-308.

Calof, J. L. and Beamish, P. W. Adapting to Foreign Markets: Explaining Internationalization [J]. *International Business Review*, 1995, 4 (2): 115-131.

Casson, M. *The Entrepreneur* [M]. Totowa, NJ: Barnes & Noble Books, 1982.

Cavusgil, S. T. and Zou, S. Marketing Strategy-performance Relationship: An Investigation of the Empirical Link in Export Market Ventures [J]. *Journal of Marketing*, 1994, 58 (1): 1-21.

Cavusgil, S. T., and G. Knight. The Born Global Firm: An Entrepreneurial and Capabilities Perspective on Early and Rapid Internationalization [J]. *Journal of International Business Studies*, 2015, 46: 3-16.

Chandra, Yanto, C. Styles and I. Wilkinson. The Recognition of First time International Entrepreneurial Opportunities: Evidence from Firms in Knowledge-based Industries [J]. *International Marketing Review*, 2009, 26 (1): 30-61.

Chandra, Yanto, Chris Styles, and Ian F. Wilkinson. An Opportunity-based View of Rapid Internationalization [J]. *Journal of International Marketing*, 2012, 20 (1): 74-102.

Choi, Y., Moren, L., Shepherd, A.. When Should Entrepreneurs Expedite or Delay Opportunity Exploitation? [J]. *Journal of Business Venturing*, 2008 (3): 333-355.

Christensen, P. S., Madsen, O. O. and Peterson, R. *Conceptualising Entrepreneurial Opportunity Recognition* [M]. CT: Quorum Books, 1994: 61-75.

Coviello, N. E. and Cox, M. P. The Resource Dynamics of International New Venture Networks [J]. *Journal of International Entrepreneurship*, 2006, 4: 113-132.

Coviello, N. Re-thinking Research on Born Globals [J]. *Journal of International Business Studies*, 2015, 46: 17-26.

Crick, D. and Jones, M. V. Small High-technology Firms and International High-technology Markets [J]. *Journal of International Marketing*, 2002, 8 (2): 63-85.

Crick, D., Spence, M. The Internationalization of High Performing UK High-tech SMEs: A Study of Planned and Unplanned Strategies [J]. *International Business Review*, 2005, 14 (2): 167-185.

Dana, L. P. Introduction: Networks, Internationalization and Policy [J].

Small Business Economics, 16 (2): 57-62.

De Jong, J. P. J. and Marsili, O. The Distribution of Schumpeterian and Kirznerian Opportunities [J]. *Small Business Economics*, 2015, 44 (1): 19-35.

DeTienne, D. R., Chandler, G. N. The Role of Gender in Opportunity Identification [J]. *Entrepreneurship Theory and Practice*, 2007, 31 (3): 365-386.

Dib, L. A., da Rocha, A. and Ferreira da Silva, G. The Internationalization Process of Brazilian Software Firms and the Born Global Phenomenon: Examining firm, Network, and Entrepreneur Variables [J]. *Journal of International Entrepreneurship*, 2010, 8 (3): 233-253.

Dimitratos, P., Plakoyiannaki, E., Pitsoulaki, A., Tüselmann, H. J.. The Global Smaller Firm in International Entrepreneurship [J]. *International Business Review*, 19 (6): 589-606.

Dimitratos, P., Plakoyiannaki, E., Pitsoulaki, A. and Tuselmann, H. J. The Global Smaller Firm in International Entrepreneurship [J]. *International Business Review*, 2010, 19 (6): 589-606.

Dunning, J. H. The Electric Paradigm of International Production: A Restatement and Some Possible Extension [J]. *Journal of International Business Studies*, 1988, 19 (1): 1-31.

Eberhard, M., and Craig, J. The Evolving Role of Organisational and Personal Networks in International Market Venturing [J]. *Journal of World Business*, 2013, 48: 385-397.

Eckhardt, J. T. and Shane, S. A. Opportunities and Entrepreneurship [J]. *Journal of Management*, 2003, 29 (3): 333-349.

Ellis, P. D. Social Ties and International Entrepreneurship: Opportunities and Constraints Affecting Firm Internationalization [J]. *Journal of International Business Studies*, 2011, (42): 99-127.

Eriksson, K., Majkgard, A. and Sharma, D. D. Path Dependence and Knowledge Development in the Internationalization Process [J]. *Management International Review*, 2000, 40 (4): 307-328.

Fernhaber, S. A., Gilbert, B. A. and McDougall, P. P. International

Entrepreneurship and Geographic Location: An Empirical Examination of New Venture Internationalization [J]. *Journal of International Business Studies*, 2008, 39 (2): 267-290.

Fletcher M., Harris S. Knowledge Acquisition for the Internationalization of the Smaller Firm: Content and Sources [J]. *International Business Review*, 2012, (21): 631-647.

Forsgren, M. The Concept of Learning in the Uppsala Internationalization Process Model: A Critical View [J]. *International Business Review*, 2002, 11 (3): 257-278.

Foss, N. J., Lyngsie, Jacob. The Role of External Knowledge Sources and Organizational Design in the Process of Opportunity Exploitation [J]. *Strategic Management Journal*, 2013, 34 (12): 1453-1471.

Freeman, S., Edwards, R. and Schroder, B. How Smaller Born-global Firms Use Networks and Alliances to Overcome Constraints to Rapid Internationalization [J]. *Journal of International Marketing*, 2006, 14: 33-63.

Fuentes, M., Ruiz, M., Bojica, A. and Fernandez, V. Prior Knowledge and Social Networks in the Exploitation of Entrepreneurial Opportunities [J]. *International Entrepreneurship and Management Journal*, 2010, 6 (4): 481-501.

Gabrielsson, M., Kirpalani, V. H. M. Born Globals: How to Reach New Business Space Rapidly [J]. *International Business Review*, 2004, 13 (5): 555-571.

Gaglio, C. M. and Katz, J. The Psychological Basis of Opportunity Identification: Entrepreneurial Alertness [J]. *Journal of Small Business Economics*, 2001, 12 (2): 95-111.

Ganitsky, Joseph. Strategies for Innate and Adoptive Exporters: Lessons from Israel's Case [J]. *International Marketing Review*, 1989, 6 (5): 50-65.

Gemünden, H. G., Ritter, T. and Heydebreck, P. Network Configuration and Innovation Success: An Empirical Analysis in German High-tech Industries [J]. *International Journal of Research in Marketing*, 1996, 13 (5): 449.

George, N. M., Parida, V., Lahti, T. and Wincent, J. A Systematic Literature Review of Entrepreneurial Opportunity Recognition: Insights on Influencing factors [J]. *International Entrepreneurship and Management Journal*, 2014, 12 (2): 1-42.

Gerschewski, S., Rose, E. L., Lindsay, V. J. Understanding the Drivers of International Performance for Born Global Firms: An Integrated Perspective [J]. *Journal of World Business*, 2015 (50): 558-575.

Gielnik, M. M., Frese, M., Graf, J. M., Kampschulte, A. Creativity in the Opportunity Identification Process and the Moderating Effect of Diversity of Information [J]. *Journal of Business Venture*, 2012a, 27 (5): 559-576.

Gleason, K C., Wiggenhorn, J. Born Globals, the Choice of Globalization Strategy, and the Market's Perception of Performance [J]. *Journal of World Business*, 2007, 42 (3): 322-335.

Gordon, S. R. Interpersonal Trust, Vigilance and Social Networks Roles in the Process of Entrepreneurial Opportunity Recognition [J]. *International Journal of Entrepreneurship and Small Business*, 2007, 4 (5): 564-585.

Granovetter, M. S. Economic Action and Social Structure: The Problem of Embeddedness [J]. *American Journal of Sociology*, 1985, 91: 481-510.

Grant, R. M. Toward a Knowledge-based Theory of the Firm [J]. *Strategic Management Journal*, 1996, 17: 109-122.

Gulati, R. Network Location and Learning: The Influence of Network Resources and Firm Capabilities on Alliance Formation [J]. *Strategic Management Journal*, 1999, 20 (5): 397-420.

Hajizadeh, A. and Zali, M. Prior Knowledge, Cognitive Characteristics and Opportunity Recognition [J]. *International Journal of Entrepreneurial Behavior & Research*, 2016, 22 (1): 63-83.

Hakansson, H., Snehota, I. No Business Is an Island: The Network Concept of Business Strategy [J]. *Scandinavian Journal of Management*, 1989, 5 (3): 187-200.

Hambrick, D. and Mason, P. A. Upper Echelons: The Organization as a Reflection of Its Top Managers [J]. *Academy of Management Review*, 1984, 9: 193-206.

Harris, S. and Wheeler, C. Entrepreneurs' Relationships for Internationalization: Functions, Origins and Strategies [J]. *International Business Review*,

2005, 14 (2): 187-207.

Havila, V. and Medlin, C. J. Ending-competence in Business Closure [J]. *Industrial Marketing Management*, 2012, 41 (3): 413-420.

Hills, G. E. and Shrader, R. C. Successful Entrepreneurs' Insights Into Opportunity Recognition [J]. *Frontiers of Entrepreneurship Research*, 1998: 30-43.

Hills, G. E., G. T. Lumpkin and R. Singh. Opportunity Recognition: Perceptions and Behaviors of Entrepreneurs [J]. *Frontiers of Entrepreneurship Research*. Babson Park, MA: Babson College, 1997: 168-182.

Hoffmann, W. H. How to Manage a Portfolio of Alliances [J]. *Long Range Planning*, 2005, 38 (2): 121-143.

Hoffmann, W. Strategies for Managing a Portfolio of Alliances [J]. *Strategic Management Journal*, 2007, 28 (8): 827-856.

Hsu, Chia-Wen, Yung-Chih Lien, and Homin Chen. International Ambidexterity and Firm Performance in Small Emerging Economies [J]. *Journal of World Business*, 2013, 48 (1): 58-67.

Hult, G. T. M., Ketchen, D. J., Griffith, D. A. Data Equivalence in Cross-cultural International Business Research: Assessment and Guidelines [J]. *Journal of International Business Studies*, 2008, 39 (6): 1027-1044.

Hurmerinta-Peltoma, ki, L. Conceptual and Methodological Underpinnings in the Study of Rapid Internationalizers in Jones, M. V. and Dimitratos, P. (eds), *Emerging Paradigms in International Entrepreneurship*, Edward Elgar, Cheltenham, 2004: 64-88.

Jantunen, A., Nummela, N., Puumalanimen, K. and Saarenketo, S. Strategic Orientations of Born Globals. Do They Really Matter? [J]. *Journal of World Business*, 2008, 43 (2): 158-170.

Jarillo, J. C. On Strategic Networks [J]. *Strategic Management Journal* [J]. 1988, 9 (1): 31-41.

Jarratt, D. Testing a Theoretically Constructed Relationship Management Capability [J]. *European Journal of Marketing*, 2008, 42 (9/10): 1106-1132.

Jiao, H., I. Alon, C. K. Koo, and Y. C. J. Eng. When Should Organizational Change Be Implemented? The Moderating Effect of Environmental Dynamism Between Dynamic Capabilities and New Venture Performance [J]. *Journal of Engineering and Technology Management*, 2013, 30 (2): 188-205.

Johanson, J. and J. E. Vahlne. The Internationalization Process of the Firm: A Model of Knowledge Development and Increasing Foreign Market Commitments [J]. *Journal of International Business Studies*, 1977, 8 (Spring/Summer): 22-32.

Johanson, J. and Mattsson, L. Inter-organizational Relations in Industrial Systems: A Network Approach Compared with the Transaction-cost Approach [J]. *International Studies of Management and Organization*, 1987, 17: 34-48.

Johanson, J. and Vahlne, J. E. The Uppsala Internationalization Process Model Revisited: From Liability of Foreignness to Liability of Outsidership [J]. *Journal of International Business Studies*, 2009, (40): 1411-1431.

Johanson, J. and Wiedersheim-Paul, F. *The Internationalization of the Firm: Four Swedish Cases* [M]. 1975.

Johanson, J. and Mattsson, L. G. Internationalisation in Industrial Systems: A Network Approach. In N. Hood & J. E. Vahlne (Eds) [J]. *Strategies in Global Competition*, London: Croom Helm, 1988, 468-486.

Johanson, J., Vahlne, J. E. Commitment and Opportunity Development in the Internationalization Process: A Note on the Uppsala Internationalization Process Model [J]. *Management International Review*, 2006, 46: 165-178.

Johnson, J. L. and Sohi, R. S. The Development of Inter Firm Partnering Competence: Platforms for Learning, Learning Activities, and Consequences of Learning [J]. *Journal of Business Research*, 2003, (56): 757-766.

Jones, M. V. and Coviello, N. E. Internationalization: Conceptualizing an Entrepreneurial Process of Behavior in Time [J]. *Journal of International Business Studies*, 2005, 36 (3): 284-303.

Jones, M. V., Coviello, N. and Tang, Y. K. International Entrepreneurship Research (1989—2009): A Domain Ontology and Thematic Analysis [J]. *Journal of Business Venturing*, 2011, 23 (2): 56-78.

Jukka Hohenthala, Martin Johanson. Network Knowledge and Business Relationship Value in the Foreign Market [J]. *International Business Review*, 2014, 23 (1): 4-19.

Kaiser, H. F. *An Index of Factorial Simplicity* [J]. Psychometrika, 1974 (39): 401-415.

Kale, P., Dyer, J. H. and Singh, H. Alliance Capability, Stock Market Response, and Long-term Alliance Success: The Role of the Alliance Function [J]. *Strategic Management Journal*, 2002, 23 (8): 747-767.

Kelloway, E. K. *Using LISREL for Structural Equation Modeling: A Researcher's Guide* [M]. Thousand Oaks, CA: Sage, 1998.

Kenny, Breda, and John Fahy. SMEs' Networking Capability and International Performance [J]. *Advances in Business Marketing and Purchasing*, 2011 (b), (17): 199-376.

Keupp, M. M. and Gassman, O. The Past and the Future of International Entrepreneurship. A Review and Suggestions for Developing the Field [J]. *Journal of Management*, 2009, 35 (3): 600-633.

Kirpalani, V. H. and Luostarinen, R. Dynamics of Success of SMOPEC Firms in Global Markets, *Paper presented at the 25th EIBA Conference*, Manchester, 1999, 12.

Kirzner, I. M. *Competition and Entrepreneurship* [M]. Chicago: University of Chicago Press, 1973.

Kiss, A. N. and Danis, W. M. Social Networks and Speed of New Venture Internationalization During Institutional Transition: A Conceptual Model [J]. *Journal of International Entrepreneurship*, 2010, 8 (3): 273-287.

Knight, G. A. and Liesch, P. W. Internationalization: From Incremental to Born Global [J]. *Journal of World Business*, 2016, 51 (1): 93-102.

Knight, G. A. and Cavusgil, S. T. Innovation, Organizational Capabilities, and the Born Global Firm [J]. *Journal of International Business Studies*, 2004, 35 (2): 124-141.

Knight, G. A., and Cavusgil, S. T. The Born Global Firm: A Challenge to Traditional Internationalization Theory [J]. *Advances in International Marketing*, 1996, 8: 11-26.

Knight, Gary, A., and S. T. Cavusgil. The Born Global Firm: A Challenge to Traditional Internationalization Theory [J]. *Advances in International Marketing*, 1996, 8: 11-26.

Ko, S., and J. E. Butler. Prior Knowledge, Bisociative Mode of Thinking and Entrepreneurial Opportunity Identification [J]. *International Journal of Entrepreneurship and Small Business*, 2006, 3 (1): 3-16.

Koka, B. R. and Prescott, J. E. Designing Alliance Networks: The Influence of Network Position, Environmental Change, and Strategy on Firm Performance [J]. *Strategic Management Journal*, 2008, 29: 639-661.

Kontinen, T. and Ojala, A. International Opportunity Recognition Among Small and Medium-sized Family Firms [J]. *Journal of Small Business Management*, 2011, 49: 490-514.

Kontinen, Tanja, and Arto Ojala. Network Ties in the International Opportunity Recognition of Family SMEs [J]. *International Business Review*, 2011b, 20 (4): 440-453.

Kropp, F., Lindsay, N. J., Shoham, A. Entrepreneurial Orientation and International Entrepreneurial Business Venture Start-up [J]. *International Journal of Entrepreneurial Behavior and Research*, 2008, 14 (2): 102-117.

Kuivalainen, O., Sundqvist, S. and Servais, P. Firms' Degree of Born-globalness, International Entrepreneurial Orientation and Export Performance [J]. *Journal of World Business*, 2007, (42) 3: 253-267.

Kylaheiko, K., Jantunen, A., et al., Innovation and Internationalization as Growth Strategies: The Role of Technological Capabilities and Appropriability [J]. *International Business Review*, 2011, 20 (5): 508-520.

Lambe, C. J., Spekman, R. E. and Hunt, S. D. Alliance Competence, Resources, and Alliance Success: Conceptualization, Measurement, and Initial Test [J]. *Journal of the Academy of Marketing Science*, 2002, 30 (2): 141-158.

Lechner, C., M. Dowling, and I. Welpe. Firm Networks and Firm Development: The Role of the Relational Mix [J]. *Journal of Business Venturing*, 2006, 21 (4): 514-540.

Lew, Y. K., Sinkovics, R. R., Kuivalainen Olli. Upstream Internationalization Process: Roles of Social Capital in Creating Exploratory Capability and Market Performance [J]. *International Business Review*, 2013, 22 (6): 1101-1120.

Lichtenthaler U., Lichtenthaler, E. A Capability - based Framework for Open Innovation: Complementing Absorptive Capacity [J]. *Journal of Management studies*, 2009, 46 (8): 1315-1338.

Loane, S. and Bell, J. Rapid Internalization among Entrepreneurial Firms in Australia, Canada, Ireland and New Zealand: An Extension to the Network Approach [J]. *International Marketing Review*, 2006, 23 (5): 467-485.

Loehlin, J. C. *Latent Variable Models: An Introduction to Factor, Path, and Structural Analysis* (3rd ed.) [M]. Lawrence Erlbaum Associates, Inc., Mahwah, N. J., 1998.

Lumpkin, G. T. and Lichtenstein, B. B. The Role of Organizational Learning in the Opportunity - recognition Process [J]. *Entrepreneurship Theory and Practice*, 2005, 29 (4): 451-472.

Luostarinen, R. and Gabrielsson, M. Finnish Perspectives of International Entrepreneurship, in Dana, L-P. (ed) *Handbook of Research on International Entrepreneurship*, Edward Elgar, Cheltenham, 2004: 383-403.

Madsen, T. K., and P. Servais. The Internationalization of Born Globals: An Evolutionary Process [J]. *International Business Review*, 1997, 6 (6): 561-583.

Mainela, T., Puhakka, V., Servais P. The Concept of International Opportunity in International Entrepreneurship: A Review and Research Agenda [J]. *International Journal of Management Review*, 2014, 16 (1): 105-129.

Malhotra, N. K., Kim, S. S. and Patil, A. Common Method Variance in IS Research: A Comparison of Alternative Approaches and a Reanalysis of Past Research [J]. *Management Science*, 2006, 52: 1865-1883.

March, J. G. Exploration and Exploitation in Organizational Learning [J]. *Organization Science*, 1991, 2: 71-87.

Mathews Hughes, S. L. Martin, Robert E. Morgan and M. J. Robson. Realizing Product - Market Advantage in High - Technology International New Ventures: The Mediating Role of Ambidextrous Innovation [J]. *Journal of International Marketing, 2010, 18 (4): 1-21.

Mathews, J. A. and Zander, I. The International Entrepreneurial Dynamics of Accelerated Internationalization [J]. *Journal of International Business Studies*, 2007 38 (1): 387-403.

McAuley, A. Looking Back, Going Forward: Reflecting on Research into the SME Internationalization Process [J]. *Journal of Research in Marketing and Entrepreneurship*, 2010, 12 (1): 21-41.

McDougall, P. and Oviatt, B. International Entrepreneurship: The Intersection of Two Research Paths [J]. *Academy of Management Journal*, 2000, 43 (5): 902-906.

McDougall, P. P. International Versus Domestic Entrepreneurship: New Venture Strategic Behavior and Industry Structure [J]. *Journal of Business Venturing*, 1989, 4: 387-399.

McDougall, P. P. and B. M. Oviatt. International Entrepreneurship: The Intersection of Two Research Paths [J]. *Academy of Management Journal*, 2000, 43 (5): 902-906.

McDougall, P. P., B. M. Oviatt, and R. C. Shrader. A Comparison of International and Domestic New Ventures [J]. *Journal of International Entrepreneurship*, 2003, 1 (1): 59-82.

Milanov H., Fernhaber S. A. When the Domestic Alliances Help Ventures Abroad? Direct and Moderating Effects from a Learning Perspective [J]. *Journal of Business Venturing*, 2014, 29 (3): 377-391.

Mitchell, J. Robert, and Dean A. Shepherd. To Thine Own Self Be True: Images of Self, Images of Opportunity, and Entrepreneurial Action [J]. *Journal of Business Venturing*, 2010, 25 (1): 138-154.

Mitrega, M., Forkmann, S., Ramos, C. and *Henneberg*, S. C. Networking Capability in Business Relationships: Concept and Scale Development [J]. *Industrial Marketing Management*, 2012, (41): 739-751.

Moen, O. and Servais, P. Born Global and Gradual Global? Examining the Export Behavior of Small and Medium-sized Enterprise [J]. *Journal of International Marketing*, 2002, 10 (3): 49-72.

Moller, K., Halinen, A. Business Relationships and Networks: Managerial

Challenge of Network Era [J]. *Industrial Marketing Management*, 1999, 28 (5): 413-427.

Morgan, Robert and Shelby Hunt. The Commitment: Trust Theory of Relationship Marketing [J]. *Journal of Marketing*, 1994, 58: 20-38.

Morrow, J. F. International Entrepreneurship: A New Growth Opportunity [J]. *New Management*, 1988, 3: 59-61.

Mort, G. S. and Weerawardena, J. Networking Capability and International Entrepreneurship: How Networks Functions in Australian Born Global Firms [J]. *International Marketing Review*, 2006, 23 (5): 549-572.

Musteen, M., Datta, D. K. and Butts, M. M. Do International Networks and Foreign Market Knowledge Facilitate SME Internationalization? Evidence from the Czech Republic [J]. *Entrepreneurship Theory and Practice*, 2014, 38 (4): 749-774.

Muzychenko, O. and Liesch, P. W. International Opportunity Identification in the Internationalisation of the Firm [J]. *Journal of World Business*, 2015, 50 (4): 704-717.

Naude, W. and Rossouw, S. Early International Entrepreneurship in China: Extent and Determinants [J]. *Journal of International Entrepreneurship*, 2010, 8 (1): 87-111.

Ng, W., and Rieple, A. Special Issue on the Role of Networks in Entrepreneurial Performance: New Answers to Old Questions? [J]. *International Entrepreneurship and Management Journal*, 2014 (10): 447-455.

Nordman, E. R. and Tolstoy, D. Does Relationship Psychic Distance Matter for the Learning Processes of Internationalizing SMEs [J]. *International Business Review*, 2014, 23 (1): 30-37.

Nordman, E. R., Melén, S. The Impact of Different Kinds of Knowledge for the Internationalization Process of Born Globals in the Biotech Business [J]. *Journal of World Business*, 2008, 43 (2): 171-185.

Nummela, N., Saarenketo, S., Jokela, P., et al. Strategic Decision-making of a Born Global: A Comparative Study from Three small Open Economies [J]. *Management International Review*, 2014, 54 (4): 527-550.

Oviatt, B. M. and McDougall, P. P. Defining International Entrepreneurship and Modelling the Speed of Internationalization [J]. *Entrepreneurship Theory and Practice*, 2005, 29 (5): 537-553.

Oviatt, B. M. and McDougall, P. P. Toward A Theory of International New Ventures [J]. *Journal of International Business Studies*, 1994, (25) 1: 45-64.

Oyson, M. J. and Whittaker, H. Entrepreneurial Cognition and Behavior in the Discovery and Creation of International Opportunities [J]. *Journal of International Entrepreneurship*, 2015, 13 (3): 303-336.

Ozgen, E., Baron, R. Social Sources of Information in Opportunity Recognition: Effects of Mentors, Industry Networks, and Professional Forums [J]. *Journal of Business Venturing*, 2007, (22): 174-192.

Patel, P. C. and Fiet, J. O. Systematic Search and Its Relationship to Firm Founding [J]. *Entrepreneurship Theory and Practice*, 2009, 33 (2): 501-526.

Peiris, I. K., Akoorie, M. E. M., Sinha P. International Entrepreneurship: A Critical Analysis of Studies in the Past Two Decades and Future Directions for Research [J]. *Journal of International Entrepreneurship*, 2012, 10: 279-324.

Piantoni, M., Baronchelli, G. and Cortesi, E. The Recognition of International Opportunities among Italian SMEs: Differences Between European and Chinese Markets [J]. *International Journal of Entrepreneurship and Small Business*, 2012, 17 (2): 199-219.

Podsakoff, P. M., MacKenzie, S. B., Lee, J. and Podsakoff, N. P. Common Methods Biases in Behavioral Research: A Critical Review of the Literature and Recommended Remedies [J]. *Journal of Applied Psychology*, 2003, 88: 879-903.

Powell, W. W., K. Koput, and L. Smith-Doerr. Interorganizational Collaboration and the Locus of Innovation: Networks of Learning in Biotechnology [J]. *Administrative Science Quarterly*, 1996, 41: 116-145.

Prange, C., Verdier, S. Dynamic Capabilities, Internationalization Processes and Performance [J]. *Journal of World Busienss*, 2011, 46 (1): 126-133.

Prashantam, S. and Dhanaraj, C. The Dynamic Influence of Social Capital on the International Growth of New Ventures [J]. *Journal of Management Studies*, 2010, 47 (6): 967-994.

Rasmussen, Erik S., and Tage Koed Madsen. The Born Global Concept. Paper for the EIBA conference, 2002.

Reid, Stan D. The Decision-maker and Export Entry and Expansion [J]. *Journal of International Business Studies*, 1981, 12 (Fall): 101-12.

Rennie, M. Global Competitiveness: Born Global [J]. *McKinsey Quarterly*, 1993, 4: 45-52.

Rialp, A., Rialp, J. and Knight, G. A. The Phenomenon of Early Internationalizing Firms: What Do We Know After a Decade (1993—2003) of Scientific Inquiry? [J]. *International Business Review*, 2005, 14: 147-166.

Rice, J., T. Liao, P. Galvin, and N. Martin. A Configuration-based Approach to Integrating Dynamic Capabilities and Market Transformation in Small and Medium Sized Enterprises to Achieve Firm Performance [J]. *International Small Business Journal*, 2015, 33 (3): 231-253.

Ripollés, Maria, and Andreu Blesa. International New Ventures as "Small Multinationals": The Importance of Marketing Capabilities [J]. *Journal of World Business*, 2012, 47 (2): 277-287.

Ritter, T., Gemünden, H. G.. Network Competence: Its Impact on Innovation Success and Its Antecedents [J]. *Journal of Business Research*, 2003, 56 (9): 745-755.

Ritter, T., I. F. Wilkinson and W. J. Johnston. Managing in Complex Business Networks [J]. *Industrial Marketing Management*, 2004, 33 (3): 175-183.

Ritter, T. The Networking Company: Antecedents for Coping with Relationships and Networks Effectively [J]. *Industrial Marketing Management*, 1999, 28 (5): 467-479.

Ritter, T., Wilkinson, I. F. and Johnston, W. J. Measuring Network Competence: Some International Evidence [J]. *Journal for Business and Industrial Marketing*, 2002, 17 (2/3): 119-138.

Rong Ma, Yen-Chin, H., Shenkar, O. Social Networks and Opportunity Recognition: A Cultural Comparison between Taiwan and the United States [J].

Strategic Management Journal, 2011 (11): 1183-1205.

Rumelt, R. P. Towards a Strategic Theory of the Firm. R. B. Lamb, ed, *Competitive Strategic Management* [M]. PrenticeHall, Englewood Cliffs, N. J., 1984.

Ruokonen, M. and Saarenketo, S. The Strategic Orientations of Rapidly Internationalizing Software Companies [J]. *European Business Review*, 2009, 21 (1): 17-41.

Saarenketo, S., Puumalainen, K., Kuivalainen, O., and Kyläheiko, K. Dynamic Knowledge-related Learning Processes in Internationalizing High-tech SMEs [J]. *International Journal of Production Economics*, 2004, 89 (3): 363-378.

Salman, N. and Saives, A. L. Indirect Networks: An Intangible Resource for Biotechnology Innovation [J]. *R&D Management*, 2005, 35: 203-215.

Sapienza, H. J., Clercq and Sandberg. Antecedents of international and demstic learning effort [J]. *Journal of Business Venturing*, 2005, 20 (4): 437-457. Sascha Kraus, Thomas Niemand, Moritz Angelsberger, et al. Antecedents of International Opportunity Recognition in Born Global Firms [J]. *Journal of Promotion Management*, 2017, 2 (3): 1-21.

Schumpeter, J. A. *The Theory of Economic Development* [M]. Cambridge. MA: Harvard University Press, 1934.

Shane, S., Venkataraman, S. The Promise of Enterpreneurship as a Field of Research [J]. *Academy of Management Review*, 2000, 25 (1): 217-226.

Sharma, D. D. and Blomstermo, A. The Internationalization Process of Born Globals: A Network View [J]. *International Business Review*, 2003, 12: 739.

Shepherd, D. A. and De Tienne, D. R. Prior Knowledge, Potential Financial Reward, and Opportunity Identification [J]. *Entrepreneurship Theory and Practice*, 2005, 29 (1): 91-112.

Short, J. C., Ketchen, D. J., Shook, C. L., Ireland, R. D. The Concept of Opportunity in Entrepreneurship Research: Past Accomplishments and Future Challenges [J]. *Journal of Management*, 2010, 36: 40-65.

Sigrist, B. How Do You Recognize an Entrepreneurial Opportunity? Entrepreneurial Opportunity Recognition in a Swiss Context. *Ph. D. Thesis.*, University of Zurich, 1999.

Silvia L. Martin, Rajshekhar G. Javalgi. Entrepreneurial Orientation, Marketing Capabilities and Performance: The Moderating Role of Competitive Intensity on Latin American International New Ventures [J]. *Journal of Business Research*, 2016, 69 (6): 2040-2051.

Singh, R. P. A Comment on Developing the Field of Entrepreneurship Through the Study of Opportunity Recognition and Exploitation [J]. *Academy of Management Review*, 2001, 26 (1): 10-12.

Sivadas, E. and Dwyer, F. R. An Examination of Organizational Factors Influencing New Product Success in Internal and Alliance-based Processes [J]. *Journal of Marketing*, 2000, 64 (1): 31-49.

Sluyts, K., Matthyssens, P., Martens, R., Streukens, S. Building Capabilities to Manage Strategicalliances [J]. *Industrial Marketing Management*, 2011, 40 (6): 875-886.

Smith, B., Matthews, C. and Schenkel, M. Differences in Entrepreneurial Opportunities: The Role of Tacitness and Codification in Opportunity Identification [J]. *Journal of Small Business Management*, 2009, 47: 38-57.

Sousa, C. M. P., and F. Bradley. Effects of Export Assistance and Distributor Support on the Performance of SMEs: The Case of Portuguese Export Ventures [J]. *International Small Business Journal*, 2009, 27 (6): 681-701.

Spence, M., Orser, B. and Riding, A. A Comparative Study of International and Domestic New Ventures [J]. *Management International Review*, 2007, 51 (1): 3-21.

Stam Wouter, Souren Arzlanian, Tom Elfring. Social Capital of Entrepreneurs and Small Firm Performance: A Meta-analysis of Contextual and Methodological Moderators [J]. *Journal of Business Venturing*, 2014, 29 (1): 152-173.

Swoboda, B., and E. Olejnik. Linking Processes and Dynamic Capabilities of International SMEs: The Mediating Effect of International Entrepreneurial Orientation [J]. *Journal of Small Business Management*, 2016, 54 (1): 139-161.

Teece, D. J. A Dynamic Capabilities-based Entrepreneurial Theory of the Multinational Enterprise [J]. *Journal of International Business Studies*, 2014, 45 (1): 8-37.

Teece, D. J., Pisano, G. and Shuen, A. Dynamic Capabilities and Strategic Management [J]. *Strategic Management Journal*, 1997, 18: 509-533.

Tiwana, A. Do Bridging Ties Complement Strong Ties? An Empirical Examination of Alliance Ambidexterity [J]. *Strategic Management Journal*, 2008, 29: 251-272.

Tolstoy, Daniel, and Henrik Agndal. Network Resource Combinations in the International Venturing of Small Biotech Firms [J]. *Technovation*, 2010, 30 (1): 24-36.

Trudgen, R. and Freeman, S. Measuring the Performance of Born-global Firms Throughout Their Development Process: The Roles of Initial Market Selection and Internationalisation Speed [J]. *Management International Review*, 2014, 54 (4): 551-579.

Tumasjan, Andranik, Isabell Welpe, and Matthias Spörrle. Easy Now, Desirable Later: The Moderating Role of Temporal Distance in Opportunity Evaluation and Exploitation [J]. *Entrepreneurship Theory and Practice*, 2013, 37 (4): 859-888.

Turcan, R. V., Gaillard, L., & Makela, M. *International Entrepreneurship and the Resource-based View of the Firm. Paper presented at Babson-Kauffman Entrepreneurship Research Conference*, Boston, United States, 2004.

Tzokas Nikolaos, Kim Y. Ah, et al. Absorptive Capacity and Performance: The Role of Customer Relationship and Technological Capabilities in High-tech SMEs [J]. *Industrial Marketing Management*, 2015, 47: 134-142.

Ucbasaran, Deniz, Paul Westhead, and Mike Wright. The Extent and Nature of Opportunity Identification by Experienced Entrepreneurs [J]. *Journal of Business Venturing*, 2009, 24 (2): 99-115.

Vaghely, P. Julien. Are Opportunities Recognized or Constructed? An Information Perspective on Entrepreneurial Opportunity Identification [J]. *Journal* of Business Venturing, 2010 (25): 73-86.

Vasilchenko E. and Morrish S. The Role of Entrepreneurial Networks in the Exploration and Exploitation of International Opportunities by Information and Communication Technology Firms [J]. Journal of International Marketing, 2011, 19: 88-105.

Venkataraman, S. and Sarasvathy, S. D. Strategy and Entrepreneurship. In M. A. Hitt, R. E. Freeman and J. S. Harrison (eds.)? Handbook of Strategic Management, Oxford: Blackwell, 2001: 650-668.

Vorhies, D. W., Harker, M. and Rao, C. P. The Capabilities and Performance Advantages of Market-driven Firms [J]. European Journal of Marketing, 1999, 33 (11/12): 1171-1202.

Walter, A., Auer, M. and Ritter T. The Impact of Network Capabilities and Entrepreneurial Orientation on University Spin - off Performance [J]. Journal of Business Venturing, 2006, 21: 541-567.

Welch, L. S. and Luostarinen, R. Internationalization: Evolution of a Concept [M]. 2nd edition, London: International Thomson Business Press, 1988.

Wilfred Dolfsma, Rene Van der Eijk. Network Position and Firm Performance: The Mediating Role of Innovation [J]. Technology Analysis & Strategic Management, 2014, 5 (1): 1-13.

Wilkins, M. The Conceptual Domain of International Business [M]. Columbia: University of South Carolina Press, 1997.

Yipeng Liu. Born Global Firms' Growth and Collaborative Entry Mode: The Role of Transnational Entrepreneurs [J]. International Marketing Review, 2017, 34 (1): 46-67.

Yli-Renko, H., Autio, E., Sapienza, H. J. Social Capital, Knowledge Acquisition, and Knowledge Exploitation in Young Technology - based Firms [J]. Strategic Management Journal, 2001, 22 (6/7): 587-613.

Yu, J., Gilbert, B. A. and Oviatt, B. J. Effects of Alliances, Time and Network Cohesion on the Initiation of Foreign Sales by New Ventures [J]. Strategic Management Journal, 2011, 32 (4): 424-446.

Zaefarian, R., Eng, T. Y. and Tasavori, M. An Exploratory Study of International Opportunity Identification among Family Firms [J]. *International Business Review*, 2015, 25 (1): 1-13.

Zahra, S. A., Ireland, R. D. and Hitt, M. A. International Expansion by New Venture Firms: International Diversity, Mode of Market Entry, Technological Learning, and Performance [J]. *Academy of Management Journal*, 2000, 43 (5): 925-950.

Zahra, S. A., Korri, J. S. and Yu, J. Cognition and International Entrepreneurship: Implications for Research on International Opportunity Recognition and Exploitation [J]. *International Business Review*, 2005, 14 (2): 129-146.

Zander, I., P. McDougall-Covin, and E. L. Rose. Born Globals and International Business: Evolution of a Field of Research [J]. *Journal of International Business Studies*, 2015, 46: 27-35.

Zhang, M., Tanuhaj, P. and McCullough, J. International Entrepreneurial Capability: The Measurement and a Comparison between Born Global Firms and Traditional Exporters in China [J]. *Journal of International Entrepreneurship*, 2009. 7 (4): 293-332.

Zhao, H. and Zou, S. The Impact of Industry Concentration and Firm Location on Export Propensity and Intensity: An Empirical Analysis of Chinese Manufacturing Firms [J]. *Journal of International Marketing*, 2002, 10 (1): 52-71.

Zhou, L., Wu, W. P., Luo, X. Internationalization and the Performance of Born-global SMEs: The Mediating Role of Social Networks [J]. *Journal of International Business Studies*, 2007, 38 (4): 673-690.

Ziggers, G. W. and Henseler, J. Inter-firm Network Capability: How It Affects Buyer Supplier Performance [J]. *British Food Journal*, 2009, 11 (8): 794-810.

Zucchella, A., Palamara, G. and Denicolai, S. The Drivers of the Early Internationalization of the Firms [J]. *Journal of World Business*, 2007, 42 (3): 268-280.

后　　记

本书是浙江省哲学社会科学规划后期资助课题——"基于网络能力的浙江天生全球企业国际创业绩效提升研究"所取得的研究成果。在课题的前期论证、中期调研、后期写作及成果审验过程中，得到了多个部门及个人的支持与帮助，在此深表感谢！特别要感谢东华大学博士生导师陈荣耀教授、赵红岩教授，上海交通大学博士生导师陈继祥教授，复旦大学博士生导师李元旭教授，华东理工大学博士生导师郭毅教授和上海财经大学谢家平教授对书稿的学术指导与宝贵修改意见。感谢浙江省哲学社会科学发展规划办对本书出版的大力资助，也感谢嘉兴学院长三角一体化发展研究中心对本研究的资助。中国社会科学出版社为本书的修改完善做了大量的工作，在此一并表示由衷的感谢！

本书在研究和写作过程中参考了国内外一系列相关文献，并且尽可能在文中予以标注或者在参考文献中详细列出。尽管我们努力进行了校对核实，但仍难免存在疏漏与不当之处，敬请批评指正。

作者
2023 年 2 月